中国科普图书史丛书

❧ 主 编:王 挺 ❧

风云之旅

中国气象科普图书史

刘 波 李红林 / 主编

张改珍 王晓凡 朱紫阳 / 副主编

科学出版社

北 京

内 容 简 介

　　本书从历史角度梳理气象科普图书的发展历程，考察不同历史时期中国气象科普图书的创作、出版、作者与受众情况等，研究时代、学科发展与气象科普创作的相互作用等规律。对历史感兴趣的读者可以通过阅读本书进一步明理、增信，收获阅读乐趣；有志于气象科普创作的读者，可以通过阅读本书了解气象科普，尤其是气象科普图书的创作方法、发展规律和发展趋势。

　　本书可供气象领域与非气象领域对气象科普及气象历史感兴趣的读者阅读和参考。

图书在版编目（CIP）数据

风云之旅：中国气象科普图书史/刘波，李红林主编. —北京：科学出版社，2023.10
（中国科普图书史丛书/王挺主编）
ISBN 978-7-03-076167-5

Ⅰ.①风… Ⅱ.①刘… ②李… Ⅲ.①气象学-科学普及-图书出版-文化史-研究-中国-近现代 Ⅳ.①G239.295

中国国家版本馆 CIP 数据核字（2023）第 153424 号

责任编辑：张　莉　宋　丽／责任校对：韩　杨
责任印制：师艳茹／封面设计：有道文化
感谢上海气象博物馆提供封面图片

科 学 出 版 社 出版
北京东黄城根北街 16 号
邮政编码：100717
http://www.sciencep.com

北京市金木堂数码科技有限公司印刷
科学出版社发行　各地新华书店经销
*
2023 年 10 月第 一 版　开本：720×1000　1/16
2024 年 8 月第二次印刷　印张：13 3/4
字数：231 000

定价：98.00 元
（如有印装质量问题，我社负责调换）

本书编委会

主　　编：刘　波　李红林

副 主 编：张改珍　王晓凡　朱紫阳

成　　员（按姓氏拼音排序）：

程　鲒　李　晨　李　丹　刘河清
刘芸芸　穆俊宇　倪海娜　蒲秀姝
任　珂　王素琴　虞　璐　张　倩
赵晓妮

丛 书 序

习近平总书记深刻指出，"科技创新、科学普及是实现创新发展的两翼，要把科学普及放在与科技创新同等重要的位置"[①]。作为一种典型的科普作品形式和科普媒介形式，科普图书对引导公众理解科学、提升科学素质，在全社会形成讲科学、爱科学、学科学、用科学的良好氛围，推动亿万人民创新智慧的释放、创新力量的涌流，发挥着不可或缺的重要作用。即使在纸质化深度阅读不断势弱，数字化、"碎片化"阅读日益显著的新媒体时代，科普图书仍然呈现逆势而上的勃勃生机。

作为一种典型的科普作品形式，科普图书的创作根植于科学研究的厚土之中，各学科领域的探究和发展为科普创作提供了不竭的源泉。很多享誉国际、影响一代代人的科普著作都是科学家基于自身研究创作而成的，如《寂静的春天》《宇宙》《时间简史》等。近年来，我国国家科学技术进步奖的获奖科普图书大多也是科学家结合自身科研领域的科普原创，如《"天"生与"人"生：生殖与克隆》《基因的故事——解读生命的密码》《湿地北京》等。科普图书畅销榜上，我国本土原创科普图书也从早期的踪迹难寻转向头角崭露，且多为科技工作者创作，如《上帝掷骰子吗？量子物理史话》《海错图笔记》《给孩子讲量子力学》等。

作为一种典型的科普媒介形式，科普图书的发展亦处于广阔的历史长

---

① 习近平. 为建设世界科技强国而奋斗——在全国科技创新大会、两院院士大会、中国科协第九次全国代表大会上的讲话[M]. 北京：人民出版社，2016.

河之中，历史的进程（包括时代环境、社会需求等）深刻影响着科普图书乃至科普事业的发展变化。已有研究表明，在政治稳定、经济繁荣的时期，各类科普作品都呈现蓬勃发展之势，公众在生活富足后对科学的追求从知识层面不断上升至文化层面，这些都在启示我们：在物质繁荣、经济发展、社会稳定的当下，科普创作及科普事业发展需要更多地关注需求、提升质量、营造氛围。

以史为鉴，察往知来。我国科普事业发展已进入全新的时代，为充分挖掘科研领域的科普创作潜力，推动当下科普图书的创作与出版，深化科普的文化与价值引导，中国科普研究所科普创作研究室团队联合国内知名专家和团队开展分学科的科普图书历史研究，并将系列成果结集成册，期待能为热心科普创作的科技工作者提供有益借鉴，为科普工作者、出版工作者、科学史研究者提供资料参考，同时，也为大众读者了解中国科技和社会发展历史提供新的视角。这是一次实践探索，希望为我国科普事业发展特别是科普创作繁荣做出贡献。

2023 年 1 月

前　　言

气象学是以大气为对象，研究其特征和变化规律的科学。中国气象科学的记载最早可以追溯到夏商西周时期，古人在生产和抗灾（主要是抗击洪涝灾害）实践中积累了丰富的气象知识和经验。比如，在甲骨文中就发现有关于云、雨等天气现象和类似现代天气预报（以故事的形式出现）的记录，这可以算是气象科普图书的雏形了。

从远古到现代，人类一直在探索大气的奥秘，也一直在利用掌握的气象科学来趋利避害，为人类的生产和生活服务。尤其是现代以来，气象学经过长期的发展演变，已经逐渐形成了包括天气学、气候学、大气物理学、农业气象学、卫星气象学等多个分支学科在内的学科，与农业、水文、交通、生态环境等多个领域都建立起了密切的联系。总之，气象工作关系生命安全、生产发展、生活富裕、生态良好，与经济社会发展和人民的生产、生活密切相关。当前，中国特色社会主义进入新时代，我国社会的主要矛盾已经转化为人民日益增长的美好生活需要和不平衡不充分的发展之间的矛盾。综合防灾减灾、气候变化应对、气候资源利用、大气污染治理、生态文明建设等均与人民的美好生活息息相关，公民气象科学素质的提升可以有效满足人们在这些方面的知识需求，同时为国家相关重大战略的实施提供必要的智力支持。

站在助力国家重大发展战略实施、满足人民日益增长的美好生活需要、提升公民气象科学素质的角度，提高气象科普作品的创作水平具有重要的意义。科普图书是普及科学知识的重要载体，在过去相当长的一段时期内，图书是最重要的科普媒介，对公民科学素质的提升起到不可忽视的作用。尽管现代互联网技术、数字媒体的发展对传统纸质媒体造成了一定的冲击，但图书在知识传播的系统性、权威性方面仍然具有不可替代的价值。

历史是最生动、最有说服力的教科书，学史能够使人明理，能够使人增信。从历史角度探寻气象科普图书的发展脉络，能够为未来的科普创作提供崭新的视角和灵感源泉。本书希望通过考察不同历史时期中国气象科普图书的创作出版情况，描绘气象科普图书创作主题、手法、作者和受众群体的历史发展概貌，探讨时代背景、社会背景、科普事业和气象学学科发展背景对气象科普图书创作的影响，了解其发展规律和发展趋势，从而为气象科普理论研究提供历史参考，并为未来气象科普创作提供借鉴支持。

本书所讨论的气象科普图书是指在中国出版的中文作品（包括中文译著）。研究对象主要为非正规教育领域的科普作品，气象学领域的科学家传记、科幻作品等具有一定科普功能的图书亦被列入本书研究范围之内。以下类别的图书不在研究之列：学术研究著作、报告，教材、讲义、教辅，新闻报道、宣传类材料。本书研究还会适当兼顾报纸、期刊等其他来源的气象科普作品。

研究数据通过检索以下工具系统获取：①中国有大气科学专业的高校图书馆馆藏书目信息，如北京大学、南京信息工程大学、南京大学、复旦大学等高校图书馆等；②公共图书馆的馆藏纸本书目信息，如国家图书馆、南京图书馆、广州图书馆等；③超星数字图书馆、中国知网、《全国总书目》《民国时期总书目》等。研究目的是尽可能全面地梳理出西学东渐时期（1601—1911 年）至 2018 年气象学领域科普图书作品的名称、出版时间、作译者、出版单位等关键信息，整理并形成气象科普图书部分书目。同时，笔者以图书清单为基础，通过浏览全国图书馆参考咨询联盟、孔夫子旧书网、当当、京东、亚马逊等网站，对照作品原始文本，对图书清单中的信息进行核对、校正。由于研究时间跨度较大，部分图书出版年代久远，一些作品信息难以考证，因此本书的研究书目难免有所疏漏，相关统计分析内容仅在现有条件下力求详尽、可靠。

基于历史时代特征，本书将研究时段划分为：西学东渐时期、民国时期、新中国前三十年、改革开放时期［在本书中指 1978 年至 2002 年《中华人民共和国科学技术普及法》（以下简称《科普法》）颁布］、21 世纪（在本书中特指《科普法》颁布后）。本书的支持项目"气象学领域科普图书历史研究"来自中国科普研究所，立项时间为 2018 年，结题时间为 2019 年，因此研究时段截至 2018 年。

本书是编委会全体成员分工协作完成的。其中，刘波负责图书大纲设计、编写组织、书稿修改和定稿；李红林负责研究设计、整体推进和书稿内容审定；朱紫阳负责检索整理 1601—2018 年气象科普图书部分书目；张改珍负责第一章的编写；刘芸芸负责第二章、第三章的编写；蒲秀姝、倪海娜负责第四章的编写；王晓凡负责第五章第一、二、四节的编写，以及全书统稿修改，并协助项目管理；张倩负责第五章第三节的编写；任珂负责第六章第一节的编写；李丹、王素琴、虞璐、赵晓妮负责第六章第二节的编写；刘河清负责第七章的编写；李晨负责参考文献整理；穆俊宇协助全书的统稿与修改；程鲐负责书稿的初步整理与编辑。

作　者

2023 年 6 月

目　　录

第一章

西学东渐时期的气象科普

有气象学，才能有气象科普和气象科普图书，因此，研究中国气象科普和气象科普图书的历史绕不开气象学何时、以何种方式在中国产生等话题。中国古代的气象思想传统在很多方面不同于西方近代科学，有人认为，同期比较下，中国古代气象思想传统一直到明末清初都是领先于世界其他国家，中国古代在气象谚语、风向观测、消除冰雹、云的分类等方面都要比西方各国更先进。从意大利文艺复兴时期开始，随着观察、实验、数学、量化气象仪器的发明和发展，英国、挪威、丹麦、意大利等国的气象科学率先发达起来，并随着电报等信息技术和国际合作的发展逐渐出现了用于天气预报的气象图。有人认为，缺少量化方法是中国古代气象学后来落后的主因。

成书于春秋战国时期的《竹书纪年》记载有传说中三皇五帝时代中国古代先民对气象风云变幻的体验和认识；唐代房玄龄主编、李淳风撰写的《晋书·律历志》中也记载有黄帝占日月星气、著《调历》的情景。有学者认为，近些年发现的位于山西省的陶寺遗址是迄今所知中国遗存的最古老的观象台；也有学者认为，陶寺遗址印证了《尚书·虞书·尧典》中的记载："乃命羲和，钦若昊天，历象日月星辰，敬授民时。"

文字的出现和地下文物的出土，表明从商代便开始出现关于气象记录的信史。明末西学东渐之前，中国古代已经出现了与现代气象观测和天气预测类似的活动，并有其特定的观测内容、观测场所与观测仪器，还有专事观测的职官。观测的内容包括风、云、降水、湿度、日月星辰等。世室、重屋、明堂是古代气象观测场所的名称。从三国时期（公元220—280年）到明代（公元1368—1644年），中央王朝还在国家观象台之外设立内观象台来监察太史院、钦天监的天文气象工作。商代开始出现包括对一年、十天、一天、几个小时的天气情况的预测，是中国最原始的"天气预报"。东汉张衡为灵台制造了水运浑天仪、候风地动仪、相风铜乌。

中国古代从周朝开始就一直存在与气象相关的天命论和反天命论两种相反的哲学思想。西汉董仲舒提出"罢黜百家，独尊儒术"，把"天人合一""天人感应"思想推向极致，统治者以"君权天授"为由，对其加以利用，使儒家思想成为中国两千多年内的统治思想。清代为巩固天命论的思想统治，大力提倡程朱理学（认为理是宇宙万物、天、道等的起源，提倡存天理、灭人欲）。

我国古代不乏一些与气象有关的书籍，如甲骨文中就有对气象现象的记载以及天气占卜的内容，其后还有《诗经》《夏小正》《淮南子》《吕氏春秋》《相雨书》《农政全书》《云图》等，都有与气象科普相关的内容。气象科学的真正普及和传播，是源自西方气象学在明末清初以及晚清民国两个时期向中国的传播。

西学东渐时期的中国气象科普主要是西方气象学知识和技术向中国的传播与移植。刘大椿教授表示，西学东渐通常用来指称"明末清初以及晚清民国两个时期欧美等地科学技术和学术思想的传入"[1]。他认为，西学东渐共有两波，第一波特指伴随着耶稣会士来华传教而展开的西方科学技术传入中国的历史事件，第二波指从晚清到民国发生的西学东移和科技转型。在他看来，第一波西学东渐分为明末清初的"西学东渐"、清代中叶从"西学东渐"蜕变为"西学东源"两个阶段。

刘大椿教授这样评价西学东渐："科技移植可分为两个层面：理念层面的西学东传和器物层面的西学东传，简而言之就是科学层面与技术层面的传播和移植。"[1]"它（明末清初的西学东渐）本身是一个科技传播事件，但它的影响却大大突破了当时当世特定的时空限制：不仅有士人和一般市民形形色色的回应，有统治阶级上上下下的反映，而且对中国科技乃至社会转型至关重要……它给 17 世纪中国科技发展带来了全新的可能性，却因各种客观的和主观的因素交互作用，在 18 世纪逐渐走向终结。它为晚清和民国留下了科技近现代转型极为艰巨的使命。"[1]本书对西学东渐时期气象科普的分析和研究，在刘大椿教授为西学东渐下的定义和评价的框架与基础上展开。

第一节 明清时期外国人在中国开展的 气象学及气象科普相关活动

明代是西方近代科学启蒙的时代，不少西方人来中国，从中国走出去的人却不多。徐光启作为代表人物之一，对西方科学技术成果加以介绍，可惜未能得到当时朝廷的重视。竺可桢称徐光启是中国近代科学先驱，对于朝廷对其的不重视，竺可桢说："徐之不幸耶？抑亦中国之不幸耶？"

意大利人利玛窦（Matteo Ricci）是一名天主教耶稣会传教士，主张孔孟之道、宗法敬祖思想与天主教相融合。明万历十年（1582年），他来到中国传教，介绍徐光启等入教会，向中国传播西方自然科学，译著有《天主实义》等，并与徐光启合译《几何原本》。德国人汤若望（Johann Adam Schall von Bell）于明崇祯三年（1630年）经徐光启举荐入钦天监，参与《崇祯历书》的编撰工作。明亡后，汤若望归投清，曾任钦天监监正，著有《历法西传》《新法表异》《主教缘起》《古今交食考》等书。

比利时人南怀仁（Ferdinand Verbiest）清初来到中国，曾参与汤若望修订历法的工作，康熙七年（1668年）任钦天监监正，负责制造天文、气象仪器，并将温度计、湿度计传入中国；后还奉命监制大炮，著有《坤舆图说》《西方要记》《教要序论》《康熙永年历法》等。法国天主教耶稣会传教士哥比（Antoine Gaubil，又名"宋君荣"）于乾隆八年（1743年）在京师设立测候所，并最早在中国用列氏温标进行近代气象观测，从1743年7月持续到1746年3月（每天观测两次），其中包括记录了1743年7月北京酷热的异常天气气候。西方传教士阿弥倭（Joseph-Marie Amiot，又名"钱德明"）从乾隆二十年初到二十五年腊月底（1755—1760年），每天观测温度、气压、云量、雨量、风向等两次，项目较哥比更全，时间也更长。之后，除道光十年（1830年）俄国人富士（Fuss）进行了半年的气象观测记录之外，约70年之内无人记录。

在西方气象观测仪器的传入方面，除了清初传教士南怀仁把西方的温度计和湿度计等仪器介绍到中国之外，英国传教士合信（Benjamin Hobson）也将西方新式的气压表、温度表传入中国。中国清代发明家黄履庄在 1684 年之前发明了许多重要的气象仪器，如验冷热器、验燥湿器，但未引起重视和推广使用。清乾隆时期，英国使团送给乾隆皇帝的礼品中有温度表、湿度计、气压表等气象仪器。西方传教士也带来了一些气象仪器放置在教堂中。

清代，世界气象史上发生了两件大事：一是 1783 年第一个载人氢气球飞上了天，带着气压表、温度计等仪器对高空大气进行了探测；二是 1820 年用近代气象观测网资料绘制的第一张天气图诞生了。由于高空气象探测的出现、近代气象监测网的建立和天气图的发明，西方气象科学进入了迅速发展的时期。中国近代气象科学则由于缺乏定量、实验、逻辑等概念，难以进一步发展。明清时期的西学东渐，包括气象学方面的西学东渐，一方面，并未真正得到统治者的重视；另一方面，由于清朝的闭关锁国政策，西学东渐一度中断长达 70 多年。直到 1840 年鸦片战争以后，西学才伴随着坚船利炮迅速、激烈地进入中国，中西两种文化的碰撞再次开始。

明代尚不落后于西方的中国气象思想传统，到了清代却几乎没有进展，错失了走向近代的机遇，远远地落后于西方。有一种说法认为，天命论、天道观阻碍着气象科技的发展（关于什么是天命论、天道观，前文已提及）。

第二节　明末清初气象学有关译著

一、高一志与《空际格致》

意大利传教士高一志（Alfonso Vagnone）撰写了《空际格致》一书，此书的完成年代虽无从考察，但至迟于 17 世纪前半叶，比南怀仁的《灵台仪器图》《验气图说》《新制灵台仪象志》等书至少早三四十年，将西方的近代气象学知识介绍到中国，内容包括天文、气象、地震等知识，气象内容包括大气分层说、四元说、风云雨电各类天气现象的形成理论、大气光象原理、天气预报原理等。刘昭民先生将《空际格致》中的气象学思想和我国古代的气象学知识进行比较，认为二者有很多相似之处，"例如当时西人应用古希腊四元素（土、水、气、火）论来解释雷电、空气之寒热燥湿、水文循环原理等，和我国古代应用阴阳五行解释极为相似。当时西人利用光象、水象、动物行为等来预测天气变化，亦与我国古代先民相似，就中西气象学史之比较来说，《空际格致》之水平并不低，但是仍然不及 30、40 年后……"[2]因此，对《空际格致》的评价要结合当时的科技发展水平来进行。

二、艾儒略与《职方外纪》

艾儒略（Giulio Aleni）是意大利传教士，明万历三十八年（1610 年）来华。《职方外纪》撰成于明天启三年（1623 年），是庞迪我（Diego de Pantoja）所翻译的《万国图志》润色后的增补本。书中介绍了 42 个大陆国家与 21 个岛国的风土人情、地形地貌、气候特征，论及气候的有 19 个国家，最早向中国介绍了地球上不同地区的气候信息。《职方外纪》中的气象学知识在明末清初和清末受到了不同程度的关注，"明末清初学者多关注书中所载海外奇闻奇事，而排斥其中宣扬天主教教义的内容。清末经世思潮影响下，以李文田为代表的一批学者转而研究其中所述海外舆地。作为早期来华传教士的代表性著作之一，《职方外纪》对明清学术发展产生了深远影响"[3]。

三、南怀仁与《新制灵台仪象志》《欧洲天文学》《坤舆图说》

南怀仁是比利时传教士，1658 年来华，是清初最有影响的来华传教士之一，为近代西方科学知识在中国的传播做出了重要贡献。《新制灵台仪象志》记载了南怀仁制作各种仪器（包括气象仪器）的制造原理、安装和使用方法。《欧洲天文学》介绍了中欧科技知识，其中包括气象学知识。《坤舆图说》篇幅很大，与气象有关的内容主要集中在图画四周分布的 14 段注记文字中。

四、白晋与《验气寒暑表说》

白晋（Joachim Bouvet），法国天主教耶稣会士。《验气寒暑表说》介绍了温度计的相关知识，包括德国人奥托·冯·格里克（Otto von Guericke）、英国人罗伯特·波义耳（Robert Boyle）针对温度计研究的新进展，介绍了新温度计，并对比了新旧两种温度计。欧洲科学家在气体静力学和热本质方面提出了一些具有机械论色彩的革命性观点，进一步讨论了温度计"知冷热之变有益于人"，并把它上升到儒家"同天地之理"首要任务的高度。

石云里的文章指出，南怀仁和白晋所介绍的温度计及其所依据的理论的区别体现了西方科技的不断发展，"尽管南怀仁介绍的温度计是欧洲新兴科学的一个成果，但他在解释这一新仪器时所用的物理学却是被欧洲科学革命推翻的亚里士多德物理学。更加重要的是，正当南怀仁在中国建造这种温度计时，欧洲物理学家已经通过实验建立起新的空气物理学和热学，由此认识到了旧温度计的缺陷，并发明出了新的温度计。南怀仁之后的耶稣会士将这种温度计带到了中国，并写了另外一部介绍温度计的著作，即《验气寒暑表说》（简称寒暑表说），其中的'寒暑表'就是他们赋予温度计的中文名称"[4]。石云里认为书中"不但介绍了一种新温度计，而且较为系统地介绍了 17 世纪 60 年代为止欧洲科学家在气体静力学和热本质方面的一些革命性观点，这些观点具有典型的机械论科学色彩，可以说是投射到康熙宫廷里的一缕机械论哲学之光"[4]。

第三节　晚清民初气象学有关译著

一、玛高温与《航海金针》

玛高温（Daniel Jerome Macgowan）是美国基督教浸礼会传教士，鸦片战争后来华。1853 年，《航海金针》在宁波出版。该书第一卷主要解释了风形成的原因，介绍了中国东南沿海的飓风运动规律，并提出了躲避海上飓风的航海方法；第二卷包括飓风图说、飓风分十六角图说、记事等，以图示的方式展示了北半球飓风的运动轨迹，以及海船在不同方位时船员应对飓风的不同方法；第三卷包括地球总论、海上测船所在法、量天气法、量水程法、西洋罗盘图说、杂说等部分，介绍了航海时船员测量位置和天气的方法，第一次将现代飓风学说介绍到中国。

二、李安德与《地势略解》

《地势略解》相当于今天的"地学通论"，由美国传教士李安德（Leander W. Pilcher）于1893年用中文撰写而成，继续将西方的地学和气象学知识介绍到中国来。该书中与气象学相关的内容有"论空气""论天气""论飓旋等风"等。

三、丁韪良与《气学入门》

1850年，丁韪良（William Alexander Parsons Martin）受美国基督教长老会派遣来华传教。他所编的《格物入门》分为力学、水学、气学、火学、电学、化学、测算举隅7卷，出版于1868年，《气学入门》是其中一册。关于编写《格物入门》的目的，丁韪良说："中国急需此类书籍。由于中国延续多年的科举考试体系仅仅局限于美文、伦理和政治范围之内。就像牛顿和托里拆利之前的欧洲一样，即使学问很高的中国学者也不明白为什么石头会掉在地上，也不知道为什么用泵可以抽水。对于他们来说浮力和重力没有什么区别，冰冷黑暗也和光明温暖差不多。他们通过阴阳作用给予所有现象一种合理的解释。就像我们世俗识见的那样，阴阳交感也成为中国掩饰一切无知的好办法。"[5]《气学入门》首次以"气学"命名。"论天气"中包括89组问答，结合大量科学实验对大气、气压、风和雨等各种气象要素的成因与观测方法进行了论述。此书被当时的新式学堂和教会学堂用作教材，是第一本近代气象学方面的教材，书后还附有思考习题。

四、金楷理与《测候丛谈》《御风要术》

《测候丛谈》是我国第一部全面系统地介绍西方近代气象学的译著，译自 *Meteorology in Encyclopedia Britannica*（8th ed）（《不列颠百科全书·气象学》第8版），其英文底本 *Treatise of Geography*（《地理学概论》）由英国著名天文学家约翰·赫歇尔（John Herschel）所著。《测候丛谈》由金楷理（Carl Traugott Kreyer）

口译，华蘅芳笔述，于 1896 年出版。金楷理生于德国，后移居美国，1866 年来华。

《测候丛谈》全书共四卷，第一卷论述了光为热之源；第二卷论风；第三卷论推算天气中各式之变数；第四卷论空气含水之量。除介绍气象知识外，《测候丛谈》还介绍了很多实验仪器、气象测量学的理论和方法，以及欧洲气象学家和物理学家在气象学方面的发现与实验，还附有许多解释气象现象、说明气象理论的插图。《测候丛谈》在晚清学堂里被作为气象学教材使用，还被天津机器制造局指定为生产学习指导用书，对当时气象学知识的传播起到了一定的作用。

《御风要术》出版于 1873 年，共分 167 节，包括 13 个飓风论题和 1 个附论，介绍了飓风的一般性质和活动规律，以及航海者应该如何驱避飓风。

五、傅兰雅与《气学丛谈》

《气学丛谈》是一本专门谈气象仪器的书籍，由英国傅兰雅（John Fryer）口译，共分上、下两卷，上卷含 45 个课题，专门讨论了水银风雨表和寒暑表仪器制作的历史沿革、方法、原理，以及各种构造形式与使用利弊等；下卷含 22 个课题，讨论了空盒风雨表的各种构造、方法、原理与测高推算等。

六、合信与《博物新编》

合信是英国传教士，1839 年来华。他编译的《博物新编》包括天文、气象、物理、化学科学知识，出版于 1855 年，使用中文编撰，是一本将当时的西方科技知识介绍到中国的科普读物。该书中与气象学相关的内容包括气压和气压表、温度表、天气现象（风论），并将虹、极光、日晕、月晕、海市蜃楼等大气光学知识和一些气象观测技术介绍到中国来。《博物新编》第一次把气压的概念传到中国，对当时的公众科学启蒙产生了很大影响。

七、玛吉士与《新释地理备考》

葡萄牙人玛吉士（José Martinho Marques）是澳门汉学家，非传教士。《新释地理备考》著于 1847 年，是鸦片战争后第一部传入我国的地理学著作。《新释地理备考》共 10 卷，其中第一卷主要介绍了地理学、天文学和气象学的相关知识；第二卷包括气论、云论、风论、雷电论、流星论、虹论、光环论、雨论、雾论、冰论、泉论等 22 项，并附有解说。

八、慕维廉与《地理全志》

慕维廉（William Muirhead）是英国苏格兰传教士，1847 年来华。《地理全志》分为上、下两编，出版于 1857 年。下编卷四《气论》与气象学知识和气候学知识有关，包括空气、风、云雾、雨雪雹露霜、暑寒、气候、同热线、雷电论 8 节；卷五《光论》也包括一些大气光学知识。

九、小结

前后两个阶段的气象学知识传播体现出以下特点："明末清初时，西方的气象学知识随着天文学、地学著作的传播而传入中国，如比利时人南怀仁首先将西方的温度计和湿度计传到中国，高一志的《空际格致》中也包含了一些西方气象思想；晚清至民初，西方自然科技知识的输入也达到高潮，气象学知识也由掺杂在天文学、地理学和物理学著作中逐渐独立出来。但由于当时重实用的思潮，并且西方近代气象学科刚独立出来，因此气象学相关的著作为数不多。"[5]

有学者很好地概括了明末清初和清末民初科技文献输入的区别。一是输入的目的、渠道和手段不同。前期科技文献的输入，是在西方教会传播其教义的目的下带来的，神学和科技往往交织在一起。对输入项的中国来讲，是被动的、迟缓消极的；后期的输入是在要亡国灭种的危急形势下进行的，是主动积极的。二是接受输入的文化市场不同。前期主要是在宫廷和士大夫阶层中进行，后期在主客观上都猛烈地冲击了旧的教育制度和教学内容。三是输入后学科反响不同。前期被部分知识分子或少数热心西方科技的官僚接受，没能在社会上引起较大反响；后期在人员和影响范围上都更广。四是输入后表现在生产实际上的作用不同。前期输入的科技知识除天文历算、地图等运用到实际中去，其他科技知识很少应用于生产实际中，后期则相反。[6]气象学科技文献的输入或气象科普也同样具有如上特点。

　　明清传教士带来的气象学知识虽然并非现在先进的大气科学理论，但在当时的中国社会起到了科学启蒙的作用，是近现代西方气象学传入中国的开始。明清时期气象科学知识的传播者主要为传教士、士大夫阶层、学者等；受众为士大夫阶层、知识分子、普通民众等；产生的影响包括对气象学的初步认识，气象科学知识在中国的初步落地，以及为近代气象学在中国的生根、发芽奠定基础等。

第二章

民国时期的气象科普

第一节　发　展　背　景

民国初期是中国科学技术走向近代的关键时期，中国的知识分子在短短的几十年间，在几乎所有的学科和技术部门都建立与发展了中国近代科学技术，个别部门和项目已经达到当时的世界水平。这在中国科技史上无疑是十分重要的时期。

1912 年，民国政府在北京设立了我国第一个自办的观象台——中央观象台。当时的中央观象台隶属于教育部，位于北京建国门内泡子河北岸，天文学家高鲁任第一任台长。中央观象台下设天文、历数、气象和磁力四科，开展相应的业务。中央观象台的建立也是中国气象事业的起点和标志。

1919 年爆发的五四运动，给中国人民以"民主"和"科学"的思想启蒙，"科学"开始在中国民众心中有了一定的地位。应运而生的众多科学技术团体开始走上历史舞台，发挥独特的作用，推动着西方近代科学在中国的普及。1920 年，南京高等师范学校文史地学部开设气象课，开始正规的气象教育。此前，蒋丙然曾在北京大学等院校讲授气象学课程。1921 年，国立东南大学地学系成立气象组，竺可桢任系主任兼气象组组长。1924 年 2 月，中央观象台气象科科长蒋丙然、国立东南大学教授竺可桢和高平子受命接管青岛测候所，并联合高鲁、彭济群、常福元等，共同开始筹备组建中国气象学会，于 10 月 10 日下午在青岛胶澳商埠观象台（即青岛测候所）办公处召开了中国气象学会成立大会，推举蒋丙然为首任会长，彭济群为副会长，竺可桢等 6 人任理事，张謇（南通军山气象台创办人）、高恩洪（时任胶澳商埠督办）和高鲁 3 人为名誉会长。中国气象学会的成立是中国近代气象事业发展史上的重要事件，对于气象科普工作更是具有里程碑式的意义。中国气象学会建会早期的工作主要围绕团结气象工作者、促进民族气象事业的发展、提高气象科学研究的水平、介绍近代气象知识等方面展开。1928年，在著名教育家蔡元培等人的努力下，中央研究院成立，随后北平研究院及各研究所也陆续成立，此外还有几所民办研究机构相继成立。研究院所的成立是中国科技史上具有划时代意义的大事，表明中国已经形成了一支专业科技队伍，是建立和发展中国近代科技事业的中坚力量，是复兴中国科技的保障。这和陶行知倡导并实施的"科学下嫁"运动一起，为后期的科学大众化运动奠定了基础，对科普读物在更广范围内的有效传播产生了不可估量的影响。1932 年，《民众教育馆暂行规程》颁布，表明政府从组织机构方面为科普读物提供了保障，从制度上肯定了科学对民众的价值。

1911—1937 年不过 26 年的时间内，各种学会组织已超过 110 个（不包括医学部分），涉及近代科学技术的众多领域。某些学科（如地质学、气象学、物理学等）在个别领域取得了一批具有当时国际先进水平的成果。在工程技术方面，可以仿造万吨级轮船、较先进的飞机、汽车、各种机床。中国的工程师已经掌握了使用钢筋混凝土建造高层建筑的技术，建成了具有国际水平的钱塘江大桥。中国近代科学技术在这一时期得到了建立与发展，并大大缩短了我国与西方国家的科技水平差距。这一时期无疑在中国科技史上具有特殊的意义。

1937 年抗日战争全面爆发，对于尚未发展壮大的中国近代科学技术而言是一场巨大的灾难，重要的仪器设备在战争中遭到破坏，刚刚建立起来的科研体制被打乱，许多学科的发展几乎停顿，这种局面直到 1949 年中华人民共和国成立时也没有得到根本扭转。

依据发展背景，本章研究时段定为 1912—1948 年。

第二节　气象科普图书出版总体情况

一、出版数量

1912—1948 年共出版气象科普图书 47 种，其中 4 种没有明确的出版单位。其逐年出版数量的具体情况如图 2-1 所示。

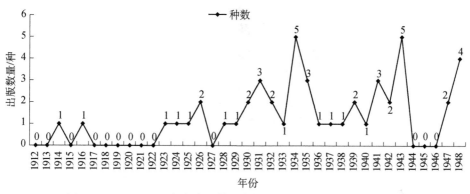

图 2-1　1912—1948 年气象科普图书每年出版数量随时间变化情况

1927—1937 年这十年堪称民国时期发展的"黄金十年"，气象知识在人民群众中广泛传播开来，其中气象科普图书和相关期刊对这一效果的达成起到了非常重要的作用。相较于民国初期的十几年，在这段时间内，气象科普图书的数量出现了明显增加的态势。其中 1931 年有 3 种气象科普图书问世，1934 年有 5 种气象科普图书出版，1943 年和 1948 年分别有 5 种与 4 种气象科普图书问世。纵观整个民国时期，1928—1943 年是气象科普图书出版相对集中的时期。气象科普图书出版数量的逐年变化，是民国时期中国气象知识传播较为真实的反映。我们知道，包括气象知识在内的现代科学技术的普及，是随着近代科学技术传入中国而逐步开展的，气象科普图书出版数量的多寡与中国引进国外科学与自身发展科学的情况紧密相关。显而易见，气象科普图书出版数量的增多便是得益于整个社会在此期间的巨大进步。

二、编著情况

1912—1948 年出版的 47 种气象科普图书中，出版形式为编的有 20 种（约占 42.6%），著的有 15 种（约占 31.9%），翻译的有 8 种（约占 17.0%），编著的有 4 种（约占 8.5%）（图 2-2）。总体来看，该时期的气象科普图书以本土创作的编和著的形式较多，从国外引进的还不是很多，且引进版图书大多来自较发达国家，如法国、苏联、日本、美国、英国等。

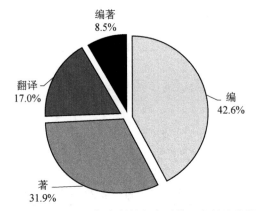

图 2-2　1912—1948 年出版的气象科普图书的编著情况

三、出版地分布情况

1912—1948 年出版的气象科普图书主要集中在上海，其中又以商务印书馆（上海）和中华书局（上海）这两家出版社出版的最多，它们成为民国时期向民众传播科普知识最重要的两个出口（图 2-3）。

第三节　出版业对气象科普的影响

民国时期的图书馆对出版业有着重大的影响，图书馆与出版业的关系是上下

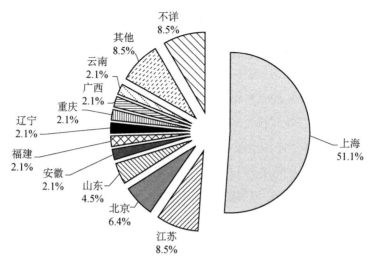

图 2-3　1912—1948 年出版的气象科普图书的出版地分布情况

注：①因四舍五入，加和可能不是 100%，全书同；② "不详" 指图书出版地不详，全书同。

游的密切关系。其一，肇始于 1916 年的庋藏（guǐ cáng）图书政策使得大量的图书出版物、图书书目被捐赠到国家图书馆与地方图书馆乃至高校图书馆。总体看来，民国时期出版业对图书馆的捐赠在持续开展。其二，民国时期出版业对图书馆的影响还表现在对出版规范的要求上，最为集中的体现便是 1929 年中华图书馆协会在第一次年会上制定的具体规范：第一，新出版图书统一标页数法及附加索引；第二，出版界以后发行翻译书须以原文附载原本作者、书名、版次、年代、发行所等项；第三，出版物须分洋装、平装两种装订发行；第四，规定杂志形式大小，劝出版机关一律采用，以便储藏；第五，出版图书要加印国语罗马字书名及国语罗马字著者姓氏。由上可见，民国时期图书馆对出版界的出版事项进行了诸多规范，上述要求在实践中也得到了相当程度上的落实，从而推动了我国出版事业的发展[7]。

经过了民国初期十几年的发展，中国的出版业在 20 世纪 20—30 年代逐步走向成熟并达到鼎盛状态，主要表现便是大量出版机构的出现及其较为良好的发展态势。据统计，全国当时共有近 200 家出版机构，且在全国广泛分布。出版数量位居前列的分别是北京、上海、江苏等文化中心省市，最重要的出版机构也都集中在这些地方（图 2-3）。其中，上海出版的气象科普图书种类和数量都最多，约占全国气象科普图书出版总数的 1/2。这种地域上出版物种类及数量的巨大差异在很大程度上反映了中国当时气象学水平乃至整体科学水平发展极不均衡的状况。

从历史上来看，1912 年之后，上海地区出版业的发展最为迅速，早在民国初年便有包括中华书局在内的三十多家出版社开业。到了 1918 年新文化运动如火如荼进行的时候，上海的出版销售机构更是激增至 120 家，集中了全国 80% 以上的出版力量，这些机构在那时便出版了大量的政治、经济、文化、科学和教育类图书。到了 20 世纪二三十年代，出版机构的数量持续增加，开明书店、良友图书印刷公司、北新书局等中小型出版社纷纷创办，并保持了较为迅猛的发展势头。至 1930 年，上海的出版机构增至 145 家，印刷机构达两百多家，上海由此进入出版业的最鼎盛时期。1936 年，上海的商务印书馆、中华书局、世界书局三家出版社所出版的图书总数占全国出版图书数目的七成。其中 1927—1949 年出版的大部分气象科普图书也出自这些出版机构。民国时期，全国共出版各类图书十多万种，其中 70%—80% 是由上海出版机构出版的，上海出版业为中国科普事业的发展乃至文化事业的推进做出了重大贡献。

第四节　1912—1948 年出版的气象科普图书的主要特点

1912—1948 年出版的气象科普图书的主要特点包括以下三方面。

（1）图书半数以丛书系列形式出版。1912—1948 年，我国共出版气象科普图书 47 种，其中有 26 种为丛书系列，包括"百科小丛书""科学小丛书""少儿自然科学丛书""儿童科学丛书""少年读物小丛书"等。这可能与气象专业相对小众有关，通过"百科小丛书"这样的方式，与其他普及度相对较高的科普图书一起出版，可能更容易向民众进行推广。

（2）气象科普图书与农业生产密切相关，包括对气象谚语的介绍。关于谚语的气象科普图书有 4 种，即《中国气象谚语集》（1933 年）、《新中学文库：农谚》（1934 年）、《太湖流域之天气俗谚》（1934 年）、《云南气象谚语集》（1939 年）。1948 年，第一本介绍中国二十四节气的气象科普图书《中华文库：二十四节气》出版。

（3）相关图书重点科普与生活息息相关的天气，以及风、雨、雷、电等与天气相关的知识，而对气象灾害的介绍较少。民国时期出版的气象科普图书中，有很多都是介绍日常生活中最为常见的天气现象，如1924年的《科学小丛书：风》就是最早有关天气现象的科普图书。民国时期，与风、雨、雷、电相关的科普图书就占到气象科普图书总数的一半以上，这些天气现象是最基本的气象，与人民的生活息息相关，因而更容易被关注，也更急需普及。

第五节　1912—1948年气象事业发展与科普的结合

这一时期对气象科普贡献最大的是中国的气象学家。一方面，他们从科学的角度探讨我国的气象规律，根据对中国气候的观测研究，提出了一系列有价值的理论和观点，对发展近代气象理论做出了应有的贡献；另一方面，他们还承担着专业气象科普的使命，将这些专业性较强的科学知识用通俗易懂的文字和图片传播给广大读者。民国时期，如郑贞文之类的近代专业科学家，始终以科学报国为己任。因而，科普工作也是他们科学事业不可或缺的组成部分之一。竺可桢就认为，科学研究的提高与普及是相辅相成的。越是高级科研人员，越应带头进行科普宣传。一位科学家从事科普工作的成绩，应该计入他对科学事业的贡献。竺可桢是这样说也是这样做的。在半个多世纪的科学生涯中，他带头进行科普工作，撰写科普图书，堪称科学家进行科普的典范。1923年，竺可桢首先出版了《百科小丛书：气象学》。1924年，他带领多位气象科学家在青岛浮山所7所小学校园中组织学生开展简单的气象观测（据《青岛气象志》记载）。从那时算起，校园气象站的产生也有近百年的历史了。在气象研究方面，竺可桢于1926年发表了《东亚天气型的初步研究》；1929年在泛太平洋学术会议上宣读了《中国气候区域论》（英文稿），首创了中国气候分类的原则。1933年，他发表了《中国气流之运行》，探讨了中国大气环流规律。竺可桢、涂长望、张宝堃等研究了我国季风和雨量的规律，编写了《中国雨量》一书。李宪之提出了有关寒流和台风的新理论。蒋丙然于1933年发表了《东亚低气压与台风分区的研究》。1937年，涂长望对竺可桢《中国气候区域论》一书中的气候区域划分做了修正，发表了《中国天气与世界天气的浪动及其长期预告中国夏季旱涝的应用》，从全球天气规律出发，运用计算相关系数的方法，研究预告中国夏季雨量的办法，开创了我国用统计方法做长期天气预报的工作。

当时的中华民国临时政府成立了中央观象台，蒋丙然任气象科科长，他于1915年亲自绘制了第一张中国人发布的天气图。1916年，我国正式开始以天气图的方法试做预报，每日两次对外发布天气预报，预报内容分风向和天气两项。这张天气图的到来与西方相比，已经晚了近100年。

1945年8月，在条件极其艰苦的战争年代，中国共产党领导下的第一个气象台在延安创建。中华人民共和国的成立，为气象事业的发展带来了契机，也让中国的天气预报逐步走上现代化的道路。

第六节　气象刊物《观象丛报》

1912—1948年，气象刊物的涌现体现了鲜明的时代特征。传教士将西方先进的天文气象理论与思想传入中国，留学归来的知识分子积极宣传西方先进的天文气象知识。这一时期出现了大量由气象科学家和知识分子创办的专业科普刊物。1915年，以中国天文学会名义创办的《观象丛报》成为当时影响力较大的学术型气象刊物。《晓窗随笔》是《观象丛报》长期连载的气象科普文艺作品，由高鲁撰写，以散文随笔的形式介绍中国传统天文气象知识，较之其他专业性科普文章，具有鲜明特点。

高鲁是中国近代气象事业的奠基者。作为近代留学归来的知识分子，他积极宣传西方天文气象学，推动我国气象学体系的建立与发展。1912年，高鲁被教育总长蔡元培任命为中央观象台首任台长。1913年，高鲁在中央观象台设立气象科，刊行《气象月刊》，倡议组织中国天文学会，并以学会的名义于1915年将其扩充为《观象丛报》，借以号召同好者[8]，向大众宣传普及气象知识，发展民族天文和气象事业，为国内研究者提供一个发表天文、气象等学术研究成果的平台，同时为中国天文学会的成立开展舆论宣传。

《观象丛报》作为学术型气象刊物，以传播西方天文学和气象学知识为主。1915 年 7 月 15 日出版发行，至 1921 年 10 月因经费困难停刊，共发行 75 期。《晓窗随笔》是《观象丛报》"著译"栏目下由高鲁以笔名"曙青"署名、撰稿，以散文随笔的形式连载的通俗天文学作品。作为一本主要介绍西方天文气象学的科普刊物，《观象丛报》上连载的《晓窗随笔》是其中一个特色。与《观象丛报》中其他类型的科普文艺作品相比，《晓窗随笔》可以说是集中西观象学术之大成。高鲁秉承着普及天文气象科学知识、吸引民众兴趣的初衷，在《晓窗随笔》中夹杂了大量的文学书写。他将科学知识与文学作品相结合，引经据典，通过散文随笔的形式介绍中国传统天文气象知识，同时以西方理论知识破除中国传统气象中充满迷信色彩之处，将中西方气象文化知识相融合，使得文章通俗易懂，还兼具专业性与趣味性。

民国时期不乏《观象丛报》这样的学术型气象刊物，如《中国天文学会会刊》《宇宙》《气象年报》等。科技类期刊中的综合性刊物（如《科学》《格致汇编》等）也有涉及天文气象的栏目。以上刊物上刊登的文章多为专业的学术论文或理论常识类的普及教育文章，少有像《晓窗随笔》这样以文学与科学结合的方式进行科普教育的作品。相较之下，《晓窗随笔》特点突出，主要体现在以下几个方面。

一是通俗易懂。《观象丛报》以刊登学术论文、西方理论著译为主，因此这一部分的内容专业性较强，对于没有相关学识基础的普通民众而言，深奥难懂。《观象丛报》刊载的《晓窗随笔》，以科学散文随笔的形式介绍了中国传统天文气象知识，这些内容多为高鲁翻阅史书，查找古代文人学者的笔记、日记、诗词集、小说集中与天文气象有关的知识或故事，辑录、撰写而成。考虑到普通大众的文化程度，《晓窗随笔》在内容上有倾向性，定位明确，主题集中，关于节气、年岁、历法、日月食、信风等的介绍与百姓生活、农事息息相关，具有极强的文学性、故事性与可读性。《晓窗随笔》的科普方式相比传统的理论说教方式更加引人入胜，其将气象科学知识、科学思想、科学精神以民众能接受和理解的方式进行广泛宣传与普及。

二是具有趣味性。《晓窗随笔》中所摘录的与气象知识相关的故事、传说，为其内容增加了趣味性。例如，在谈论与气象相关的器物时，高鲁引用南宋洪迈的

《夷坚志》介绍唐朝有十二玉棋子，置于水中，逐时浮出（第 2 卷第 2 期）；引北宋陶谷的《清异录》介绍唐内库有十二时盘，"色正黄，圜三尺，四周有物象。元和中，偶用之，觉逐时物象变更，且如辰时花草间皆戏龙，转巳则为蛇，转午则为马"（第 2 卷第 12 期）。诸如此类器物，高鲁都有介绍。有的器物虽无法考证，却能激发读者阅读与了解的兴趣。

故事一类，如讲述古代与气象有关的神话人物与神兽、十二生肖与天文星象、各风类名称的由来，内容丰富，语言形象生动。除此之外，还有气象谜语的选录。高鲁引用张起南的《橐园春灯话》介绍有关天文与算术类灯谜的知识，科普之余，寓教于乐，民众参与其中，并意识到这些科学知识不是晦涩难懂的，而是充满趣味。

三是具有警示性。近代以来，中国天文气象事业无人问津，缺少专业研究学者与专业学科，与西方相比，发展缓慢。高鲁在《晓窗随笔》中多次于文章最后或开头谈论对中西方天文气象学发展的看法，并揭示了当时中国天文学发展的种种落后之处，足以令众多学者与民众反思。

高鲁曾谈到空中现象，如日食、月食、陨石和流星，最容易被社会民众注意。当时，金星与木星同经之前后几天，民众恐慌，频繁致电中央观象台咨询，中央观象台工作人员应接不暇。对此，高鲁指出："社会人民须移其迷信之思想，致力于真正之天文学，中小之专门各学校皆当极力提倡，轮进其真正天文学之知识……立高尚之根基进习专门，以文明之理解，一洗从前痼弊之风。"[8]

同样，高鲁曾列出崇祯时期的 8 次日食记录、1916 年以来的日月食记录以示民众，并引用《日知录》中对日食进行解释的片段，讨论"日食为一定之数，无关于人事"。高鲁谈道："社会思想之不能发达，其责任实系教育家……今日社会百人之中，求其不迷信者，不能得一二，推其原因，由来甚远，有清三百余年，士夫妇儒，为词章占验所束缚……以占验家为天文家……"[8]因此，社会民众将占验迷信与天文学混为一谈，此种思想根深蒂固，不仅阻碍了社会发展，更阻碍了天文学的发展。

谈及中西方天文学，高鲁指出过去中国天文学"上穷羲和，不仅历法本源各有著述，即如日食陨星各式，亦历历可稽"。近 200 年来，西方学术发达，由天体力学而扩及天体物理学，又因天体物理学发达而增设研究机构。18 世纪，全球成立的观象台有一百三十余所，而"中华民国幅员之广，仅有首都之内，虚具其名"。对于此种现象，高鲁写道："抑专司之无其人欤，而令斯学发源之地，寂然无闻，吁可慨已。"[9]

第七节 小 结

民国时期的中国科技队伍是幼弱的，却集中了中国近代知识分子中的一批精英，他们有着强烈的爱国主义精神和忘我的科学献身精神，他们用杰出的成就向全世界表明，中国人民有能力追赶上世界科技的新潮流。这些成就对于当时还在苦难中挣扎的中国人民来说，无疑是一种鼓舞，增强了民族自信心与自豪感。囿于篇幅和资料，本章无论在深度上还是广度上都很不够。我们谨向曾为中国近代科学技术做出过贡献的人们致以深深的敬意。

第三章

新中国前三十年的气象科普

第一节　发展背景和发展趋势

中华人民共和国成立以前在科普方面已经有一定的历史积淀，为国家科普事业的发展奠定了基础。20世纪初，中国陆续出现了一些科学团体，如中国科学社、中华自然科学社等，其在当时都做过科学普及工作。20世纪30—40年代，科学界发起了科学大众化运动。1949年10月，中华人民共和国成立，为科普事业的发展提供了稳定的政治环境。气象科普作为整个科普事业的一个部分，也逐步发展起来，并于20世纪50年代末达到一个小高潮。

中华人民共和国成立之初，科普工作就得到了中央政府的重视。1949年9月，中国人民政治协商会议第一届全体会议通过的《中国人民政治协商会议共同纲领》明确提出：中华人民共和国的文化教育为新民主主义的，即民族的、科学的、大众的文化教育。这一方针成为科普工作的主要指导思想。1949年12月，在中国第一次全国教育工作会议上，为借鉴苏联先进教育建设的发展经验，会议提出了"学习苏联全面进行教学改革"的口号。毛泽东等国家领导人也曾强调学习苏联的重要性，之后向苏联学习的热潮在全国兴起。1950年8月，中华全国科学技术普及协会（简称全国科普）和中华全国自然科学专门学会联合会（简称全国科联）成立，负责宣传普及自然科学知识和提高大众科学素质。从此，科学技术知识开始受到关注，科普出版事业得到了快速发展。1956年，中共中央向全国吹响了"向科学进军"的历史号角。1958年，全国科普和全国科联合并为中国科学技术协会（简称中国科协），成为推动我国科普事业发展的主力军。

在新中国科普事业启动的 20 世纪 50 年代，世界第三次科技革命已经开始，工业化、现代化是当时的潮流。在工业化建设过程中，最突出的问题就是科技人才的缺乏和大众科学素质的普遍偏低。1956 年，中共中央提出了"向科学进军"的口号，制定了《1956—1967 年科学技术发展远景规划纲要》，为科普事业的发展提供了动力。科普一方面能够开启民智，另一方面能够提高生产力，改变当时国内落后的状况。中华人民共和国成立初期形成的对科普内涵的理解就是科学大众化运动，即通过普及科学知识和演示基本技能，帮助广大工人、农民破除封建迷信思想，提高生产技术水平。要实现这个目标，就要将科学技术知识通俗化。在内容上，要从实际出发，选择群众熟悉的或迫切需要的；在思想上，要将材料与政治、历史和生产生活实际联系起来；在语言上，要运用群众的语言，尽量使作品口语化，避免冗长的词句和枯燥的说教[10]。

依据发展背景，本章研究时段定为 1949—1977 年。与大多数科普作品一样，这一时期的气象科普图书出版情况在整体上可以分成两个阶段，即 1949—1965 年和 1966—1977 年。

第二节 1949—1977 年气象科普图书出版总体情况

一、1949—1965 年的气象科普图书

（一）出版数量

1949—1965 年共出版气象科普图书 233 种，其出版数量的逐年变化情况如图 3-1 所示。其中，20 世纪 50 年代气象科普图书的出版数量整体上呈上升趋势。1956 年"向科学进军"号召的提出使得中华人民共和国成立之后的第一次科普高潮随之而来，出现了气象科普图书出版的第一个高峰（图 3-1 中 20 世纪 50 年代的译著大多数为苏联译著）。但是，受"反右"运动的影响，20 世纪 60 年代气象科普图书的出版数量开始下降。1958—1965 年，我国经历了"反右倾""大跃

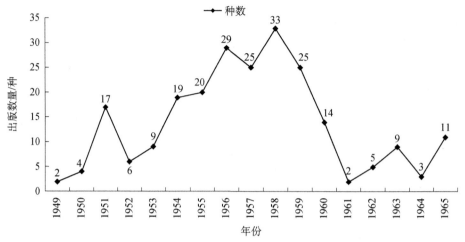

图 3-1　1949—1965 年气象科普图书每年出版数量随时间变化情况

进"，以及中苏关系破裂等一系列重大历史事件，科普事业受其影响艰难地向前发展，但科普图书的发展仍为我们带来了惊喜。其中少儿出版社原创出版的《十万个为什么》[11]创造了科普图书出版的"神话"，在中国科普图书史上具有深远意义。

（二）著作形式

在以上 233 种气象科普图书中，著作形式为编著的有 75 种（约占 32.2%），编的有 74 种（约占 31.7%），著的有 52 种（约占 22.3%），翻译的有 23 种（约占 9.9%），编译的有 6 种（约占 2.6%），另外还有改编 2 种、编绘 1 种（各约占 0.9%和 0.4%）（图 3-2）。总体来看，1949—1965 年出版的气象科普图书的著作形式较民国时期更为丰富，以本土创作的编著、编和著的形式较多，同时从国外引进的译著数量也在不断增加，其中从苏联引进的科普图书数量最多。

（三）出版地分布情况

1949—1965 年，全国各地的出版事业逐渐兴起，除西藏和黑龙江没有出版气象科普图书外，其余 30 个省（自治区、直辖市）都有科普图书出版。气象科普图书还是主要集中在北京和上海等地出版，两地出版的气象科普图书占到该时期气象科普图书出版总数的一半以上（图 3-3）。各省（自治区、直辖市）以该地的人民出版社出版的科普图书为主。

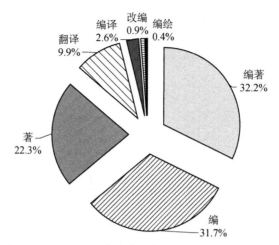

图 3-2　1949—1965 年气象科普图书的著作形式及占比

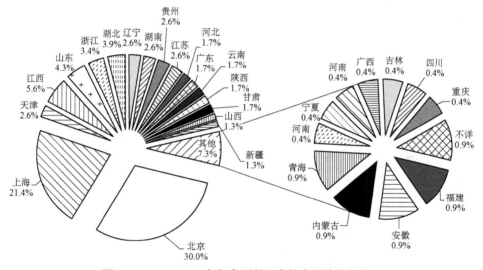

图 3-3　1949—1965 年气象科普图书的出版地分布情况

二、1966—1977 年的气象科普图书

（一）出版数量

1966—1977 年，科普图书良好的发展势头没有得以延续。在此期间，中国科协等各类科普组织和团体受到影响，科普工作停滞不前，气象科普图书事业也走到谷底。20 世纪 70 年代初，气象科普图书的出版数量虽又开始缓慢上升，但一

直到 1976 年也没有达到 20 世纪 50 年代的高度。在此期间，共出版 38 种气象科普图书（图 3-4）。

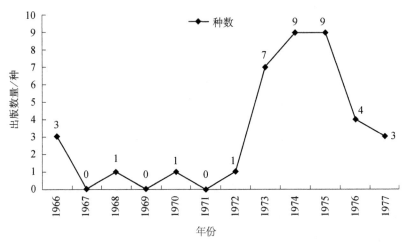

图 3-4　1966—1977 年气象科普图书每年出版数量随时间变化情况

（二）著作形式

这个时期无论是从国外引进还是本土创作，气象科普图书的出版数量都比之前少了很多，严重影响了气象科普知识向公众的传播。该时期的气象科普图书多以编为主（图 3-5），原创的气象科普图书大大减少。

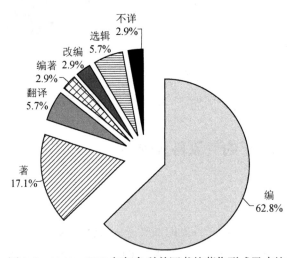

图 3-5　1966—1977 年气象科普图书的著作形式及占比

（三）出版地分布情况

1966—1977 年，仍然是在北京和上海出版的气象科普图书最多（图 3-6），科学出版社、科学普及出版社，以及各地的人民出版社承担了大部分气象科普图书的出版工作。

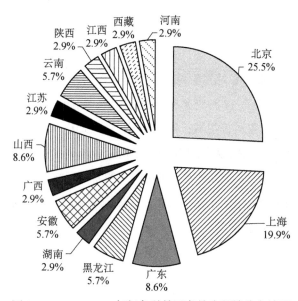

图 3-6　1966—1977 年气象科普图书的出版地分布情况

第三节　1949—1977 年气象科普图书的主要特点

1949—1977 年出版的气象科普图书有如下几个特点。

（1）出现了专门介绍气象灾害的科普图书。这个时期的气象科普图书除了介绍一些基本的天气科普知识外，对一些对农业和人民生活可能产生重要影响的气象灾害（如冰雹、台风、霜冻、寒潮、风沙等）也有所涉及，如 1958 年出版的《通俗小丛书：常见的几种灾害性天气》。

（2）更多的省级出版社开始关注地域性的气象农业谚语，以及它们对农业的影响。关于谚语的气象科普图书越来越多，这个时期也开始出现有关二十四节气的各种版本，如 1955 年出版的《二十四节气》、1957 年出版的《历法和节气》、1958 年出版的《历法与节气》、1959 年出版的《二十四节气》、1960 年出版的《农业气象小丛书：二十四节气与甘肃气候》、1964 年出版的《广东二十四节气气候》。

（3）普及气候与季节知识的科普图书开始出版，如 1953 年出版的《祖国的气候》、1954 年出版的《气候漫谈》、1955 年出版的《少年儿童知识丛书：天气和气候》、1956 年出版的《一年四季》《祖国的气候》、1957 年出版的《季节与气候》等。

（4）"文化大革命"等对气象科普图书产生巨大影响。1966—1977 年，受国内政治环境的影响，仅有 38 种气象科普图书出版，出版数量急剧下降。同时，仅有 11 家出版社出版气象科普图书，每家出版社的平均出版种数也有明显下降，且主要为综合类出版社，中华人民共和国成立初期做出突出贡献的科普类出版社在此期间受到严重影响。由于知识青年在该时期的特殊影响力，青少年学生作为主要的读者群体，其地位越发凸显。同时，工农兵作为无产阶级的重要组成部分，也是这一时期的主要科普对象。

第四节　"向科学进军"对气象科普的影响

1956 年"向科学进军"号召的提出，使得中华人民共和国成立之后的第一次科普高潮随之而来。由于民国时期气象科普图书对常见天气现象等基本知识做了一定介绍，因此这个时期的气象科普图书更加丰富且具有综合性，在内容上除了介绍风、雨、雷、电外，还主要包括对大风、寒潮、霜冻、暴雨和防汛、台风等与气象灾害相关知识的普及，以及对与农业生产密切相关的节气和气候知识的丰富。不同的气象科普图书内容不同，但是主要都会包含上述方面，这样的内容安排理论性更强，科学味道更浓，一方面让读者首先在理论上认识气象，另一方面使读者运用气象知识正确认识生产生活中的各种天气与气候现象，进而指导生活和生产，依然没有脱离当时的科普宗旨。因为新中国急需建设和发展，所以在当时的时代背景下，掌握科学知识就是发展的基础。

第五节　代表性科普作品

"十万个为什么"是由少年儿童出版社从 1961 年开始出版的一套青少年科普丛书，截至 2013 年已出版至第六版。中华人民共和国成立初期，少儿科普图书十分匮乏，从苏联引进版科普图书激发了我国学者科普创作的灵感和激情。"十万个为什么"以生活中常见的自然现象为主题，通过一问一答的形式进行科学普及，是中国几代青少年的科学启蒙读物。同时，作为原创科普图书的第一品牌，"十万个为什么"创造了中国科普出版史上的奇迹，并在 1999 年中华人民共和国成立 50 周年之际入选"感动共和国的 50 本书"。

1949—1977 年"十万个为什么"共推出了 3 个版本，包括 1961—1962 年少年儿童出版社出版的第一版，共 8 册，天文和气象部分为一册（第 3 册）；1964—1965 年少年儿童出版社出版的第二版，共 14 册，气象部分开始单独成为一册（第 5 册）；1970—1978 年上海市人民出版社出版"十万个为什么"（"文革版"），共 21 册[11]。由于之前的科普读物大部分是分学科"单打独斗"，有些丛书也是从苏联直接翻译过来的，而"十万个为什么"是当时国内最系统的科普丛书，加上这套书语言生动形象，因此一经出版，就广受好评。到 1964 年 4 月，"十万个为什么"已经发行 584 万册（73 万套）。之后，"文革版"多次印刷，发行量甚至达到上千万册。

"十万个为什么"侧重对科学知识的普及，主要内容是基础科学知识和实用技术，读者对象主要是少年儿童，但也面向一般民众，这体现出当时我国科普还处于知识科普阶段。这套书的成功为中国当代科普创作提供了有益借鉴。深入实际生活，了解科普受众的需求，是科普作品成功的前提。

第六节　小　　结

本章对 1949—1977 年出版的气象科普图书做了较为概括性的分析。这个时期是从中华人民共和国刚成立到改革开放前一段特殊的、曲折的历史时期，气象科普图书的创作和出版都较大程度地受到了影响。中华人民共和国成立初期由于相关学者对科普工作没有经验，因此主要是对苏联的气象科普作品进行翻译。1956年，中共中央提出"向科学进军"的口号，科普工作也开始得到重视，大量气象科普作品诞生，1959年达到一个高峰。在此期间诞生的科普丛书"十万个为什么"先后出版了6个版本，发行量达上千万册，是中国科普出版史上的一个奇迹。但是，20世纪60年代中期至70年代中后期，由于特殊的原因，气象科普图书经历了一个数量和质量下降到最低又再一次逐步提升的过程。这个时期的气象科普图书，先是以苏联作品的译著为主，之后我国独立创作的作品也逐渐增多，内容上以综合性气象知识、常见气象灾害以及与农业生产密切相关的节气和气候知识三方面为主。总之，当时的气象科普图书既包括气象的基本知识和原理，也兼顾民众的生活和生产所需，由于受众大部分是青少年，因此语言都比较生动、诙谐，并配有一定数量的图片，富有可读性和趣味性。这些作品无论在内容上还是在语言风格上，都为之后气象科普作品的创作打下了很好的基础。

第四章

改革开放时期的气象科普

第一节 发展背景和发展态势

1978年，中国共产党召开了具有重大历史意义的十一届三中全会，开启了改革开放历史新时期。改革开放是一场伟大的变革，从"科学技术是第一生产力"的提出到"科教兴国"战略的全面落实，中国真正走进科学技术时代。科学精神代表了理性和质疑、智慧与思辨，也带来了思想观念的变革，更是人类探索未知的关键。改革开放之后，一大批科学、科普类好书层出不穷，传播先进文化，普及科学知识，提升公民科学素质。

一、科学技术是第一生产力

1978年3月，全国科学大会隆重召开，邓小平同志在开幕式上发表重要讲话，响亮地提出"科学技术是生产力""知识分子是工人阶级的一部分"的科学论断，强调要大力发展科学研究事业和科学教育事业，极大地调动了广大科学技术和教育工作者的积极性。发展科学技术这一关系到民族存亡的重大命题，被庄严地列入党和国家的重要议程，并得到了相当完整且系统的阐述。中国著名气象学家叶笃正、中国著名科普作家高士其等参加了这次科学大会。

全国科学大会这场历史性盛会开启了改革开放历史新时期，迎来了中国科学发展的春天，也为我国科普事业的发展带来了新的转机。全国科学大会的召开，激发了一大批中青年科学家的报国情怀，也拨动了老一辈科学家老骥伏枥的不已壮心，启迪了人们的智慧。从国外引进的先进技术，加快了我国农业、工业、国防、科学技术的现代化，农业实用技术的推广普及成为科普的重点工作。中国科协等各类科普组织和团体相继恢复工作，沉寂十年的气象科普图书出版也在恢复中快速发展，科普出版事业空前繁荣，使得科普创作研究具有了极大的现实作用。

1980 年 1 月，著名科普作家高士其给邓小平同志写信，建议成立中国科普创作研究所。邓小平同志对此高度重视，后经国务院批准，成立了中国科普创作研究所。后来，由于工作需要，中国科普创作研究所更名为中国科普研究所，它的成立对我国科技传播和科普理论研究产生了深远影响。

1988 年 9 月 5 日，邓小平在会见来华访问的捷克斯洛伐克总统古斯塔夫·胡萨克（Gustáv Husák）时，提出了"科学技术是第一生产力"的重要论断。1988 年 9 月 12 日，邓小平根据当代科技发展的趋势和现状，在全国科学大会上再次提出了"科学技术是第一生产力"的论断，体现了马克思主义的生产力理论和科学观。邓小平同志的这一论断，既是现代科学技术发展的重要特点，也是科学技术发展的必然结果，进一步推动了科技与经济的结合。科技与经济的关系日益密切，经济发展为下一阶段科普事业的开展提供了充足保障。

二、提升公民科学素质

1985 年，英国皇家学会发布了名为《公众理解科学》（*The Public Understanding of Science*）的报告。该报告调研了英国当时的科学普及现状、科学普及体制与发展情况，并提出合理建议。该报告第一次明确提出并定义了"公众理解科学"的概念[12]。20 世纪 80 年代末 90 年代初，"公众理解科学"这一概念进入中国。1992 年，中国科协正式组织了我国第一次中国公众对科学技术的态度抽样调查，调查结果显示，我国公民科学素质与发达国家存在较大差距。这主要是由于国内出现经济过热现象，科学技术几乎被大众遗忘，很多落后的、愚昧的东西重新抬头。因此，寻求提升公民科学素质的举措迫在眉睫。

1994 年，中共中央、国务院发布了《关于加强科学技术普及工作的若干意见》，提出了"健全科普工作的政策法律体系和支撑服务体系""要动员全社会力量，多形式、多层次、多渠道地开展科普工作"等措施，有助于我国科普工作的深入推进。1995 年，中共中央、国务院发布《关于加速科学技术进步的决定》，提出"科教兴国"战略，指出要把经济建设转移到依靠科技进步和提高劳动者素质的轨道上来。1996 年，中共中央宣传部、国家科学技术委员会、中国科协又一次发出《关于加强科普宣传工作的通知》，明确提出提高全民科学文化素质是当前和今后一个时期科普工作的重要任务。国家顺应社会发展需求与经济改革的趋势，连续出台政策扶持科普工作，将中国科普事业从以普及初级科学技术知识为主转为普及科学知识、科学精神、科学方法，推动全民科学素质持续提升。

依据社会政治、经济、文化发展背景，本章研究时段定为 1978—2002 年。

第二节　1978—2002 年气象科普图书出版总体情况与内容分析

一、总体情况

（一）出版数量

改革开放以后，由于国家对科学技术的重视以及对科普工作的政策支持，我国气象科普图书的出版数量整体上明显上涨。据统计，1978—2002 年共计有 307 种气象科普图书问世，平均每年出版 12.3 种。改革开放初期的气象科普图书随着"应用气象丛书""气象知识丛书""青少年气象科学知识丛书""气象万千丛书"等丛书的相继出版，迅速走出"文化大革命"十年的低谷，并繁荣发展起来。

在改革开放的时代大潮中，政治、经济、文化等因素交互影响下的中国气象科普事业乃至气象科普图书的创作发展也几经沉浮。图 4-1 中呈现了 1978—2002 年出版的气象科普图书数量的逐年变化情况，可见图书出版情况仍有明显波动，基本上经历了三个时间段。

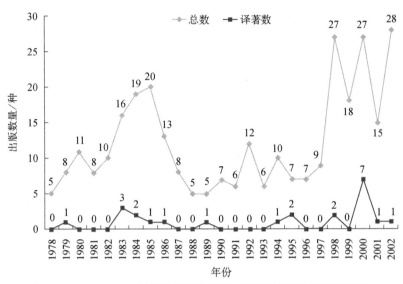

图 4-1　1978—2002 年气象科普图书每年出版数量随时间变化情况

（1）1978—1985 年，气象科普图书出版数量呈波动式增长态势。1980 年中国科普创作研究所的成立，进一步促进了气象科普创作和科普图书出版。1985 年，气象科普图书出版数量达到这一阶段的顶峰，当年共计出版 20 种气象科普图书，其中包括"科学知识丛书""气象知识丛书"等图书。

（2）1986—1995 年，出版量大幅度减少，波动式下降，并于 1988 年再一次跌入低谷，仅出版 5 种。1988—1991 年的平均出版数量（5.8 种）已跌破整个改革开放时期的平均出版量（12.3 种）。这主要是由于我国经济出现过热现象，导致科学技术被公众冷落和忽视，欣欣向荣的气象科普图书出版再次受到冷遇。这一阶段，唯有 1992 年出现一个小高峰，出版了 12 种。这是因为 1992 年科学普及出版社出版了"气象知识丛书"，其中就包含 5 册气象科普图书。

（3）1996—2002 年，出版量开始波动式递增，随后维持在一个较高的水平。1998 年，出版数量高达 27 种，掀起高潮，这得益于当年气象出版社的"新编气象知识丛书"、中国建材工业出版社的"青少年气象科学知识"等丛书的出版。1998—2002 年，仅 5 年的出版总数（115 种）就占 1978—2002 年出版总数的约 37.5%。这一阶段，气象科普图书出版数量持续攀升，与国家对科普事业的政策扶持密不可分。随着"科教兴国"战略的实施，提高全民科学素质成为科普工作的重要任务。

（二）引进版图书

1978—2002 年，共从国外引进 23 种图书。美国是这一时期气象科普图书的主要引入国，约占所有引进版图书的 43.5%；英国紧随其后，占比约 21.7%，从日本和西班牙引进的图书一样多，都仅有 2 种，各约占 8.7%（图 4-2）。这一时期从国外引进的气象科普图书主要是以丛书的形式，共计 10 种，约占总数的 43.5%。

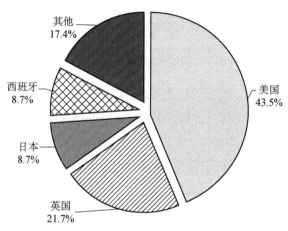

图 4-2　1978—2002 年我国引进版气象科普图书的引进地分布情况

从图 4-1 中可见，引进版气象科普图书的出版数量在 1978 年到 2002 年变化不明显，持续维持在相当低的水平，只有 2000 年才超过 5 种。其中，1978—1992 年共出版引进版图书 9 种，仅占 1978—2002 年出版的引进版图书总数的约 39.1%；1992—2002 年引进了 14 种，占 1978—2002 年出版的引进版图书总数的约 60.9%。1992 年春天邓小平同志南方谈话之后，我国改革开放再次掀起了新的高潮，经济持续快速增长。在世界多极化、经济全球化的趋势下，我国科技外交积极进取，并开启了新的合作领域。我国与全世界的经贸合作、科技外交的快速发展，一定程度上促进了引进版气象科普图书的增加。

图 4-3 呈现了 1978—2002 年引进的各类别气象科普图书所占的比例，引进图书以普及气象学原理知识为主，共计 17 种，占比约 73.9%，包括从美国引进的《野外工作者天气指南》等图书。值得注意的是，20 世纪 90 年代中期，我国连续引进了《变化中的大气》《对全人类生命的威胁：全球性的大气侵袭》两部译著，

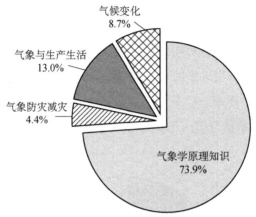

图 4-3　1978—2002 年我国引进版气象科普图书涉及内容的分类情况

主要普及气候变化、温室效应的相关知识，这一阶段国内原创的涉及气候变化方面的气象科普图书几乎为零。此外，引进版图书的读者定位更加多元化，主要面向气象科技工作者、野外工作者，以及青少年儿童等人群，同时期国内原创气象科普图书的主要读者定位于青少年学生以及从事农业生产的人民群众。

二、图书内容分析

（一）开始关注气候变化

20 世纪 70 年代，科学家把全球变暖作为一个全球环境问题提出来。20 世纪 80 年代，这一问题开始成为国际政治和外交议题。全球变暖主要发生在 20 世纪 20—40 年代，以及 70 年代中期以来的两个时期[13]。美国和日本等国记录下来的湖面结冰和融化的时间变化进一步证实了全球变暖[14]。进入 20 世纪 80 年代之后，全球温度的上升有加速的趋势，1990 年、1995 年和 1997 年全球平均温度数次创历史最高纪录[13]。

1992 年，联合国环境与发展会议通过了《里约环境与发展宣言》（Rio Declaration on Environment and Development）和《21 世纪议程》（Agenda 21），154 个国家签署了《联合国气候变化框架公约》（United Nations Framework Convention on Climate Change）。会议体现了可持续发展的新思想，和平、发展和保护环境是互相依存、不可分割的。大会之后，加强环境和生态保护成为各国发展经济的重要原则。1994 年，中国政府审议通过《中国 21 世纪议程——中国 21 世纪人口、环境与发展白皮书》，深刻认识到气候变化对经济增长和人民福祉造成的不利影响，并结合我国国情采取了一系列政策措施，积极开展应对气候变化行动，采取有效措施减少温室气体排放，为提升中国可持续发展水平发挥重要作用，为应对全球气候变化做出积极贡献。

气候变化带来的不利影响，让大众科学认识气候变化及应对气候变化成为必然需求，全球变暖研究中的气候科学问题开始引发广泛关注。这也正是气象科普图书发挥作用的时候，它可以站在更理性的角度来告诉大众如何正确地看待气候变化。因此，一些以气候变化为主题的气象科普图书在这一时期应运而生。

1994 年和 1995 年，中国对外翻译出版公司和中国环境科学出版社先后从美国引进《变化中的大气》《对全人类生命的威胁：全球性的大气侵袭》等图书。其中，后者为极具代表性的涉及温室效应的气象科普图书，由国际著名的科技作家和评论家约翰·J. 南斯（John J. Nance）所著，由劳陇等翻译。全球变暖、臭氧层遭受破坏、破坏性气体排放等问题纷至沓来，意见存在分歧的科学报告让公众深感困惑，该书以平实的语言阐述了臭氧层和全球变暖的相关问题，消除神秘感，并使读者了解新闻报道背后的真实故事，以弄清人类正在多么严重地在改变着我们星球的大气。该书让科学界以外的更多人了解了全球变暖的危险性，以及理解了代表全社会的决策者做出的重大决定，同时也向全人类发出了警报——必须考虑气候变化所带来的迫在眉睫的世界性后果。

在此阶段，我国本土创作的相关图书有山东科学技术出版社出版的《海洋新探索丛书：变化的海洋与大气》、上海科学普及出版社出版的《暖冬后的冷思考——趋利避害话气象》、中国环境科学出版社出版的《环境保护热门话题丛书：温室效应》。"环境保护热门话题丛书"全套共 11 册，2001 年出版，普及了温室效应、酸雨、臭氧层、可持续发展等气候变化和环境保护热点话题，丛书的每一册都能激发读者关注这些问题的热情。其中《温室效应》分册由戴君虎、丁枚、方精云编著，介绍了温室效应的概念，讨论了温室气体的物理、化学性质，以及引起温室效应的原因，并分析了温室效应与气候变化、生态系统和一些自然灾害的主要影响等。在此基础上，该书还具体阐述了相关的应对对策，以及人类社会为减缓温室效应付出的诸多努力。该书认为，温室效应导致全球变暖问题的最终解决不但需要科学家的潜心钻研，还需要政府部门的重视，更需要广大群众的积极参与。在某些情况下，群众参与更为重要、更加富有成效。

（二）越来越注重气象防灾减灾科普

灾害可分为自然灾害和人为灾害两大类。气象灾害是造成人民生命财产损失最大的自然灾害，具有种类多、范围广、频率高、持续时间长、灾情重等特点。据联合国统计，全世界主要的 10 种自然灾害中，气象灾害就占了 7 种。社会经济越发展，气象灾害造成的经济损失就越大。1998 年，长江发生全流域性特大洪水，洪水大、影响范围广、持续时间长，洪涝灾害严重，全国共有 29 个省（自治区、直辖市）遭受洪涝灾害，人员和经济损失惨重。经历过 1998 年洪水灾害之后，公众对气候变化的认知水平开始提高，逐渐把气象灾害与气候变化关联起来，希望更多地了解致灾的深层次原因。单纯从天气过程角度说明灾害的发生，已无法为公众释疑解惑，相关学者需要站在科学发展的前沿，向公众合理解释出现的新现象、新事实。气象科普如果赶不上这种增长的需求，不仅会不受欢迎，还会逐渐失去公众信任。气象科普作家不断更新知识，防灾减灾主题的气象科普图书迅速增多，进一步让公众了解并掌握了气象灾害及其发生规律，对做好防灾减灾工作具有十分重要的现实意义。

1999—2002 年，气象出版社相继出版了《新编气象知识丛书：祸从天降》《气象灾害十讲》《旱区气象变幻的奥秘》《减灾知识系列：气象灾害及其防御》等气象防灾减灾科普图书。"新编气象知识丛书"吸收了 15 年前出版"气象知识丛书"的经验，并根据时代发展需要重新编写，其选题都是前沿大气科学问题，丛书的作者都是著名的科普作家。"新编气象知识丛书"共 8 册，一次出齐，有助于更多读者了解气象科学、应用气象科学。其中《祸从天降》分册由金传达编著，阐明了气象灾害的含义，通过一个个故事系统介绍了威胁人类生命的暴雨洪涝、酷暑干旱、低温冷冻、大雪浓雾、雷与闪电、台风龙卷风等灾害，阐述了其中蕴含的气象科学知识。

此时段出版的关于气象防灾减灾的科普图书还有安徽科学技术出版社的《漫谈灾害性天气》、辽宁人民出版社的《全民防洪减灾手册》、中国水利水电出版社的《'98 大洪水百问》、上海科学普及出版社的《暖冬后的冷思考——趋利避害话气象》、商务印书馆的《自然灾害知识丛书：干渴的大地》、湖南人民出版社的《山洪灾害防治百题问答》。1998 年，罕见的南北特大洪水引发社会各界人士的普遍关注，国家防汛抗旱总指挥部办公室组织参加抗洪抢险的专家和技术人员编写了《'98 大洪水百问》。该书设立了百余个问答题，用通俗精练的语言和第一手资料，对 1998 年特大洪水的成因及特点、抢险技术与方法、防洪工程建设、防洪法规、汛后修复等内容做出了详尽解答，涉及暴雨洪水成因及影响因素、汛期划分等丰富的气象科普知识。内容真实，问答方式提升了可读性，让公众更加清楚地了解到相关知识，提高了防灾减灾意识。

（三）更科学地认识天气预报

自古以来，人类为了自身生存和发展，一直在观测和研究大气现象，趋利避害，发展生产。随着科学技术的发展，人们对大气现象的认识越来越深刻，利用也越来越广泛。从依靠肉眼观察的定性认识阶段到使用仪器观测温、压、湿、风的定量研究阶段，再到将人造卫星和电子计算机引入气象学领域后飞跃发展的数值预报阶段，人们在生产、生活中都十分关心天气预报，国民经济的各行各业都离不开短、中、长期的天气预报。

1980 年 7 月 7 日，《天气预报》节目在央视一套《新闻联播》栏目之后亮相，标志着我国第一个天气预报节目的诞生。1993 年，《天气预报》节目迎来重大改版，电视屏幕中出现了"气象先生"宋英杰，其专业的背景、知性的形象和自然诙谐的语言风格赢得了观众的喜爱。气象主播从无到有，与观众之间的距离越来越近。宋英杰说，《天气预报》要让观众看得清、听得懂、记得住、用得着，真正满足观众需求。主播要正确解读气象，不仅要播报气象台预测的气温，还要介绍体感温度方面的知识。随着现代科学技术的快速发展，天气预报的电视广播已成为亿万公众每天都要了解的节目。要消除天气预报给观众留下的不准确的印象，做好气象科普知识普及工作显得尤为重要。

1985 年，气象出版社和中国气象学会共同组织编辑出版了"气象知识丛书"，系统介绍了气象科学各分支的基本理论和基础知识。丛书共 18 册，其中丑纪范院士和许以平编著的《天气预报》，通过民间谚语天气预报、天气图预报、数值预报等内容，深入浅出地为读者介绍了天气预报是怎样做出来的、天气预报的现状和进展、天气预报如何为生产生活服务等最基本、最新的知识，并普及了大气的可预报性知识。2000 年，气象出版社出版了《评说九州风云——漫谈电视天气预报》，该书由秦祥士、焦佩金编著，主要介绍了天气预报电视节目的由来、制作过程和发展前景，以及如何将高科技运用于电视天气预报，并解释了电视天气预报节目中常用的气象术语和天气符号的含义等。2002 年，气象出版社又出版了由丑纪范院士编著的《大气科学中的非线性与复杂性》。该书围绕天气和气候为何永不重复地发展变化、剧烈突变与相对静止的问题，阐述了人们对大气中非线性相互作用的认识过程和现有成就，深入阐述了"混沌"的概念，从哲学视角讨论了天气和气候的可预报与不可预报问题。该书注重弘扬科学精神，提倡科学方法，有助于公众正确地了解并借助天气预报更好地生产生活。

这一时期主要内容为天气预报的气象科普图书还有江苏科学技术出版社的《天气预测实用知识》、中国农业大学出版社的《简易天气预测》、中国建材工业出版社的《青少年气象科学知识：未雨绸缪——天气预报》等。

第三节　气象科普佳作分析

一、世纪之交的"中国科普佳作精选"丛书

1997 年，湖南教育出版社副社长陈民众等策划了"世界科普名著精选"丛书，编委会经讨论推荐了一本中国科普名著列入丛书之中。符本清认为，20 世纪初，西方科学技术刚传入中国，中国的科学技术底子薄弱，尽管有不少优秀科普图书，但是没有一本在世界上产生广泛影响的科普名著，因此应该实事求是，不要硬凑。陈民众综合大家意见，决定再出版一套中国科普丛书，作为"世界科普名著精选丛书"的姊妹篇，最后定名为"中国科普佳作精选"丛书。随后，符本清起草了"中国科普佳作精选"丛书的编纂方案与组稿要求，该套丛书被列入"十五"国家重点图书出版规划[15]。

1999 年 9 月，国家新闻出版署副署长杨牧之亲自参加了"中国科普佳作精选"丛书首发式，湖南教育出版社首次推出"中国科普佳作精选"丛书 33 册。该丛书于 2001 年全部完成，共 40 册。1999 年 12 月，中国科学院、科技部和中国科协联合举办"科学家推介的首批 20 世纪科普佳作"新闻发布会，首批共推介了93 本（套）国内外科普佳作（国内作品总数 42 部），"中国科普佳作精选"丛书

中有 12 部被科学家推介，在科普界和读者中引起强烈反响。

在世纪之交出版的"中国科普佳作精选"丛书是一套既有总结性又有前瞻性的丛书，它反映了 20 世纪中国科普创作的成就，展现了中国科普出版的成果。收入丛书的气象科普图书有在气象领域影响较大、对推动科技进步发挥重要作用、有良好社会声誉的作品，如老一辈气象科学家竺可桢所著的《物候学》；有在社会上产生广泛影响，深受读者欢迎，对普及科学知识、提高国民素质和增强国民科技意识发挥重要作用的作品，如气象科普作家林之光所著的《气象万千——漫谈我国的气候》[16]。这些气象科普佳作不仅普及了科学知识，宣传了科学思想，弘扬了科学精神，而且以其科学性、趣味性、可读性，影响了几代人特别是青少年，在气象科普工作中发挥着继往开来的作用。

二、竺可桢与《物候学》

（一）气象学家竺可桢

竺可桢，中国科学院院士，中国现代气象学、地理学的一代宗师，卓越的科学家和教育家。他曾任中国科学社社长、中央研究院气象研究所所长、浙江大学校长、中国科学院副院长、中国科协副主席，在气象学与气象事业、地理学与自然资源考察、科学史、科学普及、科学教育、科研管理和诸多科学文化领域皆有杰出贡献。作为一名科学工作者，他在从事科学研究和科学领导工作的同时，一直热心从事科普工作，还曾经领导中国科普事业。2008 年 11 月 16 日，竺可桢被评选为"中国十大科技传播优秀人物"。

他积极倡导科普，认为科普事业是整个科学事业的一个重要组成部分，做好科普工作是每一位科技工作者分内的事。因此，他努力动员广大科技人员做科普讲演，写科普文章，做一个光荣的科学宣传员[17]。他更是一位身体力行的科普作家，一生写了大量科普作品，对科普有着深刻理解。他生前发表的科普文章、所做科普讲演和报告的讲稿，以及未曾发表的有关手稿和油印稿达 160 篇之多，内容涉及众多领域，许多作品堪称中国科普作品的经典之作。

竺可桢的科学研究博大精深，严谨缜密，为学术界树立了光辉榜样，深受国内外科学界的赞誉和推崇。他的科普作品如同其科研著述，立论严谨、用语准确、引人入胜。他晚年与宛敏渭合著的《物候学》成为 20 世纪中国科普作品的经典之作，为向广大人民群众推广和普及气象学与物候学知识做出了重要贡献。他晚年的另一成果《中国近五千年来气候变迁的初步研究》发表在 1973 年 6 月 19 日的《人民日报》上，这是一篇极有价值的兼具学术和现实意义的科学学术文章，也是一篇出色的气象科普文章。表 4-1 展示了 1978—2002 年出版的竺可桢本人创作及与他人合作的科普著作。

表 4-1　1978—2002 年出版的竺可桢本人创作及与他人合作的科普著作

年份	书名	作者
1980	《科学丛书：物候学》	竺可桢、宛敏渭著
1981	《竺可桢科普创作选集》	竺可桢著
1998	《金鼎随笔丛书：看风云舒卷》	竺可桢著
1999	《大科学家文丛：竺可桢文录》	竺可桢著，樊洪业、段异兵编
1999	《中国科普佳作精选：物候学》	竺可桢、宛敏渭著

（二）《物候学》

"要开发自然，必须了解自然。"竺可桢是气象学家，他认为气象学知识是人类生产斗争中最迫切需要的一种基本知识，只有掌握了寒暑阴晴的规律，衣食住行才不至于产生问题。为了掌握气象的客观情况和规律，竺可桢于 1936 年 1 月 1 日至 1974 年 2 月 6 日（逝世前一天）数十年如一日不间断地记载每天的气象情况，可谓鞠躬尽瘁，死而后已。竺可桢 38 年零 37 天的日记共 800 多万字，是研究气象学和气候的宝库。他在积累物候记录和编制各地自然历的基础上，长期苦心钻研，与安徽气象事业创始人宛敏渭先生合作写出《物候学》一书。

这部著作先后 6 次修订重印，共发行 20 余万册，还被译为日文，于 1988 年在日本东京出版，在国外影响很大，深受读者欢迎。1963 年，《物候学》由科学普及出版社第一次出版。1973 年由科学出版社再次出版后，竺可桢认为有几处需要补充修订，准备再版时修订，不料未竟全功，便溘然长逝。自 1974 年以后出版的《物候学》都是由宛敏渭先生修改订正的。几经波折，《物候学》修订版终于于 1999 年顺利出版，收入由湖南教育出版社出版的"中国科普佳作精选"丛书中。宛敏渭先生对"农时预告"一章做了修改，并在附录中收录了 6 封"竺可桢关于修订《物候学》写给宛敏渭先生的信件"，弥足珍贵。

《物候学》可谓科普创作中的珍品，是中华人民共和国成立以来我国出版得最成功的科普著作之一，1987 年获第二届全国优秀科普作品最高奖——荣誉奖。1999 年"科学家推介的 20 世纪科普佳作"中，国内作品总数 42 部，《物候学》便是其中之一。该书较为通俗地介绍了物候学的基本知识及全国各地的物候概况，并旁征博引，介绍了我国古代的物候知识及各国物候学的发展，是一部既传播科学知识又切合实际的优秀科普读物。

竺可桢认为，气候与物候既有联系又有区别。他认为，二十四节气是根据天文和我国战国时代所观测黄河流域的气候而定下来的，二十四节气的名称，如雨水、惊蛰、清明、谷雨、小满、芒种等都是与物候有关的。什么是物候学？竺可桢用清晰生动的语言告诉我们：物候学和气候学相似。不同的是，气候学是观测和记录一个地方的冷暖晴雨、风云变化，如当时当地的天气，某地某天刮风、某时下雨、早晨多冷、下午多热等，而推求其原因和趋向；物候学则是记录一年中植物的生长枯荣、动物的来往生育，如杨柳绿、桃花开、燕始来等，从而了解气候变化及其对动植物的影响。物候记录不仅能反映当时的天气，而且能反映过去一个时期内天气的积累。

（三）《物候学》的创作特点

一是科学思想浓厚，推动学科发展。该书以科学的方法研究物候气象，内容深入浅出，极大地推动了气象学和物候学理论与研究的发展。竺可桢把科学普及和自己的科学研究工作相结合，方才创作出如此高水准的科普作品。

二是实用性强，指导农事生产。竺可桢根据必须服务于农业生产的实际需要这一原则进行科普创作，在该书中专门用一章节描述"预告农时的方法"，将气象学和物候学知识以一种通俗易懂的形式传递给读者，让广大人民群众了解物候学及其与农业生产的关系，并促使一大批基层气象工作者和物候爱好者开始观测物候。

三是内涵丰富，传承传统文化。该书引用了我国古代农医书中的物候记录以及唐、宋时期著名诗人诗中的物候描述。竺可桢的其他科普作品也有相当一部分涉及我国古代科学技术。他指出，我们要正确地估计中华民族在世界文化史上的地位，我们必须把中国古代科学上的贡献，以及中国在哲学、艺术和文学上的贡献一同估计进去。

三、林之光与《气象万千——漫谈我国的气候》

（一）气象科普名家林之光

退休前，林之光是中国气象科学研究院研究员，曾任气候研究室主任、《中国气象报》总编辑等职。在常规的科研工作之外，他的兴趣所在便是把自己的学术研究成果用通俗有趣的语言表达出来，向公众解释现实生活中的气象问题。

林之光在长期的气象科学研究实践中取得了较多的科研成果，积累了宝贵的经验，但他并未将这些经验和知识禁锢在气象部门内，而是通过撰写科普文章和科普图书向大众进行普及。多年来，他发表科普文章 400 余篇，共出版科普著作 20 多部。由于在科普方面贡献突出，林之光两次获得全国"五个一工程"奖，1990 年和 2007 年两次被中国科普作家协会评为"中国有突出贡献的科普作家"，1996 年获国家科学技术委员会和中国科协授予的"全国先进科普工作者"称号。

林之光将气象研究和气象科普相结合，能够结合生产实践提出自己的看法，其创作的科普作品充满新的观点和见解。他发现，冬冷夏热的气候不仅深深影响着我国的农业和经济建设，而且深深影响着我国人民的生活、风俗习惯和文化。我国传统的衣食住行、二十四节气、古典园林、古诗词甚至中医、中药都和特定气候息息相关。例如，中医理论认为人体生病的原因主要有内因、外因两大类，外因主要是"风、寒、暑、湿、燥、火"6 种外感病邪（称为"六淫"），其中主要都是气象条件问题。"顺四时而适寒暑"是中医养生的总原则。人到老年，免疫功能下降，外部原因更易导致生病，因此顺应季节、天气变化便成了养生的关键所在。他还认为，中医是中国气候给"逼"出来的，而且中医和中医养生文化等只有在特殊的中国气候条件下才有可能诞生。

他的科普作品主要面向广大青少年创作，为了将气象科学知识传播给下一代而贡献自己的聪明才智。他的创作紧密结合青少年的特点和兴趣爱好，通过图文并茂的气象科普图书激发青少年探索科学真理的兴趣，培养他们学科学、爱科学、用科学的良好习惯和优秀素质，殷切期望他们成长为有觉悟、有知识、有创新精神的栋梁之材。如今，虽然受眼疾困扰，但他对气象研究痴迷依旧。在他心里，变幻万千的气象研究给自己的人生带来了无穷的快乐。表 4-2 展示了 1978—2002 年出版的林之光本人创作及与他人合作的科普著作。

表 4-2　1978—2002 年出版的林之光本人创作及与他人合作的科普著作

年份	书名	作者
1980	《气象万千——漫谈我国的气候》	林之光编著
1983	《少年百科丛书：我国的春夏秋冬》	林之光编
1984	《科学知识丛书：四季变化》	林之光编著
1984	《气候风光集》	林之光著
1987	《气象知识丛书：中国气候》	林之光著
1988	《科学知识丛书：气候与衣食住行》	林之光、张辉华编
1991	《少年科学文库：新编十万个为什么（气象卷）》	王国忠、郑延慧主编，林之光分卷主编
1995	《全国小学生课外丛书：气象·天文的故事》	林之光、张辉华、李元编著
1996	《我国的春夏秋冬》	林之光编著
1998	《金苹果文库：气象与生活》	林之光著

（二）《气象万千——漫谈我国的气候》

林之光的科普作品的受欢迎程度可从《气象万千——漫谈我国的气候》中窥见一斑。1980 年，少年儿童出版社将其作为"少年自然科学丛书"其中一册出版，印数为 9000 册。后来，该书又入选了该社的"少年文库"。1999 年和 2009 年，《气象万千——漫谈我国的气候》又入选了"中国科普佳作精选""少儿科普名人名著书系"，经多次印刷，印数分别达到 7200 册和 22 000 册。

这部以介绍中国气候为主的科普读物，可谓包罗万象、气象万千，资料十分丰富，主要描写了四季天气变化、青藏高原和珠峰气象风光、中国气候与文化、人类活动与全球变暖等内容。初中地理讲中国气温分布，通常将其特点归纳为两句话：冬季南北温差很大，夏季南北普遍高温。然而，−30℃以下的低温给人什么感觉、30℃的高温天气在南方和北方有什么区别、夏季高温"冠军"吐鲁番盆地又是何等景象……对于这些，学生是难以想象的。在该书中，林之光根据其亲身经历的所见所闻，进行了通俗形象的描写，以生动的笔调、翔实的气象资料，介绍了丰富多彩的气象知识、我国各种类型的气候特点和各种各样的灾害性天气。

《气象万千——漫谈我国的气候》不仅有知识的普及，更有技术的普及。气象千变万化，我们掌握了其中的规律，就可以利用它的有利条件，控制和改造它的有害条件，变害为利，合理安排生产，使它更好地为人类生产和生活服务。

（三）《气象万千——漫谈我国的气候》的创作手法

一是通俗易懂，引人入胜。读者群体主要定位于青少年，以扩大他们的知识面为主，写作风格活泼，具有初中文化水平的读者基本就能看懂。"火焰山下""蜀犬吠日""从一首唐诗谈起"等章节小标题生动鲜明、趣味性强，能够吸引读者的眼球。该书材料新颖、故事精彩、可读性强，可谓春风化雨，润物无声。

二是既有趣味，又不过度娱乐化。该书系统而全面地向青少年儿童普及气象知识，做到了科学性、可读性、趣味性的统一，不仅带来真、善、美的阅读体验，还能引人深思，激发青少年的求知欲、好奇心与创造力，从而达到启迪智慧、提高青少年气象科学文化素质的效果。

第四节　小　　结

1979—2002 年是一个气象科普大有作为的时期，倡导科学普及、科学宣传、新的科学思想的弘扬。随着国家对科普工作的重视以及越来越多优秀气象科普工作者的参与，这一时期的气象科普图书质量有了显著提升，无论是在培养青少年的志趣方面还是在帮助成年人充分开发、利用气象信息资料方面，都发挥了重要作用。

首先，1978—2002 年，气象科普图书较之前数量有所增加，种类更加丰富，内容更加生动活泼，创作手法更加多样，受众更加广泛，反映出 20 世纪 80—90 年代气象科学和气象科普的新水平。整个科普大环境越来越好，国家对科普越来越重视，人民的精神文化需求越来越旺盛，通俗易懂、特色突出的气象科普图书为少年儿童、青年学生、中小学教师、工人农民、气象爱好者以及各行各业的科技工作者等广大读者群体提供了丰富的精神食粮。

其次，在这一阶段，读者与气象科普图书之间的互动性更强。图书内容偏重实用性，人们通过气象科普图书指导日常生活，气象科普图书也在不断满足人们的新需要。此外，这一阶段的气象科普图书更加人性化，做到了以读者为中心，根据不同读者的阅读特点来设计图书。例如，面向青少年的气象科普图书，从各个方面详细介绍天气与气候变化的知识，且配有相关插图，在为青少年的阅读增添乐趣的同时，还提供了一个广阔的知识平台，揭开天气与气候的神秘面纱，让广大青少年读者更全面地了解天气的无常和世界气候的变化。国外先进技术的引进，加快了我国农业、工业、国防、科学技术的现代化，农业实用技术推广普及成为科普的重点工作，面向农民的气象科普图书，选择与民众生产、生活联系紧密的事件和故事来阐述大气科学知识，普及的内容不仅包括科学常识，还包括科学方法。

最后，这一阶段的气象科普图书的科普理念不断深化。随着知识经济时代的到来，科普工作越来越密切地联系着科学技术知识，科普对提高全民科技意识和科学素质的作用与地位更加受到重视。气象科普创作与前沿科学、时事热点结合得更加紧密，思想性、社会性不断增强，并逐渐向现代科普过渡。出版的气象科普图书的主要内容从以农谚为主转变为气候变化、气象防灾减灾知识普及内容逐渐增多。伴随着改革开放的深入，气候变化问题在中国总体发展战略中的地位不断提升，这也正是气象科普图书发挥作用的时候，它站在更加理性的角度告诉大众如何正确地看待气候变化，如何正确地防范气象灾害、减少损失。

当然，这一阶段的气象科普图书也有不足，与西方发达国家相比还有较大差距。总体上来看，气象科普作品创作的数量和质量不尽如人意，内容重复较多，画面设计不够精美。优秀气象科普作品创作是一项艰巨的工作，不仅要准确、深入地了解气象科学知识，更要把这些高深的知识用通俗易懂且优美的文字表达出来。未来，我国要通过加强气象科普作家队伍建设，促进气象科普作品的创作走上成熟的道路，推动气象科普工作一步步迈入新阶段。

第五章

21世纪的气象科普

第一节 发 展 背 景

为了实施科教兴国战略和可持续发展战略，加强科学技术普及工作，提高公民的科学文化素质，推动经济发展和社会进步，2002年6月29日，中华人民共和国第九届全国人民代表大会常务委员会第二十八次会议通过了《科普法》。《科普法》是世界上第一部科普专门法，标志着发展科普事业成为我国的长期任务，科普工作开始被纳入我国的国民经济和社会发展规划之中。科普工作步入法治轨道为其发展创造了良好的环境和条件，有利于保障科普工作者的权益，激发科普工作者的创作热情。

2006年3月下旬，国务院印发《全民科学素质行动计划纲要（2006—2010—2020年）》（以下简称《科学素质纲要》），提出了全民科学素质行动计划在"十一五"期间的主要目标、任务与措施以及到2020年的阶段性目标。《科学素质纲要》指出："全民科学素质行动计划旨在全面推动我国公民科学素质建设，通过发展科学技术教育、传播与普及，尽快使全民科学素质在整体上有大幅度的提高，实现到本世纪中叶我国成年公民具备基本科学素质的长远目标。"[18]这为我国科普工作的开展提供了明确的方针目标和行动指南。

2016年5月30日，习近平总书记在全国科技创新大会、中国科学院第十八次院士大会和中国工程院第十三次院士大会、中国科协第九次全国代表大会（"科技三会"）上强调："科技创新、科学普及是实现创新发展的两翼，要把科学普及放在与科技创新同等重要的位置。""没有全民科学素质普遍提高，就难以建立起宏大的高素质创新大军，难以实现科技成果快速转化。"[19]党的十九大报告指出，要"弘扬科学精神，普及科学知识""大力提高国民素质"[20]。科普工作被摆在了前所未有的高度。

进入 21 世纪后，在党和政府对科普工作的高度重视与大力支持下，科普出版迎来了大发展、大繁荣的春天和前所未有的历史发展机遇。

第二节　2003—2018 年气象科普图书出版总体情况与内容、受众分析

一、总体情况

（一）出版数量

进入 21 世纪以后，在政策法规支持和良好发展机遇的背景下，气象科普图书如雨后春笋般不断涌现。据统计，从 2003 年到 2018 年的 16 年间，全国（不含港澳台地区）共出版气象科普图书 1194 种，较之前的研究时段有了明显的增长。

图 5-1 展现了 2003—2018 年出版的气象科普图书数量的逐年变化情况。由图可见，2003—2012 年出版的气象科普图书数量总体上呈现明显的增长态势。2012 年出现一个小高峰，达到 133 种，随后几年略有下降和波动，2018 年出版数量再次增长，达到统计时段的最大值 152 种。

（二）图书出版形式

2003—2018 年出版的气象科普图书中，有 803 种是以丛书形式出版的，约占总出版图书数量的 67.43%，约为单行本占比的两倍；与单行本相比，丛书更容易吸引读者的眼球。例如，气象出版社于 2003 年和 2009 年先后出版了两版"全球变化热门话题丛书"，共计 36 种；上海科学技术文献出版社于 2006 年和 2011

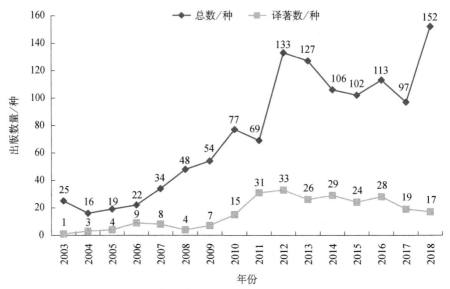

图 5-1 2003—2018 年气象科普图书每年出版数量随时间变化情况

年先后出版了两版"危险的天气丛书"，共计 14 种；吉林出版集团有限责任公司出版的"中华青少年科学文化博览丛书"中涉及气象学的图书有 8 种。

（三）引进版图书与原创图书

从科普图书的原创性角度来看，进入 21 世纪以来，国内原创的科普图书仍然占据主导地位。2003—2018 年，我国共引进了 14 个国家的 258 种气象科普图书，占这一时期图书出版总数的 21.6%。从图 5-1 中可见，2008—2012 年引进的气象科普图书数量整体呈现明显上升趋势，2013—2016 年趋于稳定，随后有所下降。

如图 5-2 所示，美国是这一时期我国气象科普图书的主要引入国，引进图书占所有引进版图书的 43.0%，韩国和英国引进图书分别以 17.1%与 16.3%的比例紧随其后。另外，引进版图书数量超过 10 种的还有德国、法国和日本。

这一时期，从国外引进的气象科普图书主要为丛书，约占总数的 81.0%。受众群体集中于儿童和青少年，约占 70.5%。图书内容以介绍大气科学的基础知识和各种天气气候现象的科学原理为主，还有少量图书以气候变化为主题。引进版图书的主要优势体现在呈现方式的趣味性，善于从儿童和青少年的心理特质出发，或采用漫画绘本的形式，或配以大量精美的原创三维科学原理图和天气实景图片。不过，相对于引进版图书，国内原创气象科普图书更符合中国人的阅读特

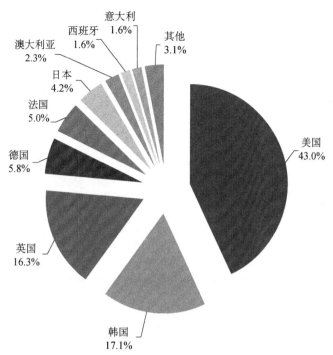

图 5-2　2003—2018 年我国引进版气象科普图书的引进地分布情况

点和思维特点。此外，无论是从天气气候现象的发生规律角度还是从气象与生产生活、文化的结合角度来看，国内原创气象科普图书在内容上必然更符合我国的国情。2012 年之后，随着国内原创气象科普图书数量、质量的不断提升，引进版图书的数量趋于稳定，甚至略有下降。

（四）出版地分布情况

据统计，2003—2018 年出版过气象科普图书的出版社共有 294 家。如图 5-3 所示，参与出版气象科普图书的出版社数量总体上呈现波动式增长趋势，在 2013 年达到顶峰后有所回落，随后开始恢复缓慢增长。出版社数量的整体变化和气象科普图书出版数量的变化大致上趋于一致。

这一时期，参与气象科普图书出版的出版社分布在全国 46 个不同的城市，图 5-4 呈现了这些出版社的地域分布统计。其中 55.9% 的出版社集中在北京，出版社数量排在第二位、第三位的是上海和长春，分别占 7.0% 和 4.2%。出版气象科普图书的出版社超过半数位于北京，一方面说明北京作为我国的教育、科技、文化中心，集中了更多的科普资源，另一方面也反映出全国不同地域气象科普发展水

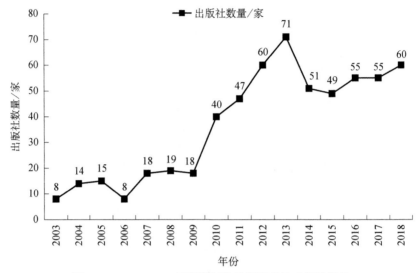

图 5-3　2003—2018 年出版气象科普图书的出版社数量

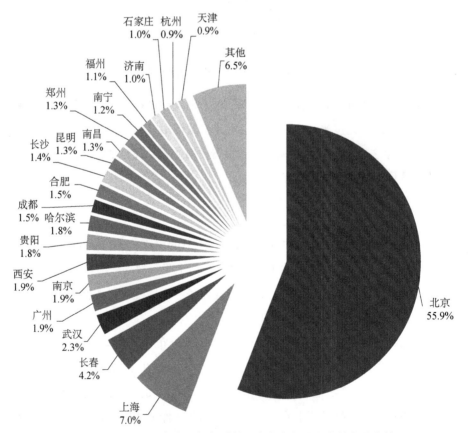

图 5-4　2003—2018 年出版气象科普图书的出版社所在城市分布情况

平的不均衡。

　　表 5-1 呈现了 2003—2018 年出版气象科普图书数量最多的前 20 家出版社及其出版的气象科普图书数量。值得注意的是，由气象出版社出版的气象科普图书数量远远超过了其他出版社，已经占到全国气象科普图书出版总数的 24.6%。气象出版社成为这一时期气象科普图书出版的主力军。气象出版社是中国气象局的直属单位，成立于 1978 年，以"积累气象科技成果，传播和普及气象知识，提高气象科技水平"为宗旨，主要从事气象专业教材、气象科学学术著作、气象业务应用技术图书、气象史志资料、气象宣传科普及相关领域图书的出版发行，在气象领域有着较大的影响力。气象出版社下设四个编室，其中四编室专门负责科普图书的编辑出版。该社于 2003 年出版的"全球变化热门话题丛书"荣获 2005 年

表 5-1　2003—2018 年各出版社出版的气象科普图书数量

城市	出版社	图书数量/种
北京	气象出版社	294
上海	上海科学技术文献出版社	28
北京	化学工业出版社	23
北京	金盾出版社	23
北京	北京联合出版有限责任公司	21
北京	电子工业出版社	20
长春	吉林出版集团有限责任公司	20
北京	中国水利水电出版社	19
北京	中国社会出版社	16
北京	团结出版社	13
北京	科学普及出版社	12
广州	世界图书出版公司广东有限公司	12
贵阳	贵州人民出版社	12
北京	中国大百科全书出版社	12
武汉	长江少年儿童出版社	10
上海	上海科学普及出版社	9
西安	未来出版社	9
长沙	湖南科学技术出版社	9
北京	军事科学出版社	8
北京	人民邮电出版社	8

国家科学技术进步奖（科普类）二等奖，2007 年出版的《防雷避险手册》荣获 2011 年国家科学技术进步奖（科普类）二等奖。

二、图书内容分析

从图书内容角度来划分，2003—2018 年出版的气象科普图书主要有以下几个类别：气象学原理知识类、气象防灾减灾类、二十四节气类、气候变化类、气象与生产生活类、气象与历史文化类、气象与环境类。图 5-5 呈现了 2003—2018 年出版的各类别气象科普图书所占的比例。其中气象学原理知识类图书所占比重最大，约为全部图书的 44.1%；其次是气象防灾减灾类图书，约占全部图书的19.4%。此外，与中国传统的二十四节气相关的科普图书约占 14.2%，以近年来新兴话题气候变化为主题的科普图书约占 9.9%。

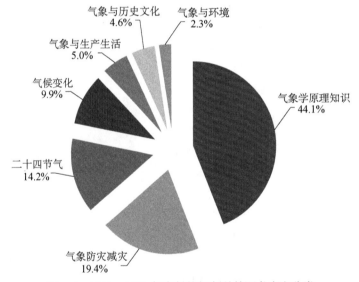

图 5-5 2003—2018 年出版的气象科普图书内容分类

（一）气象学原理知识类

2003—2018 年，我国共出版 526 种气象学原理知识类科普图书。这类科普图书涵盖内容较为丰富，包括大气的基本知识、各种天气现象及其原理、观云识天、气象观测预报技术等。

综合介绍大气基本知识的图书内容涉及气象学、气候学基本概念和原理的方方面面。例如，《天气和气候》对天气和气候进行了探讨，介绍了全球气候系统、大气层、天气系统、天气现象及其影响、天气的观测和预报、气候类型、气候变化等各方面的基础知识，通过精美的三维原理图，结合简明的摘要注释，帮助读者理解抽象复杂的气象原理。类似的图书还有《DK 探索：气象万千》《德国少年儿童百科知识全书：认识天气》《看得见的科学：图说气候与环境》等。

气象出版社于 2016 年底出版了"中国气象百科全书"，该丛书由中国气象局组织 1055 位专家学者历时 5 年编纂打磨而成。作为我国气象行业的首部百科全书，该丛书定位为一部"以大气科学为基础、以中国气象事业发展为主线、以气象业务为重点的专科性百科全书，既是一部面向广大读者的集知识性、资料性和可读性于一体的实用工具书，也是为有一定知识水平的社会大众提供气象知识的科普书，同时在一定程度上还是记载气象事业发展的典籍书"[21]。该丛书在传播气象知识、展现气象业务、提高公民科学素质方面发挥了重要作用。

风云雷电、阴晴雨雪，人们日常生产生活中对气象学最直观的感受往往是各种变幻多端的天气现象。从与读者息息相关的天气现象和极端天气入手，介绍其特点、原理、影响和应对方法，可以提升读者的阅读兴趣，提高科普效果。因此，这一时期以天气现象为主题的科普图书占很大一部分。例如，气象出版社出版的"气象万千丛书"包括 18 册，分别以云、雾、雨、雪、冰雹、干旱、寒潮、台风、海市蜃楼、厄尔尼诺等为主题，引导人们科学认识各种天气现象。类似的还有世界图书出版公司出版的"奇妙的自然现象丛书"、军事科学出版社出版的"关注军事气象水文空间天气系列丛书"，以及上海科学技术文献出版社从英国引进的"危险的天气丛书"、"特殊天气"丛书，等等。

在受众方面，气象学原理知识类科普图书面向的主要对象是儿童和青少年，约占总数的 2/3。例如，"青少年气象科普知识漫谈""地球小孩的天气书""气象神探贝贝狗系列"等丛书均以儿童和青少年为受众。"神奇校车"系列图书是畅销美国的一套科普图书，自 1986 年正式出版至 2020 年，在全球的发行量已经超过3 亿册，2005 年和 2011 年先后由四川少年儿童出版社、贵州人民出版社引进国内，其中属于气象科普类的有《穿越飓风》《穿越雷电》《追踪龙卷风》《经历暴风雨》等分册。该系列图书采用彩色绘本的形式，语言生动有趣，以神奇校车为载体，在惊险刺激的情节中穿插清晰严谨的科学知识，能够让少年儿童读者在快乐中获取知识，深受广大读者欢迎。

（二）气象防灾减灾类

气象防灾减灾类科普图书的主要内容包括台风、暴雨、寒潮、大风、沙尘暴、高温、干旱、雷电、冰雹等气象灾害，以及由气象因素引发的洪水、泥石流等次生灾害的发生特点和防御措施等。

我国是世界上受自然灾害影响最严重的国家之一，在各类自然灾害中，气象灾害占比高达 71%[22]。我国幅员辽阔，地形地貌复杂，气候类型多样，致使我国气象灾害的种类多、分布广、频率高、强度大、损失重。在全球变暖的大背景下，极端高温、极端低温和强降水、强台风等极端性天气明显增多。

为了加强对气象灾害的防御，减少甚至避免气象灾害造成的损失，保障人民的生命财产安全，2010 年 1 月 27 日，国务院公布了《气象灾害防御条例》，自2010 年 4 月 1 日起施行。这就意味着国家通过立法进一步加强气象灾害的预防、监测、预报、预警和应急等工作，为应对气候变化、促进我国经济社会发展提供了制度保障。《气象灾害防御条例》第七条明确规定："地方各级人民政府、有关部门应当采取多种形式，向社会宣传普及气象灾害防御知识，提高公众的防灾减灾意识和能力。"

2016 年 12 月 19 日，《中共中央 国务院关于推进防灾减灾救灾体制机制改革的意见》出台。该意见指出，防灾减灾救灾工作要"坚持以防为主、防抗救相结合，坚持常态减灾和非常态救灾相统一，努力实现从注重灾后救助向注重灾前预防转变，从应对单一灾种向综合减灾转变，从减少灾害损失向减轻灾害风险转变"[23]。这进一步强调了灾害发生前长期、主动、积极、全社会参与的防御行为的重要性，防灾减灾救灾应当统筹运用行政、科技、教育等"非工程性"措施。

在气象防灾减灾工作中，科普实际上应该作为一个最基础的环节发挥先导性作用。科普图书正是一种普及气象灾害防御知识、提高公众应对气象灾害意识和自救互救能力的重要传播载体。在党和国家对气象防灾减灾工作高度重视的背景下，2003—2018 年出版的气象科普图书中，气象防灾减灾类图书大约占到 1/5，是仅次于气象学原理知识类的重要题材。这一时期，各级气象部门和气象学会、国家减灾委员会、水利部宣传教育中心、中国灾害防御协会等单位均组织编写了大量防灾避险自救指南类的科普图书，如中国气象局组织编写了《气象防灾减灾科普手册》《农村气象灾害避险指南》《社区气象灾害避险指南》等。不同省（自治区、直辖市）的气象部门也根据当地气象灾害特点组织编写了有针对性的防灾减灾类科普图书，如《湖北省气象灾害防御手册》《内蒙古气象灾害及其防御》《吉林省主要气象灾害及防御指南》《贵州省气象防灾减灾知识读本》等。

气象防灾减灾类科普图书确实在提高公众防灾减灾意识和能力方面发挥了积极的作用。例如，2007 年 5 月 23 日，重庆市开县（今开州区）义和镇兴业村小学发生雷击事件，造成多名学生伤亡，引起了社会的普遍关注，同时也激发了公众对雷电灾害知识与防御指南的需求。此次事件发生后，中国气象局迅速组织专家编制了《防雷避险手册》，并积极向社会公众尤其是中小学校分发赠送，在一定程度上有效地避免了同类事件的发生。因其重大社会意义，《防雷避险手册》荣获 2011 年国家科学技术进步奖（科普类）二等奖。

（三）二十四节气类

二十四节气起源于先秦时期，确立于汉代，是古人通过观察太阳的周年运动，认知一年中时令、气候、物候等方面变化规律所形成的知识体系。在漫长的农耕社会中，这套独特的历法指导着人们的农业生产和日常生活，是我国古代劳动人民长期实践的经验积累与智慧结晶。

节气的更迭流转不仅符合天文规律，更是蕴含了丰富的天气气候知识。这一点单从二十四节气的命名中就可以看出：立春、春分、立夏、夏至、立秋、秋分、立冬、冬至反映了四季的更替；小暑、大暑、处暑、小寒、大寒反映了温度的变化；雨水、谷雨、白露、寒露、霜降、小雪、大雪反映了天气现象；惊蛰、清明、小满、芒种反映了物候特征。

千百年来，人们对二十四节气创造性的传承和利用赋予了它更加丰富多彩的内涵，形成了丰富的物质文化和精神文化，既有国家祭典、生产仪式，又有趣味盎然的节令活动、各具特色的饮食风俗，还衍生出大量谚语、歌谣、传说、诗词、书画等文艺作品。二十四节气文化成为中华优秀传统文化的重要组成部分。这使得二十四节气类气象科普图书具有了独特的属性，它们是普及气象科学知识与弘扬优秀传统文化的完美结合。

2016 年 11 月 30 日，联合国教科文组织正式将二十四节气列入人类非物质文化遗产代表作名录。这不仅表明了国际社会对我国传统文化的认可，极大提升了二十四节气的国际知名度，而且这一事件成为宣传普及气象科学知识和二十四节气文化的重要契机。随后，二十四节气类科普图书数量出现了一次爆发式增长，仅 2018 年一年就出版了 89 种。

2017 年，中信出版社出版了由著名气象节目主持人宋英杰撰写的《二十四节气志》。该书除介绍每个节气期间的物候特征、文化习俗之外，还首次从气象大数据的角度分析了全国不同地区气温、降水等气象要素的统计特征，用数据说话，回答了"大寒、小寒谁更寒？""大暑、小暑谁更热？""全国各地究竟什么时候入春、入夏、入秋、入冬？"等引发公众探究兴趣的问题。2018 年，气象出版社出版了《漫话二十四节气》，该书根据获得中国科协、人民日报社联合颁发的"典赞·2017 科普中国"——十大网络科普作品的"二十四节气"系列手绘动画整理而成。全书采用极具特色的手绘漫画形式，介绍了每个节气期间我国不同区域的气候物候特征及其背后的气象学原理、历史典故和民俗文化，绘画风格简明、清新、幽默，适当加入了网络流行元素和故事，文字简洁明了，符合年轻人的审美和公众碎片化的阅读习惯。

（四）气候变化类

气候变化类科普图书的主要内容涵盖全球气候变化的事实、原因、影响，以及如何应对气候变化的措施等。

1979 年，第一次世界气候大会在瑞士日内瓦召开。科学家提出了大气中的二氧化碳浓度增加将导致地球升温的警告，气候变化第一次作为一个受到国际社会关注的问题被提上议事日程。为应对潜在的全球气候变化问题，1988 年 11 月，世界气象组织（World Meteorological Organization，WMO）及联合国环境规划署（United Nations Environment Programme，UNEP）联合成立了政府间气候变化专门委员会（Intergovernmental Panel on Climate Change，IPCC）。IPCC 的主要任务是定期对气候变化科学知识的现状、气候变化对社会和经济的潜在影响，以及适应和减缓气候变化的可能对策进行评估。自成立以来，IPCC 已组织全世界数以千计的科学家完成了 6 次评估报告，这些报告成为国际社会认识和了解气候变化问题的主要科学依据。

在我国，党和政府高度重视气候变化问题，1987 年成立了国家气候委员会，主要职责是编制我国的国家气候计划，组织协调国内各有关部门开展气候领域的研究、预报和对外科技合作交流等工作。1995 年，国家气候中心挂牌成立，专门从事气候与气候变化的分析、诊断、预测、全球气候变化及其影响评估等工作，为党中央、国务院和政府部门提供气候决策服务。

2007 年，IPCC 第四次评估报告指出，"气候系统变暖是毋庸置疑的""过去30 年以来，人为变暖可能在全球尺度上已对在许多自然和生物系统中观测到的变化产生了可辨别的影响"[24]。由于对气候变化明显表现的分析，该报告在国际社会引起了巨大的反响。2014 年，IPCC 第五次评估报告指出："人类对气候系统的影响是明显的，而近年来人为温室气体排放达到了历史最高值。""最近几十年，气候变化已经对所有大陆上和海洋中的自然系统和人类系统造成了影响。""持续的温室气体排放将会导致气候系统所有组成部分进一步变暖并出现长期变化，会增加对人类和生态系统造成严重、普遍和不可逆影响的可能性。"[25]

采取积极的措施减缓和应对气候变化已经迫在眉睫，气候变化问题也正在受到越来越广泛的关注，公众认识和应对气候变化的意识亟须提升。在这样的背景下，2003—2018 年，我国共出版了以气候变化为主题的气象科普图书 118 种。

2005 年，共有两套气象科普图书获得了国家科学技术进步奖（科普类）二等奖，一套是"全球变化热门话题丛书"，另一套是"院士科普书系"，两套书均以全球气候变化的科学问题为主题。

"全球变化热门话题丛书"由中国气象局组织编写，秦大河院士担任主编，旨在普及气候和气候变化方面的科学知识，提高公众在全球变化问题上的科学认识。全套共 18 册，2003 年由气象出版社出版，并于 2009 年再版。该丛书以大量监测数据为基础，揭示了全球变化的若干事实及其在各个分系统中的表现；以太阳辐射、大气化学、大气物理、环境和生态演变等多学科交叉理论为基础，深入浅出地阐述了气候变化的成因；并以可持续发展理论为指导，提出了人类适应和减缓全球变化的各种对策、途径和方法。

《需要精心呵护的气候》于 2004 年由清华大学出版社和暨南大学出版社联合出版，是该社出版的"院士科普书系"丛书中的一册，作者为叶笃正、张丕远、周家斌。该书介绍了古人和现代人对气候的认知、气候系统的基础知识、历史上的气候变化、引起气候变化的原因，强调了人类活动对日益严重的全球变暖问题产生了非常大的影响，表达了地球脆弱的气候迫切需要人类精心呵护的理念。

2007 年，湖南科学技术出版社引进了美国前副总统阿尔·戈尔（Al Gore）的著作《难以忽视的真相》。该书以及同名纪录片于 2006 年在美国发行，引起了强烈的反响。在该书中，戈尔用直观的数据、图片向读者展示了全球变暖的种种事实以及给人类带来的巨大危害，并呼吁每个人都通过自己的行动来帮助解决气候危机。2007 年，诺贝尔奖委员会授予了戈尔诺贝尔和平奖，以表彰其为传播气候变化知识所付出的努力，以及在寻找抵御气候变化必须采取的措施方面所做出的贡献。

（五）气象与环境类

气象与环境类科普图书以介绍环境气象学的基本知识、大气污染产生原因、危害和防护办法等为主要内容。2003—2018 年共出版 28 种气象与环境类科普图书。

大气污染是一个世界性的问题。18 世纪 60 年代开始的工业革命使人类生产力发生了质的飞跃，但同时也造成了人类历史上第一次大规模的环境污染。最早记录下的大气污染惨案是比利时的马斯河谷烟雾事件，1930 年 12 月 1 日开始，工厂排放的二氧化硫等有害气体和煤烟、粉尘在马斯河谷工业区上空积累，引发上千人患上呼吸道疾病，并在一星期内导致 60 多人死亡。著名的空气污染事件还有 1940—1960 年发生在美国洛杉矶的光化学烟雾事件、1952 年的伦敦烟雾事件等。各国在治理大气污染的道路上都经过了漫长而艰辛的历程。

实际上，我国在工业生产发展过程中也未摆脱对大气环境造成的负面影响。刚迈入 21 世纪的前几年，公众对大气污染问题的认识十分有限，甚至一些媒体还在把霾当作"罕见大雾"报道。2008 年 8 月起，美国驻华大使馆开始对外发布其监测的 $PM_{2.5}$（细颗粒物）数据。2009 年，该数据最高值达到 712 微克/立方米（6 月 19 日），逐渐开始引起一些公众的关注。2010 年，百度百科出现了 $PM_{2.5}$ 的词条。随后，$PM_{2.5}$ 的概念迅速闯入更多公众的视野，大大提升了公众对雾霾问题的关注度。2012 年 2 月 29 日，新修订的《环境空气质量标准》发布，$PM_{2.5}$ 首次进入了监测指标。2013 年 1 月 1 日，国家环境空气监测网正式运行，我国 74 个城市开始按空气质量新标准开展监测，并实时发布监测信息，相关话题开始受到公众广泛而密切的关注。

环境问题关系国计民生。党的十八大以来，我国对空气污染问题的治理决心和力度也是前所未有的。2013 年 9 月 10 日，国务院发布《大气污染防治行动计划》，提出"经过五年努力，全国空气质量总体改善""力争再用五年或更长时间，逐步消除重污染天气，全国空气质量明显改善"[26]。2014 年 1 月 7 日，环境保护部（今生态环境部）与全国 31 个省（自治区、直辖市）签署了大气污染防治目标责任书。2015 年 1 月 1 日起，新修订的《中华人民共和国环境保护法》正式实施，对雾霾等大气污染治理做出了更多有针对性的规定。2017 年 10 月 18 日，党的十九大报告明确指出要"着力解决突出环境问题""持续实施大气污染防治行动，打赢蓝天保卫战"[20]。2018 年 6 月 27 日，国务院印发《打赢蓝天保卫战三年行动计划》[27]，明确了大气污染防治工作的总体思路、基本目标、主要任务和保障措施，提出了打赢蓝天保卫战的时间表和路线图。近年来，随着大气污染防治行动计划的实施，我国大气污染防治工作已经取得了积极进展。2019 年 5 月 29日发布的《2018 中国生态环境状况公报》指出，2018 年，全国 338 个城市平均优良天数比例为 79.3%，同比上升 1.3 个百分点，细颗粒物浓度为 39 微克/米 ^{3}，同比下降 9.3%[28]。

　　2003—2018 年，气象与环境类科普图书的出版情况实际上与整个社会对大气环境问题的态度有很好的对应关系。21 世纪的前十年，大气环境问题尚未引起公众和科普图书创作者的充分关注与重视，2003—2012 年以大气环境为主题的气象科普图书只有 4 种且有 3 种是从国外引进的。从 2013 年开始，雾霾问题引起了社会的广泛关注，气象出版社出版的《探秘 PM$_{2.5}$》以及上海第二军医大学出版社出版的《雾霾与健康 100 问》，成为最早以雾霾为主题的科普图书中的代表。2014年，气象与环境类科普图书数量达到峰值，共出版了 8 种，其中 6 种的书名中就含有"霾"字。这类图书除介绍大气污染基本科学知识外，更加注重从出行、运动、饮食等日常生活的方方面面来普及公众最关心的防护问题，如科学技术文献出版社的《雾霾里的生存智慧——PM$_{2.5}$ 自我防护手册》、化学工业出版社的《远离雾霾毒害，你该怎么办？》、人民卫生出版社的《再见，雾霾》等。

三、图书受众分析

　　2006 年 3 月，国务院印发的《科学素质纲要》针对我国公民科学素质水平较低的现状，提出了"以重点人群科学素质行动带动全民科学素质的整体提高"的发展目标[18]。这里的重点人群主要包括青少年、农民、城镇劳动人口、领导干部和公务员四类。

总体上来看，青少年和儿童是2003—2018年出版的气象科普图书的一个重要受众群体，面向这一读者群体的图书出版数量大约占到46.0%。这些科普图书在内容上以气象学原理知识类为主，占2/3左右。气象学原理往往涉及地理、数学、物理、化学等多门基础学科知识的综合应用。虽然中小学校园中尚未设置专门的气象学课程，但气象科普图书能够起到帮助青少年巩固在校学习成果、扩大知识面的作用，同时有助于从小培养他们对气象科学的兴趣和防灾避险的实用技能。

进入21世纪以来，面向青少年的气象科普图书大多已经做到从读者群体的心理特质出发，充分考虑他们的认知水平和兴趣点，采用插图、漫画、绘本等多样的形式，活泼、启发式的语言风格，以及丰富的故事情节来达到更好的科普效果。比如从韩国引进的《冒险去，鲁滨孙！揭开气候异常的真相》、从美国引进的"神奇校车"系列、从法国引进的《脑洞大开丛书：当老鼠兄弟遇见暴风雨》等科普图书，以"知识+故事+漫画"甚至穿插实验和游戏的方式，充分激发青少年群体的好奇心和想象力。近年来，国内原创的漫画故事形式的气象科普图书也逐渐增多，如"气象神探贝贝狗系列""虎嘟嘟魔幻大历险""警警历险记"等几套丛书均通过有故事情节的漫画，普及气象知识和防灾避险技能。此外，还有名家传记故事类的图书，如《大科学家的小故事：竺可桢》以详细生动的文字记录了竺可桢人生历程中的励志故事，同时阐述了其在气象科学方面的发现和意义，引导青少年正确认识科学研究的方法和原则，培养青少年的科学精神，对青少年健康成长有很好的激励、榜样作用。

农民也是全民科学素质行动面向的重点人群之一，2003—2018年出版的气象科普图书中大约只有6.7%是面向农民读者的。农业主要是在自然条件下进行的生产活动，对天气气候条件的依赖程度很高。近年来，气候变化加剧也增加了农业生产的不稳定性。加强针对农民的气象科普，对于保障农民的生命财产安全、促进农村经济发展具有重要意义。2005年，中国共产党第十六届中央委员会第五次全体会议提出了建设社会主义新农村的战略部署，《中共中央 国务院关于推进社会主义新农村建设的若干意见》提出，要"加强气象为农业服务，保障农业生产和农民生命财产安全"[29]。在相关政策的促进下，气象出版社于2007—2008年出版了"气象为新农村建设服务系列丛书"共14种，解答了农民急需解决的与气象有关的生产技术问题，介绍了与农民生活密切相关的气象科普知识，对农民气象科学素质的提升有很大帮助。其中《农业气象灾害防御问答》分册回答了常见农业气象灾害的危害特点和防御措施，通俗易懂、简单明了、易于操作，入选了新闻出版总署组织的"农村书屋"必备书目，发行量达10余万册。此外，针对节气、农谚的解读也是面向农民群体的气象科普图书的一个常见主题，如化学工业出版社的《读农谚·知农事》《现代农事与节气》、中国农业出版社的《二十四节气农谚大全》、气象出版社的《农业气象谚语与解析》等。

不过，总体上来说，进入21世纪以后，面向农民群体的气象科普图书数量仍然偏少，不足以满足农民提升气象科学素质的需求。2017年，党的十九大报告首次提出"实施乡村振兴战略"[20]。2019年，中央一号文件《中共中央 国务院关于坚持农业农村优先发展做好"三农"工作的若干意见》要求"建设现代气象为农服务体系"[30]。高质量的气象为农服务需要充分发挥趋利与避害两方面的作用，除了农业防灾减灾，发展智慧气象外，将增产、增收的气象科技研究成果惠及更多农民是未来的发展趋势。因此，介绍现代化农业气象科技成果及其应用，可以作为未来面向农民群体的气象科普图书重点关注的主题。

第三节 2003—2018年出版的优秀气象科普图书分析

一、气象科普图书奖项总体情况

（一）获国家科学技术进步奖的气象科普图书

自2003年以来，荣获国家科学技术进步奖的气象科普图书有3种（表5-2）。其中，"全球变化热门话题丛书"共18册，是由中国气象局组织全国46位气候专家编写的科普丛书，全方位、深层次地介绍了气候变化有关知识，让人们对全球变化有客观、全面的科学认识，从而更加关注气候变化，共同参与减缓气候变化行动。该丛书出版后引起了较大的社会反响，受到社会各界的普遍欢迎。《院士科普书系：需要精心呵护的气候》主要介绍了天气、气候及气候变化的有关知识，强调了人类活动对气候变暖的深远影响，社会关注度也较高。《防雷避险手册》与《防雷避险常识》挂图向广大读者介绍了雷电的基本知识和防雷避险的常见方法，尤其是个人应如何进行防雷避险自救，远离雷电伤害。该手册和挂图还被教育部、国务院应急管理办公室和中国气象局联合向全国中小学校（共计 420 140 所）发放，成为学校开展防灾减灾教育的教科书，在气象科普进农村、进企业、进社区、进学校"四进"工作中发挥了重要作用。

表 5-2　2003—2018 年荣获国家科学技术进步奖的气象科普图书

序号	科普作品	出版单位	出版年份	获奖情况
1	"全球变化热门话题丛书"（18 册）	气象出版社	2003 年	2005 年国家科学技术进步奖二等奖
2	《院士科普书系：需要精心呵护的气候》	清华大学出版社、暨南大学出版社	2004 年	2005 年国家科学技术进步奖二等奖
3	《防雷避险手册》与《防雷避险常识》挂图	气象出版社	2007 年	2011 年国家科学技术进步奖二等奖

（二）获中国科普作家协会优秀科普作品奖的气象科普图书

中国科普作家协会优秀科普作品奖是由中国科普作家协会设立的国内科普创作领域的最高荣誉奖。2007—2018 年，荣获中国科普作家协会优秀科普作品奖的气象科普图书一共有 6 种（表 5-3）。

表 5-3　2007—2018 年荣获中国科普作家协会优秀科普作品奖的气象科普图书

序号	科普作品	出版单位	出版年份	获奖情况
1	"关注军事气象水文空间天气系列丛书"（8 册）	军事科学出版社	2005—2011 年	第二届中国科普作家协会优秀科普作品奖提名奖
2	《地球大气中的涡旋——揭秘气象灾害》	科学普及出版社	2013 年	第三届中国科普作家协会优秀科普作品奖科普图书类金奖
3	《大气为什么闹脾气》	福建少年儿童出版社	2014 年	第四届中国科普作家协会优秀科普作品奖科普图书类银奖
4	"这就是二十四节气"（4 册）	海豚出版社	2015 年	第四届中国科普作家协会优秀科普作品奖科普图书类银奖
5	"地球小孩的天气书"（6 册）	上海译文出版社	2017 年	第五届中国科普作家协会优秀科普作品奖科普图书类银奖
6	《迷人的温度：温度计里的人类、地球和宇宙史》	上海译文出版社	2017 年	第五届中国科普作家协会优秀科普作品奖科普图书类银奖

"地球小孩的天气书"是一部集合300余个气象知识点和400余幅纯手绘水彩画的原创气象科普绘本，全套含《天气说》《雷电颂》《大风吹》《下雨了》《辨雾霾》《历寒暑》6册，用精美的图画描绘出一幅幅天气生活图，从多个维度将天气知识转换成孩子们可以听得懂的生动语言，让孩子们在学习气象知识的同时，还能提升审美力与想象力，该丛书得到了各界专业人士的联合推荐。《大气为什么闹脾气》对大气进行了有趣的拟人化处理，成功地从名字上抓住了读者的眼球，将一些极端气候事件比喻成大气"闹脾气"。书里将大气比作"我的母亲"，详细地介绍了地球大气的形成、如何成为适于人类和万物生灵长久生存的大气环境，以及当今气象观测技术手段的发展和进步。

（三）获其他奖项的气象相关科普图书

全国优秀科普作品奖由科技部组织评选，全国优秀气象科普作品和全国气象科普作品观摩交流活动作品分别由中国气象学会以及中国气象局气象宣传与科普中心组织开展。据不完全统计，近年来获得各类相关奖项的气象科普图书有数十种（表5-4）。

表5-4　近年来荣获各类相关奖项的气象科普图书

序号	科普作品	奖项
1	"我们的天气"丛书（6册）	2018年全国优秀科普作品、第十届全国优秀气象科普作品图书类一等奖
2	"山洪灾害防御知识读本"（3册）	2018年全国优秀科普作品
3	"公众防汛防台抗旱知识读本"（4册）	2017年全国优秀科普作品
4	《自然灾害知识普及读本》	2016年全国优秀科普作品
5	《图个明白：画说气象》	2016年全国优秀科普作品
6	《雾霾里的生存智慧——PM$_{2.5}$自我防护手册》	2016年全国优秀科普作品
7	《不能忘却的灾难系列丛书：天空在悲鸣》	2013年全国优秀科普作品
8	《小学气象探究课》	第九届全国优秀气象科普作品图书类一等奖
9	《新农村防雷安全实用技术手册》	第九届全国优秀气象科普作品图书类二等奖
10	《中国气象山歌》	第九届全国优秀气象科普作品图书类二等奖
11	《空间天气与2012：百个奇问妙答》	第九届全国优秀气象科普作品图书类二等奖
12	《中小学气象防灾减灾知识读本》	第九届全国优秀气象科普作品图书类三等奖
13	《气象百问：超级风》	第九届全国优秀气象科普作品图书类三等奖
14	《气候变化：地球会改变什么？》	第九届全国优秀气象科普作品图书类三等奖
15	《农业气象知识与实用技术》	第九届全国优秀气象科普作品图书类三等奖

续表

序号	科普作品	奖项
16	《图个明白：画说气象（Ⅱ）》	第十届全国优秀气象科普作品图书类一等奖
17	"应对气候变化丛书"（4 册）	第十届全国优秀气象科普作品图书类一等奖、第三届全国气象科普作品观摩交流活动最佳作品
18	《天上的云》	第十届全国优秀气象科普作品图书类二等奖、第三届全国气象科普作品观摩交流活动优秀作品
19	《中小学气象灾害防御漫画》	第十届全国优秀气象科普作品图书类二等奖、2018 年河北省优秀科普作品
20	《青岛校园气象防灾科普读本》	第十届全国优秀气象科普作品图书类二等奖、山东省科普创作协会优秀科普作品二等奖
21	《名士·观点》	第十届全国优秀气象科普作品图书类二等奖
22	"口袋书系列"（3 册）	第十届全国优秀气象科普作品图书类三等奖
23	《童眼看气象》	第十届全国优秀气象科普作品图书类三等奖
24	《云南气象防灾减灾手册》	第十届全国优秀气象科普作品图书类三等奖
25	《楚风荆韵话气象》	第十届全国优秀气象科普作品图书类三等奖、第二届全国气象科普作品观摩交流活动优异作品
26	《古典诗词话气象》	第十届全国优秀气象科普作品图书类三等奖
27	《农村气象灾害防御漫画》	第十届全国优秀气象科普作品图书类三等奖、2016 年河北省优秀科普作品
28	《气象知识 100 问》	第十届全国优秀气象科普作品图书类三等奖
29	《冀望风云 平安燕赵：河北省气象灾害防御科普读本》	第十届全国优秀气象科普作品图书类三等奖
30	《中华二十四节气》（第二版）	首届全国气象科普作品观摩交流活动优异作品、首届向全国推荐中华优秀传统文化普及图书
31	《全球变暖》（第四版）	首届全国气象科普作品观摩交流活动优秀作品
32	《中华气象谚语精解》	首届全国气象科普作品观摩交流活动优秀作品
33	《气象防灾减灾科普手册》	第二届全国气象科普作品观摩交流活动优异作品
34	《气象多棱镜：气象人说气象故事》	第三届全国气象科普作品观摩交流活动优异作品
35	《观天测地话卫星》	第三届全国气象科普作品观摩交流活动优秀作品
36	《气象故事科学探秘》	第三届全国气象科普作品观摩交流活动优秀作品
37	《小学气象探究课》	第九届全国优秀气象科普作品图书类一等奖
38	"全球变化热门话题丛书"	2013 年公众喜爱的科普作品
39	《防雷避险手册》	2013 年公众喜爱的科普作品
40	《细说二十四节气》	2016 年向全国老年人推荐优秀出版物
41	《趣谈天气》	2006 年知识工程推荐书目
42	"虎嘟嘟魔幻大历险"系列	四川省优秀科普图书

二、获奖气象科普图书的内容、形式和创作手法

从近年来获奖气象科普图书的书名就可以看出，气象科普图书更加注重趣味性、实用性，不再只是单纯地讲解气象科学原理和科普知识点，而是将专业性较强的内容通过生动形象的语言进行叙述，借助图片、绘画等丰富有趣的形式，让读者更易接受和喜爱。

（一）丰富动人、贴近生活的故事情节

"这就是二十四节气"共分《春》《夏》《秋》《冬》4 册，以黄河中下游地区一个小村落为展开点，以小女孩牙牙来到乡下爷爷奶奶家的经历作为主线，设计了记录节气变化的观察互动内容，以及适合诵记的节气诗词和气象谚语，讲述了二十四节气的历史由来以及对我们生活的影响和启示。

书里描绘了牙牙在乡下与二十四节气息息相关的生活经历，将节气知识以讲故事的方式娓娓道来（图 5-6），平和又不失生动，让读者如身临其境般体验牙牙美好平静的乡村生活……

图 5-6　"这就是二十四节气"内页"立秋"

立秋时节里，最受欢迎的节日就是七夕节。这一天，村里的女孩子都会在院子里摆个桌子，放上瓜果和香烛，向织女祈求智慧和巧手艺。

牙牙一早就跟着奶奶去摘新鲜的桃子，奶奶还特意给牙牙摘了一朵大大

的葵花，准备摆在桌子上。

秋收的时候，大人们忙得顾不上回家吃饭。到了中午，孩子们就把饭菜送到打谷场上。傍晚，结束了一天的忙碌，一家人围坐在大圆桌前，开心地庆祝中秋节。牙牙问："中秋节的月亮总是这么圆吗？"爷爷告诉牙牙，中秋节来自古代"秋分祭月"的传统，但并不是每年的秋分都会有圆月亮，后来人们就把中秋节的时间定在了农历八月十五，这一天的月亮都是圆圆的。[31]

（二）简单实用的防灾减灾知识

《防雷避险手册》旨在为读者于雷雨季节从容应对雷电灾害和实施自救、互救提供指导，让每个人都能防患于未然，避免雷电伤害。其中关于防雷自救的内容也十分简单易懂。

防雷避险六字诀为：

一是学。要学习有关雷电及其防雷知识。

二是听。通过多种渠道，如电视、广播、报纸、"12121"电话、车上天气警报显示、手机短信等，及时收听（收看）各级气象部门发布的雷电预报预警信息，不可听信谣传。

三是察。密切注意观察天气的变化情况，一旦发现某种异常的现象，要立即采取防雷避险措施。

四是断。在防雷救灾中，首先要切断可能导致二次灾害的电、煤气、水等灾源。

五是救。利用已经学过的一些救助知识，组织大家自救和互救，尤其对受雷击严重者要进行及时抢救。

六是保。除了个人保护外，还应利用社会防灾保险，以减少个人和单位的经济损失。[32]

《雾霾里的生存智慧——PM$_{2.5}$自我防护手册》为人们提供了可以借鉴参考的防霾注意事项和减少雾霾伤害的小窍门，让读者面对雾霾天气可以从容应对。其中，该书的第四章目录如下。

第四章　居家、办公室消除PM$_{2.5}$影响的10个小窍门

第一节　不想做人肉吸尘器，就要从佩戴口罩做起

第二节　会呼吸更长寿，教你纠正错误的呼吸方式

第三节　眼睛也恐"霾"，负分环境下的护眼之道

第四节　雾霾天护肤不止步，深层清洁是关键

第五节　不怕污染和干燥，PM$_{2.5}$ 时代的护发计划

第六节　PM$_{2.5}$ 来势汹汹，巧用植物营造"天然氧吧"

第七节　我们不能改变天气，却能选择最好的空气净化器

第八节　以乐观的心态应对"雾霾"爆表

第九节　常做几种轻体操，足不出户也能健身

第十节　老祖宗留下的养生智慧，助你远离雾霾侵害[33]

（三）图文并茂的科普形式

《图个明白：画说气象》通过大量照片、绘画、图解和观测图等，直观地解读与人们生活密切相关的天气、气候问题，也让读者能够直接、真切地了解雷电的成因、冷空气的影响、厄尔尼诺（图 5-7）、如何监测台风、气象与消防安全有什么关系等问题。

图 5-7　《图个明白：画说气象》内页"了解厄尔尼诺"

有时候，任何生动优美的语言都不如大量图片给读者带来的直观感受更有效，能够让读者科学全面并迅速有效地理解和查阅相关气象知识。

（四）气象科学与文化相结合

《中华气象谚语精解》讲述了霞、晕、华、虹、雾、露、霜、云、雷、雨、闪电、冰雹、风等天气现象的形成原因，并运用通俗易懂的语言，配以相关图片（图5-8），对这些与天气现象有关的经典气象谚语进行了解读，让人们更好地了解到千百年来劳动人民的智慧结晶。

图5-8 《中华气象谚语精解》内页配图"积雨云风暴晚霞"

早霞夜雨，晚霞火起。

早霞烧天不到晚，晚霞烧天九天晴。

早上放霞，等水烧茶；晚上放霞，干死青蛙。

朝出红霞雨喳喳，暮出红霞晒破头。

早霞天阴晚霞晴，黑夜烧霞等天明。

早霞红丢丢，晌午雨溜溜；晚霞红丢丢，早晨大日头。

红霞变黑云，将有大雨淋。

夏季日落出蓝霞，三五日内要下雨。

早霞红到顶，下雨会满井。

朝出红霞，晚戴笠麻……[34]

朗朗上口的气象谚语和真实生动的图片，有助于读者在实际生活中通过很多自然现象提前判断可能出现的一些天气现象，既好玩有趣又非常实用。

第四节　小　　结

进入21世纪后，《科普法》的颁布、《科学素质纲要》的印发，以及习近平总书记"科技创新、科学普及是实现创新发展的两翼"[19]说法的提出，这一系列举措标志着科学普及事业的地位不断提高，科普图书出版环境整体上呈现欣欣向荣的态势，无论是气象科普图书的出版数量还是参与出版的出版社数量，总体上都有了大幅增长。

这一阶段，除了最常见的普及气象学原理知识的气象科普图书，防灾减灾类图书也占有相当的比例，各地气象部门还组织编写了专门针对当地多发气象灾害的防御科普图书，体现了气象科普图书肩负的社会责任。此外，这一时期的气象科普图书的主题还与整个社会对气象学相关热点的关注联系紧密，如全球变暖、大气污染等。近年来，随着社会经济、科技水平的提升，人民对美好生活的向往与日俱增，对精神文化生活的需求也越来越高，二十四节气类反映气象知识与传统文化融合的图书受到热烈欢迎。将科学与人文相结合，传播科学精神、科学思想、科学方法，是未来气象科普图书创作需要重点关注的方向。

在受众群体方面，近半数的气象科普图书主要针对青少年，面向农民群体的气象科普图书数量偏少，针对领导干部群体的气象科普图书极为缺乏。领导干部气象科学素质的高低，关系到其能否有效地利用气象信息做出科学决策。未来气象科普图书创作需要更多地关注农民和领导干部这两大群体。

近十几年来，传媒技术和手段日新月异，以互联网为基础的新媒体蓬勃兴起，给传统纸质媒体带来了不小的冲击。科普图书在新技术应用方面也进行了很多尝试，如通过二维码链接附加额外的音频、视频形式的科普内容，引入增强现实（AR）技术等。如何将传统媒体与新媒体有机融合，在新媒体浪潮中实现可持续发展，也是未来气象科普图书创作需要深入思考的问题。

第六章

其他形式的气象科普作品

第一节　气象科普期刊

科普期刊是向公众宣传普及科学知识、推广新技术的重要工具。专业性或综合性科普期刊上刊登的气象科普文章对研究气象科普图书历史有一定的辅助作用。

一、1840—1911 年的气象科普期刊

我国农业生产长期依靠经验，直到鸦片战争之后，人们才开始重视先进农业技术的引进、传播。气象与农业生产密切相关，这一时期的农学期刊偶有气象科普知识的介绍，具有代表性的有 1897 年创刊于上海的《农学报》、1905 年创刊的《北直农话报》。

《农学报》为中国最早的农学刊物，当时正值维新变法的高潮时期，西学思潮高涨，刊物内容中有许多译自欧美、日本等国家和地区的各大报刊。例如，《农学报》在 1903 年的第 216—219 期连续 4 期刊登科普文章《农业气象学》（作者为日本的中川源三郎），介绍不同地域气象要素对农作物的影响（图 6-1）。

《北直农话报》以"开通民智、振兴农业"以及"从浅近入手，使令可施行"为宗旨和理念，以通俗之文达科学之理，传播农业科技，在当时产生的重要影响和在传播中的地位均非一般农业期刊可比，其对农业所起的作用和做出的贡献不可磨灭。《北直农话报》专门设置有"气象"栏目。1905—1906 年，共有 6 期刊登了科普文章《气象学》，作者为缩相（图 6-2）。

發芽期不但由溫度高低而南北兩處大差又緣其年之寒暖而大分遲速也今就東京農業講習所所植桑樹發葉期日以比較其各年之遲速而平均計之如左表

年次	明治二十二年	二十三年	二十四年	二十五年	二十六年
放葉日月	四月二十五日	四月十四日	四月十八日	四月二十日	四月二十一日
年次	二十七年	二十八年	二十九年	三十年	
放葉日月	四月十五日	四月二十一日	四月二十日	四月二十三日	

植法同植地同而早晚兩期乃至十三日之差是不得不歸諸氣候之寒暖矣如是關係更可就他物觀察之

（丙）開花植物亦非得適宜溫度不能開花其溫度由種類與生活狀態而異有其他關係無大差則大概一定矣冬日取種種植物置暖室內則開花忽盛夏日高山之頂百花頓開又如寒地花少暖地花多此皆人所夙知也今以開花溫度數種示如左表

白楊	四度	櫻	九度	小麥	一四五度
柳	五度	連翹	九度	大麥	一五度
梅	五度	蒲公英	一〇度	裸麥	一五度
杏	六度	蠶豆	一一度	葡萄	一六度
桃	六度	菜種	一二度	栗	一七度
榆	七度	薔薇	一二度	苧麻	一九度
梨	八度	胡桃	一二度	玉蜀黍	二〇度
林檎	八度	苜蓿	一四度	稻	二九度

以上所記溫度雖隨地稍異然大概一定在南方暖國稍加其度在北方寒國稍減其度例如櫻花之開須九度然在東京則約須十度根室則六度而盛開矣而氣候之變遷蓋亦與有關焉

今欲知植物開花之溫度莫如以其開花期與各地平均溫度相較試舉一例梅花之開概須五六度各地之至有此溫度也在九州須正月下旬中國及近畿須二月下旬本州北部須四月中旬北海道須五月上旬以此推之自了然已地之種植物亦無以異

（丁）凡植物之成熟所須溫度亦有一定界限雖亦因類大差要皆不得適宜之溫度則決不能結果也縱令其生活順境已至開花之期而成熟之溫度或不足或過度亦往往有不實而枯者今就二三植物舉其成熟溫度如左表

農業氣象學　三三

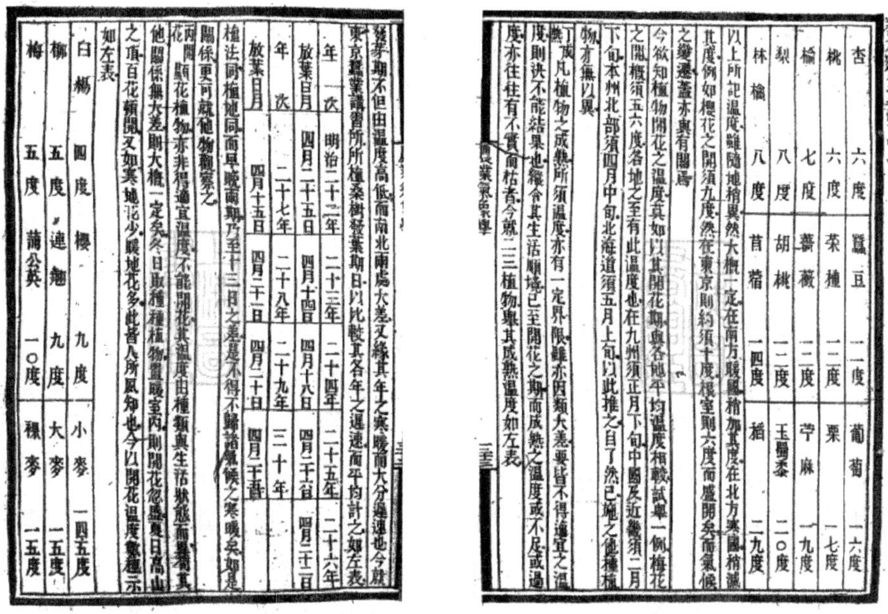

图 6-1　《农学报》1903 年第 218 期上刊登的《农业气象学》文章

氣象學（續第一期）

第一章　空氣

緒論

地球上的寶貝很多。也有供玩賞的。也有造器具的。也有做藥料充飲食的。凡望他叫做寶貝的東西。大概不是出處的地方很少。就是用他的地方很多。出產少必定難得。用處多必定值錢。所以給他起個名號叫做寶貝。這個寶貝二字。卻不是糊亂叫的。今有一宗寶貝。凡一切生活的物件。全仰仗着他。就如那魚類仰仗着水的一般。一日沒有他。一日即不能活着。這一宗寶貝。可就比尋常的寶貝。更貴重萬分了。並且不是難得。也不值錢。地球有多大。他也有多大。且包出地球若干里之外。取之不盡。用之不窮。這個寶貝。這樣要緊。到底是個甚麼東西呢。說起來可就奇怪的很了。也不是人工做的。也不是拿錢買來的。也不是老山老嶽大江大海裏藏着的。就是那無味無色無光無影無孔不入無物不觸彌漫地球上的那個透明的空氣。一邊有人說了。一個空氣實在值

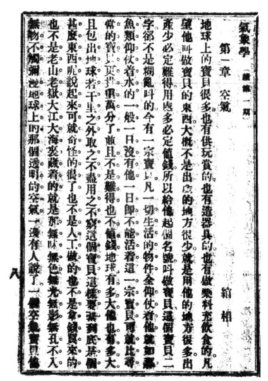

图 6-2　《北直农话报》1905 年第 13 期上刊登的《气象学》文章

二、1912—1949 年的气象科普期刊

这一时期，我国气象事业蹒跚起步。1912 年，中央观象台成立，这是中国气象发展史上一个标志性事件。在这一时期，中央观象台为了发展国内的气象事业，于 1915 年创刊《观象丛报》。该刊是中国最早的天文学和气象学专业期刊，在介绍和传播西方天文学与气象学知识方面做出了突出贡献。《观象丛报》主要刊登天文、气象及地球物理学方面的论文译著，逐月发布北京及各地气象观测记录，还发表科学小说和随笔、杂谈等。

除了气象学专业期刊，这一时期还陆续创办了诸如《科学》《科学画报》《科学大众》等知名的综合性科普期刊。如图 6-3 所示，据不完全统计，《科学》《科学画报》《科学大众》《科学的中国》《科学世界》等期刊在民国时期共刊登气象科普文章 185 篇。其中既有介绍气象新闻、消息类的文章，也有介绍国内外气象发展、气象专业知识等的科普文章。作者既有竺可桢、蒋丙然、吕炯等气象学家，也有曾昭抡、薛鸿达等科学家、教育家。

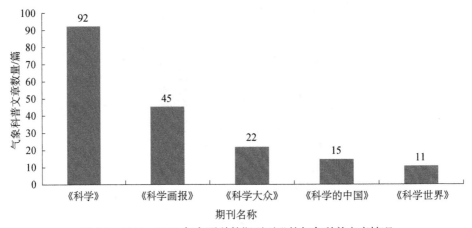

图 6-3 1912—1949 年主要科普期刊刊登的气象科普文章情况

《科学》杂志创刊于 1915 年，由中国科学社创办，刊载文章内容以基础科学为主，并聘用各学科领域的科学家作为编辑部编辑人员，气象学家竺可桢、吕炯等就曾担任过其编辑、编委。在发刊过程中刊行了多期地学、化学、经济学等专号，其中 1933 年第 17 卷第 8 期出版气象专号。在《科学》杂志创刊 20 周年之际，吕炯在第 19 卷第 10 期上发表《二十年来中国气象学之进展》，蒋丙然在第

20 卷第 8 期发表《二十年来中国气象事业概况》。在《科学》杂志创刊 30 周年之际，涂长望发表《三十年来长期天气预报之进步》，记录了民国时期气象科学技术的发展历程。

《科学大众》是一本综合性科普刊物，创刊于 1937 年 6 月，以由"科学的大众化"达到"大众的科学化"为宗旨，曾以丰富多彩的科技知识、严谨认真的办刊态度、高雅的格调，受到广大读者的高度评价。如表 6-1 所示，《科学大众》曾在 1948—1949 年连续 9 期开设"气象讲话"栏目，系统地介绍气象知识，内容丰富、语言风趣、通俗易懂。

表 6-1　《科学大众》1948—1949 年"气象讲话"栏目内容

刊期、页码	篇名
1948 年第 4 卷第 3 期第 135—137 页	《气象学是什么》
1948 年第 4 卷第 4 期第 179—184 页	《空气的行径》
1948 年第 4 卷第 5 期第 227—232 页	《气候》
1948 年第 5 卷第 1 期第 33—37 页	《观测气象的工具》
1948 年第 5 卷第 2 期第 77—81 页	《风》
1948 年第 5 卷第 3 期第 134—137 页	《热与运动》
1949 年第 5 卷第 4 期第 181—185 页	《云与雾》
1949 年第 5 卷第 5 期第 213—216 页	《露霜雨雪》
1949 年第 5 卷第 6 期第 255—258 页	《气团与锋》

三、1949—1977 年的气象科普期刊

1949—1977 年，《科学》《科学画报》《科学大众》《知识就是力量》几本主要的科普期刊几经停刊、复刊。但在这一时期，气象科学家仍坚持进行气象科学知识的传播。例如，《科学大众》1966 年停刊，竺可桢先生曾于 1963 年在该刊第 1 期发表《一门丰产的科学——物候学》，该文通俗生动地阐述了导致物候现象发生的有关因素与研究物候学的意义。全文综合运用多种拟人和比喻的修辞手法，生动形象，语言浅显确切、简洁生动，层次清楚，条理明晰。后来，以此文的小标题《大自然的语言》为题的文章入选人教版等多个版本的语文教科书。

四、1978—2018 年的气象科普期刊

1978 年 3 月，中共中央、国务院在北京召开了全国科学大会。会上指出，"科学技术是生产力"。科技的发展引发科学普及热，而科普期刊正是科学普及的重要载体，诸多科普期刊就在这股"科学的春风"下酝酿而出。《气象知识》创刊于 1981 年 2 月，是全国唯一专门普及气象科学知识的科普期刊。下面通过回顾《气象知识》的创刊与发展过程，分析这一时期的气象科普文章的发展变化情况。

（一）1978—2002 年的气象科普期刊

《气象知识》的风格简约朴素，刊登文章较为简短，以文字叙述为主，多服务于农业生产生活与气象工作者，故栏目多集中为"天时与农事""气象与健康""气象 生产 生活""大气中的为什么""谈天说地"等。例如，《用气象条件预报作物产量》（1982 年）、《逆温层——一种有利的气候资源》（1983 年）、《高空为什么会缺氧》（1984 年）等文章均围绕以上主题展开。

同时，《气象知识》编辑部有意识地开始加强专题策划。1986 年，《气象知识》开始以同一个主题策划连续介绍相关气象科普知识。例如，1986 年的世界气象日主题是"气候变迁，干旱和沙漠化"，《气象知识》每期通过两三篇文章进行介绍，如《漫谈沙漠化》《沙漠和沙漠化的定义》《干旱的危害与防治》《从沙漠化的威胁说起》等。除了"世界气象日"主题栏目外，还设立了"气象迎亚运""国际减灾十年""地方气象之最"等主题专栏。

这一时期，《气象知识》在风格上结合时代特征，在文字语言上追求形象生动，在版面风格上追求活泼有生气，但总体上使用插图较少，多是创作绘制一些简易明了的题图。

（二）2003—2018 年的气象科普期刊

进入 21 世纪，社会环境和出版环境都发生了巨大的变化。《气象知识》面向分众调整期刊定位后，内容倾向性增强，进一步加强主题策划。以"世界气象日"选题的策划为例，2003 年第 1 期正刊围绕"关注我们未来的气候"主题组织编写科普文章，如《气候变化的事实和科学认识》《我们未来的气候》《气候的过去、现在、将来》等文章。2011 年，《气象知识》更以增刊形式全面地围绕 2011

年世界气象日主题——"人与气候"进行选题策划。2011 年，《气象知识》编委会会议确立了 2012 年的选题依据，结合气象的区域特色，确定了"根据不同区域，突出气象科普杂志的区域服务特色"的策划思路。截至 2019 年，《气象知识》共推出吉林、内蒙古、安徽、陕西、山西、江苏等 25 个省（自治区、直辖市）的气象科普宣传专栏。

随着印刷技术的进步、期刊市场的动荡、读者口味的骤变，《气象知识》进行了 4 次改版，从 32 页、小 16 开、黑白印刷发展到现在的 84 页、大 16 开、全彩色印刷；从单纯纸媒、铅字排版到胶版印刷，经历了自身的巨大蜕变。在保留文字实力之余，《气象知识》还注重加强期刊的视觉表现力，使图片兼具叙事性、说明性和表现性等，期刊的文本风格和视觉表现等日臻成熟。办刊理念从单纯传授式转变为更适宜现代社会节奏的互动式。

伴随信息技术的飞速发展和数字技术的推广，传统媒体与新媒体的界限越来越模糊，大众传媒正式步入新媒体时代。《气象知识》开通官方网站、博客、微博、微信公众号等，探索在新媒体强势发展形势下的刊网联动。在重大、关键性天气气候事件及应急服务中，充分利用《气象知识》官网，以及《气象知识》微博、微信公众号平台，及时发布相关科普知识，并向中国气象网、中国天气网等主动推送，被众多网站和官方微博、微信公众号大量转发。例如，《龙卷风能被预报出来吗？》这一图文作品被各大媒体平台广泛传播和转载，阅读量突破 1500 万次；在二十四节气申遗成功后，《气象知识》主动精心设计策划并制作推出"二十四节气"系列手绘动画，总点击量近 1.5 亿，多期在中央电视台新闻频道播出。

第二节　《中国气象报》与气象科普

媒体对气象科普的传播始终与时代相呼应。在中华人民共和国成立后的前 40 年里，媒体对气象科普的传播在内容和形式上都是相对单一、明确的，即以天气预报预警和农事提示为主要传播内容，《人民日报》和广播电台等少数权威媒体为气象信息的传播主体。20 世纪 50 年代，在毛泽东主席发出"气象部门要把天气常常告诉老百姓"[35]的指示后，1956 年 7 月 1 日，《人民日报》首次刊登天气预报。在此之前，《人民日报》已经开始关注农业气象，如 1947 年 10 月 9 日刊出《霜与霜害》，1952 年 2 月 19 日刊出《关于华北的雨量和华北的旱涝问题》。渐渐地，《人民日报》对气象的关注越来越多，发展到更多地推出《粮食产量何以"十二连增"》（2015 年）、《联合国报告为气候变化敲警钟》（2018 年）、《南方持续阴雨与厄尔尼诺有关》（2019 年）等高端科普文章。1980 年 7 月，《天气预报》在中央电视台开播，开启了央视对气象科普的关注和报道。此外，新华社、《光明日报》、《经济日报》、《科技日报》、《农民日报》等中央媒体更加关注重大天气气候事件和深度科普。

随着经济社会发展的日新月异，特别是科技进步的迅猛推进，媒体的气象科普在传播内容、传播形式、传播平台甚至传播生态等多个维度上均发生了巨大变化。《中国气象报》是业内专业媒体，创刊于 1989 年。本节聚焦《中国气象报》的 30 年发展历史，分析如下。

一、早期起步阶段（1989—2005 年）

（一）整体情况及背景

从 1989 年创刊的周报到 2003 年升级为周三刊四版，《中国气象报》始终大力普及气象科学知识，提升公民气象科学素质。纵观 1989—2005 年，《中国气象报》在挖掘和培育众多优秀气象科普创作者的基础上，逐步走出一条内容更加丰富、形式更加多元、类型更加多样、读者更加广泛的气象科普创作之路。视角从浅层的气象科普原理、气象科技、气象与生活逐渐拓展到国内外气象重大事件、国际前沿科技、气象与生产生活的关系、气象历史、专家解读等气象相关更多领域、更多层次、更广范围。"科普之窗""气象与生活""名家专论"等科普专栏愈加受到读者青睐。以《中国气象报》资源为基础，2007 年新气象网站成立，2019 年新气象网站更名为中国气象新闻网，在网络传播的推动下，气象科普文章的覆盖面、影响力不断提升。

（二）内容

1989—2005 年，《中国气象报》共刊载气象科普文章 3000 余篇，主要可以分为气象原理类、气象科技类、气象服务类、重大主题类、气象解读类、其他类等。

1. 气象原理类

《中国气象报》早期刊载的气象科普文章大多数属于气象原理、天气现象的知识普及，如《戈壁沙漠的特殊天气——黑风》（1989 年）、《梅雨》（1990 年）、《说霰》（1991 年）等。这一类科普文章的质量逐渐提升，在全面性、辩证性、思考性上也有很大进步，如《洪水也是一种资源》（2003 年）、《漫谈"7·10"北京局地暴雨及有关问题》（2004 年）、《魔鬼的"天使"之面——沙尘暴并非有百害无一利》（2005 年）等。

气象原理类科普文章还逐渐呈现出有策划、有设计的序列化、整体性特征。例如，2002 年 4 月 4 日，《中国气象报》集中推出《面对气候变化 想说轻松不容易》《海洋——气候的调节器》《生物圈——气候的标志》《冰雪圈——气候领域的"重镇"》《大气圈——气候系统的主角》等文章，全面介绍气候系统的构成与气象变化背后的科学原理。2004 年 1 月 17 日，聚焦空气污染，《中国气象报》集中推出《浓雾锁高速 气象来指路》《煤烟导致全球气温显著升高》《化学提炼成本高 海藻吸附有创意——海底大坝从水中淘金》，从国际和国内两个视角，结合时事新闻，普及空气污染背后的科学问题。

2. 气象科技类

气象科技一直以来都是气象科普文章的主角，历年的气象科技类科普文章折射出气象科技的不断进步，全面展现出气象部门的科技属性。例如，《谈高炮防雹》（1989 年）、《激光雷达大气遥感研究进展》（1994 年）、《用气象卫星监测沙尘暴》（1999 年）、《飞机探测数据提高预报准确率》（2004 年）等气象科技类科普文章一般围绕当时的气象科技成果展开，有着强烈的时代特征，反映出气象科技进步的历史脉络。

《中国气象报》一直以来都十分关注国外气象科技的发展动态，通过文摘、译文、专家点评等形式，打开一扇面向世界的窗口，如《美国不定期发布厄尔尼诺——南方涛动预报》（1989 年）、《日本学者提出酸雨形成新见解》（1993 年）、《加拿大旱区农气研究见闻》（1994 年）、《日本研制海啸预测系统》（2003 年）、《美试验二氧化碳存储》（2004 年）等，为国内气象科技发展提供了重要参考。

3. 气象服务类

早期的气象服务类科普文章内容大致包括气象与生活、气象与农业生产，后来范围逐渐扩展到气象与健康养生、气象与旅游、气象与城市建设、气象与生产等。例如，《如何防御早稻 5 月低温危害》（1989 年）、《巧用温湿光 科学养好猪》（1990 年）、《尼龙育秧谨防小气候负效应》（1991 年）等文章，主要围绕 20世纪 90 年代左右农业和农村经济发展需求展开，普及与气象相关的农林、畜牧、水产养殖知识，协助减少农业气象灾害损失。与生活相关的话题也限于普及一些与气象相关的基本健康知识，如《佝偻病与阳光》（1990 年）、《严冬防冻疮》（1991 年）等。

20 世纪 90 年代后期，随着经济社会的发展，人民的生活水平日益提高，气象服务类科普文章呈现出百花齐放的态势，如《奇妙的"气象疗法"》（1998年）、《山区气候宜人长寿多》（1999 年）等，以满足读者更高质量的生活需要。农业生产类科普文章也更加关注协助提高生产效益、农业科技和农民的科学文化水平，如《保湿剂救活了烤烟苗》（1998 年）、《茶花的嫩枝扦插繁育技术》（1999年）等。

2000 年后，气象服务类话题越来越宽泛，《SARS 疫情与气象条件》（2003年）、《全球气候变暖影响人健康》（2003 年）、《绿色住宅需自然采光》（2004年）、《"城市病"与气象》（2005 年）等文章从更科技、更宏观甚至紧扣当下重大事件的角度，多方位关注人民生产生活的方方面面。

4. 重大主题类

受报纸刊期的限制，早期气象科普文章的时效性不强，一般根据四季天气气候规律地组织选题。春季大多结合春霜冻、早稻生长、倒春寒，夏季围绕高温、强对流、雷雨、洪水、台风，秋季围绕秋收、"秋老虎"、寒露风，冬季关注雪、防寒等撰写科普文章，内容大多是普适性的科普知识。

随着报纸办报质量的逐渐提升，与当时发生的重大气象灾害或重大活动结合紧密的科普文章越来越多，如《今年为何干旱严重》（2000 年）、《长江源区气候干旱化对长江流量影响显著》（2003 年）等。2001 年，陆续推出申奥系列《气象因素对体育比赛的影响有多大》《运动与气象》《体育项目的气象指数》等。总体来说，这一时期的气象科普文章大多主题性不强，选题分散，对重大气象事件的关注程度不够，但已显现出向好发展的趋势。

5. 气象解读类

早期的气象科普文章以短文、文摘偏多，科普的深度不够。自1992年起，出现了专家科技探讨性或评述性的科普文章，如《重视气象事业　用好气象科学》等，扩展了科普的深度，部分高层次的气象专家（如骆继宾、陈国范、李泽椿、周秀骥、许健民等）为《中国气象报》撰稿，极大地提升了科普文章的质量。同时，开设了"天气时评"专栏，结合天气热点进行实时点评。自2003年起，开设"名家专论"专栏，汇集了丁一汇的《气候变化对人类社会的影响》（上、下篇）（2003年）、陆龙骅等的《南极考察与全球气候变化》（2003年）、张家诚的《未来气候与可持续发展》（2003年）、林之光的《人类活动影响气候变化的哲学思考》（2004年）等一大批名家名篇，对气象话题进行多维度、深层次的解读，极大地开阔了读者的视野，为气象科普向深度延伸打下了坚实的基础。

6. 其他类

人物类科普文章出现时间较晚，自2002年起开设"风云人物"专栏，推出《结缘气象四十载——记我国著名气象专家丁一汇》《学笃风正科研路——记天气动力学家、气科院院长张人禾》等文章，开创了人物类深度报道之先河。2003年推出"科研改革风采录"。2004年推出"一院八所风采"系列报道，结合科研机构改革的时代背景，对气象科研机构进行了系统介绍，展示了气象科研人员群像。

（三）形式

创刊初期，《中国气象报》刊载的气象科普文章以消息、短文、文摘为主，大多篇幅短小、形式简单、配图较少。伴随着办报质量的提升，气象科普文章的原创数量、内容广度和解析深度也逐年提升，涌现出一大批切中当下时事、结合社会热点、深度分析气象话题的优质气象科普文章，气象科普内容的横向覆盖和纵向延伸都屡上台阶。文章篇幅也不再拘泥于小短文，而是根据体裁和内容需要，呈现出长短、图文配合更加协调的面貌，标题也越来越生动、活泼、新颖，更容易激发读者的阅读兴趣。

随着气象新闻网站的发展，报纸上刊载的科普文章转载到网络上，呈现形式越来越多样，配图数量逐渐增加，以迎合读者阅读习惯的变化。

二、爆发式增长阶段（2006—2013年）

（一）整体情况及背景

自2006年以来，《中国气象报》一方面深入挖掘面向决策层和行业人群的气象科技前沿类高端科普，另一方面以普及气象防灾避险知识和提升全民科学素质为导向积极开展面向公众的科普宣传，气象科普进入爆发式增长阶段，也逐渐向业务化过渡。

随着气象部门开放式发展，面向地球五大圈层、气候变化等国际领域发声，气象科普也随之放眼全球。此外，随着网络越来越发达，单纯的文章类科普已经难以满足社会需求，开始逐步摸索线上科普和线下活动相结合。

通过梳理《中国气象报》、中国气象局政府网站的科普文章可以发现，2006—2013年，共推出气象科普文章约2500篇，数量较之前有了明显提升，聚焦的话题也更加开放，从国内视角逐步向国际化视角延伸，重大主题类、公众类、应急类、前沿科技类、文化类等各类气象科普百花齐放，进入爆发式增长阶段。

（二）内容

这一阶段，《中国气象报》刊登的文章主要可以分为重大主题类、公众类、应急类、前沿科技类、文化类五大类。

1. 重大主题类

从国家层面来看，大事多、要事多，2008年北京奥运会、2009年中华人民共和国成立60周年庆祝活动、2010年上海世界博览会（简称上海世博会）、2011年西安世界园艺博览会（简称西安世园会）等成功举办，围绕这些重大主题的气象科普内容以阶段性栏目形式呈现。从气象部门层面来看，2006年，全国气象科学技术大会首次提出国家气象科技创新体系建设，气象科技的科普化成为热点。

2006—2013年，奥运会、全国运动会、世界大学生冬季运动会等运动会的举办将体育运动与气象话题推向社会热点。例如，围绕2008年北京奥运会，《中国气象报》设置栏目"话说奥运气象"，并开展奥运气象知识竞赛，聚焦奥运气象相关科普，提升全民气象科普意识和防灾减灾意识。《北京奥运开闭幕日历史天气气候》《奥运期间的北京气候》《奥运场馆建设中的气象问题》等多篇科普文章科学回答了公众对奥运期间天气气候的种种猜想,有效引导了社会舆论;《马术比赛与天气的关系》《奥帆赛与气象》《皮划艇运动与气象》等文章一一解答了天气气候对各类奥运比赛项目的影响。这些文章的科普对象是社会公众,文章以气象专家的研究成果为依据,用通俗化的语言来表达,公众读来省时省力。与此同时,中国气象报社和中国气象局共同主办的《奥运天气资讯》(中英文双语)作为当时国内外唯一的天气资讯类报纸,以奥运会期间北京各区逐日天气预报、奥运场馆天气预报、气象生活指数、国内外城市天气预报、气象要闻和气象科普知识等为主要内容,主要发放给首都机场、首都各大宾馆、机关企事业单位和公众。

2009 年,举世瞩目的中华人民共和国成立 60 周年庆典将气象相关问题推向公众的视野,《中国气象报》设置了科普专栏"解析国庆气象保障",系列科普文章《国庆阅兵天气预报难在何处?》《历史上国庆期间北京天气如何?》《七种天气可能影响国庆庆典》等一经推出,即被中国政府网、中新网等转载。

此外,上海世博会、西安世园会等世界级博览会的举办,又带动了新能源建筑与气象关系、花卉与气象关系等话题的热度。为此,《中国气象报》设置"世博之窗""世园之窗"等栏目,推出《上海:2010 年世博会的太阳能屋顶》(2011年)、《花卉生长与水分》(2011 年)等系列科普文章。

着眼于防灾减灾、应对气候变化、科技创新等中国气象局最重要的关注点。《中国气象报》设置"国家'防灾减灾'科普""气象科技防灾减灾""应对气候变化""适应减缓气候变化""科学求索""科研现场"等多个栏目,更加注重突出防灾减灾知识的普及化、科技创新成果的科普化、科研项目的揭秘等。

在此期间推出的优秀气象科普文章,如与防灾减灾密切相关的《佑母亲河岁岁安澜——黄河洪水防御的现状与出路》(2011 年)、聚焦气候变化的《全球变暖,极端强降水事件在增多?》(2010 年)、将科技创新成果科普化的《灰霾与肺癌死亡率——存在滞后增长关系》(2009 年)等,无不紧扣气象部门事业发展大局,着眼决策层,对推动社会进步具有重要意义。

2. 公众类

随着气候变暖,极端天气气候事件重发、频发,公众对气象科普的渴求也越来越突出。梳理发现,《中国气象报》围绕公众需求,几乎聚焦了几年间每一次重大天气气候事件，邀请气象专家进行科普解读，多以"科普一读""预报员说天气""今日话题""气象灾害防御指南"等栏目形式来呈现。同时，也关注与百姓生产、生活息息相关的科普，通过"气象与养生""科普轻松学""农事之窗"等栏目来传播相关知识。

气象科普文章关注的天气种类更加丰富，台风、雷电、龙卷风、干旱、冷空气、霾、暴雨、冻雨、凌汛、季风、雾、大雪、雾凇、沙尘、酸雨、臭氧、紫外线、寒潮、高温热浪、闪电、流凌、倒春寒、霜冻、干热风、强对流、泥石流、寒露风、回南天、华西秋雨、凝冻甚至空间天气等都成为热点。

特别是在 2008 年低温雨雪冰冻天气期间，《中国气象报》刊发了大量科普文章，在社会上引发广泛关注。诸如《一月大雪为何频频光顾我国》《大气环流异常是直接原因——低温雨雪冰冻研讨会上各方专家亮出观点》《两大原因导致大范围暴风雪》《气候专家称"拉尼娜"事件为北美和中国大雪提供了背景》等科普文章有助于引导社会舆论，疏导公众恐慌情绪。

此外，围绕台风，更多地侧重分析其产生的原因、带来的影响等。在台风"碧利斯""天秤"等发生期间，推出《为什么"碧利斯"影响如此严重？》（2006年）、《不走寻常路——强台风"天秤"点评》（2012 年）等；围绕龙卷风，更多地侧重防御的措施等，推出《如何防御龙卷风》（2010 年）、《龙卷风季节，我们如何望风而防》（2006 年）等；围绕暴雨，更多地关注预报的难点及其引发的城市内涝以及泥石流、山体滑坡等次生灾害，如《如何救城市于水患》（2010 年）、《"破译"泥石流》（2008 年）等。

此外，气象科普还将目光投向与百姓生活、生产息息相关的健康科普和农业科普，推出了诸如《大雾加剧空气污染 影响健康》（2008 年）、《臭氧浓度与人类健康息息相关》（2009 年）、《白内障发生与紫外线暴露》（2012 年）等健康科普文章，以及《大雾也是农作物的大害》（2010 年）、《晚稻需防秋季冷害"寒露风"》（2011 年）等农业科普文章。

3. 应急类

分析发现，几年间，针对突发事件的应急科普日趋成熟。特别是 2007 年以后，气象部门开始更多地思考舆情应对与应急科普工作，《中国气象报》和中国气象局政府网站成为气象部门及时报道、准确跟进热点事件并开展科普解读的权威窗口。

例如，面对因空间天气接连而来的危言耸听的谣言，《中国气象报》第一时间通过《太阳耀斑毁手机之说没有道理》（2006 年）、《美俄卫星相撞　敲响太空"交通事故"警钟》（2009 年）、《太阳风暴如期而至，科学家表示——全球不会大范围停电》（2010 年）等权威科普文章将其一一击碎；与公众健康密切相关的 $PM_{2.5}$ 在进入公众视野时，谣言也随之而来，《9 到 11 层楼房 $PM_{2.5}$ 浓度最高？气象专家辟谣"不靠谱"》（2012 年）等来自气象专家的解读文章，从客观、科学的角度给公众以正确的答案。

2010 年 4 月 22 日，一条关于酸雨的谣言在网络上和手机短信中广泛流传，引发社会恐慌。消息称："从今天到 28 号，请大家不要淋到雨，750 年一次的酸雨，被淋到以后患皮肤癌的概率很高，因为欧洲的一个火山大爆发，向高空喷发了大量的硫化物，在大气层 7000—10 000 米的高空形成了浓厚的火山灰层，具有强酸性。"面对如此荒诞的谣言，《中国气象报》第一时间出击，迅速采写了报道《网络疯传"750 年一遇酸雨"　气象专家笑称"无稽之谈"》，并最先在中国气象局政府网站发布。官方媒体在关键时刻的这篇科普报道扭转了社会舆论，安抚了公众的恐慌心理，是气象应急科普中的典型案例。

4. 前沿科技类

随着中国气象更加开放，《中国气象报》将气象科普的视野从国内扩展到了国际，成为读者了解国际最新气象科技前沿动态的窗口。《中国气象报》以"国际科技动态""网上快讯""他山之石"等专栏为依托，给读者带来国际前沿科技报道。

面向社会公众普及前沿科技，提升公众对前沿科技的认知度。例如，2007 年，在 IPCC 第四次评估报告发布后，一大波面向全球视角的科普解读将这一报告第一时间推向公众视野，公众对气候变化的了解也由此走向深入。以《IPCC 发布最新气候变化报告》这篇文章为起点，《中国气象报》通过对专家的大量采访，用通俗易懂的语言面向社会对第四次评估报告进行了科普解读，推出了《国家气候委员会举行新闻发布会　介绍 IPCC 第四次评估综合报告及中国行动》《全球携手应对气候变化　走人与自然和谐发展之路》等系列科普文章。

面向科技工作者的前沿科技则致力于在行业内引领发展。2006 年，《中国气象报》推出"GPS/MET 技术扫描"专栏，特邀中国气象局原副局长、气象专家李黄从 GPS 和 GPS/MET、GPS 大气空间参数测量原理等 7 个方面撰写系统的高端前沿科普。又如，《NOAA 研究现状扫描》《美国大气遥感应用业务和研究最新进展》等科普文章则将国际气象科技发展前沿知识带给国内气象工作者。

还有一些围绕国外重大天气气候事件的科普解读，这些既有面向公众答疑解惑的，也有作为案例面向气象科技工作者予以启发的。例如，围绕 2006 年的"卡特里娜"飓风推出的《话说卡特里娜飓风 欧洲大雪与东亚季风》、围绕 2009 年年底的暴风雪推出的《罕见暴风雪袭美欧 全球变暖为何还如此之冷？》、围绕 2009 年全球范围内能见度降低推出的《世界大部分地区晴朗日能见度下降》等都兼具上述两种功能。

5. 文化类

文化类主要包括科学精神类和历史故事类两大类。

科学精神类是文化类科普的重要组成部分。对于气象行业而言，挖掘最著名、最有影响力的气象事业奠基者、气象行业翘楚身上所散发出的科学精神，成为《中国气象报》办刊中的重要一环。例如，针对国际大气科学界屈指可数的几位学术巨匠之一，为全球变化、大气环流和气候变化研究做出开创性重大创新贡献的气象界泰斗叶笃正，《中国气象报》先后推出《一代气象科学宗师——叶笃正》（2006 年）、《叶笃正：大师的江湖》（2008 年）等报道。这些作品更多的是向社会传递一种价值观，让公众自觉或不自觉地接受其影响，将叶笃正先生的思想、精神、态度、行为方式等内化于心、外化于行。又如，围绕众多中国科学院、中国工程院两院院士，《中国气象报》推出了大量报道，如《祖国的天气 吴国雄的心》（2006 年）、《中国工程院院士丁一汇：演绎气候人生》（2006 年）、《秦大河：生命与冰川结缘》（2010 年）、《周秀骥的甲子风云》（2011 年）等，这些作品塑造的人物形象立体、丰满，起到鼓舞人、引导人的作用。

历史故事类更多的是阐述天气气候要素对历史事件走向、结局的影响。例如，中国四大名著之一《三国演义》中有很多与天气气候相关的故事，如火烧赤壁，围绕这个故事，《中国气象报》在"文化"专栏中推出的《诸葛亮"借东风"是否可能》（2009 年）一文，统计了赤壁近 30 年的气象资料，从科学角度进行了分析，发现诸葛亮"借东风"这一历史事件符合天气演变规律，但是此气候产生的概率却很小。与此类似,《"气候干旱导致唐朝灭亡"一说没有道理》(2007年)、《拿破仑因暴雨败北》(2003 年)、《诺曼底登陆成功的法宝》(2010 年)等一系列颇具故事性的文化科普作品同样激发了读者深入了解气象的兴趣。

(三)形式

气象科普的表现形式随着社会的进步、公众阅读习惯的改变等逐渐多样化。

1. 打造品牌栏目和频道

打造品牌栏目一直是《中国气象报》气象科普努力的方向。上文中提及的很多科普栏目逐步以品牌的标准进行打造。例如,以专家观点为切入点和表现形式的"名士观点"栏目、以日常公众科普为切入点的"科普一读"栏目等,多次在中国产业经济新闻奖的评选中崭露头角。特别是自 2013 年 1 月 11 日起开办的"科普看台"版块,以整版形式每周五固定推出,聚焦社会热点,结合气象科学,邀请专家深入解读,普及气象科学知识。同时,该栏目也将触角延伸至气象历史、经典理论与前沿科技等领域,与读者共探博大精深的气象世界,版面兼具科学性、时效性、可读性、趣味性及视觉美感。

2013 年,中国气象局政府网站以《中国气象报》刊登的科普文章为基础,开设科普频道"气象科普园地",设置"科普看台""气象与人""名士观点""科技之光""气象视界"等特色栏目,实现气象防灾减灾科普文章、图片等资源共享服务,满足公众的个性化需求,提高公众的气象科普水平。

2. 开设专家科普专栏

2003—2007 年,《中国气象报》开设栏目"网上快讯",由通晓英、日、俄等多国语言的中国气象局天气司原司长担任主持人,每周一期编译国际前沿资讯。

2005 年,《中国气象报》开设栏目"二十五年风云路 中国大气科学工程进展回顾",特邀时任中国气象局副局长李黄作为主持人,以《三次规划闯新路 十大工程奠基础》《气象信息网络 天地一体持续递进》等为题连续推出 6 期科普文章。

2015 年,《中国气象报》特邀北京师范大学教授叶谦撰写了《唤醒地球"冰封的记忆"——威士忌酒杯冰块中的气候变化故事》《谁击败了拿破仑——名画背后的气候故事》《探寻火星二氧化碳"消失"之谜》等 13 篇可读性极高的气候变化相关科普文章。

3. 开展网络访谈

在此期间，网络访谈成为科普的新渠道。2006 年以后，随着气象问题在各类重大事件、活动中的保障作用越来越凸显，新华网、人民网等中央主流媒体网站，以及搜狐网、新浪网等商业网站，都将目光投向气象领域。《中国气象报》不断转变思维方式，与上述各网站联合策划相关访谈活动，联系气象部门权威专家与职能部门工作人员就网民关心的热点话题展开网络访谈，拉近了公众和气象之间的距离。同时，《中国气象报》与《国家电网报》《绿色时报》等行业媒体的合作访谈也越来越密切，聚焦同一话题，邀请不同领域的专家等相关人员参与，在行业内产生了一定的影响。

在形式上，《中国气象报》和中国气象局政府网站的互动性增强，前、后端合作更加分明。在前端，中国气象局政府网站与新华网、人民网、搜狐网、新浪网同步在访谈前发布预告，并以图文形式在线直播访谈内容；在后端，《中国气象报》依托"访谈"专刊以整版形式跟进做小标题分类式深入解读。

此间，一大批访谈陆续上线，如《拨开迷"雾" 预防"霾"伏》（2007 年）、《〈2012〉场景会在现实中上演吗？》（2009 年）、《全球变暖带来了什么？》（2007年）、《打开台风灾害防御之门》（2007 年）等，回应公众关切，引导社会舆论。

三、融媒体蓬勃发展阶段（2014—2019 年）

（一）整体情况及背景

2014 年以后，特别是党的十九大以来，科普工作进入新阶段。习近平总书记深刻指出，"科技创新、科学普及是实现创新发展的两翼，要把科学普及放在与科技创新同等重要的位置"[19]。党的十九大报告强调要弘扬科学精神，普及科学知识。

新媒体的蓬勃兴起正在逐渐颠覆传统媒体带来的传播理念，科普也更加注重互动体验。新媒体呈现碎片化、融合速度加快等特点，传统媒体与互联网加速融合。报纸、杂志开设网络版，并与网站合作开办新媒体移动平台，广播的网络化、电视的网络化也进一步得到发展。

截至 2019 年 10 月，全国气象部门共开通微博、微信等官方新媒体 3805 个，粉丝数量达 3 亿。各级气象部门积极入驻中央政府和当地信息发布客户端。中国气象局政务账号入驻人民日报、今日头条等 13 家新闻客户端，服务覆盖人数超过 6 亿。

此外，各地气象部门和社会力量也踊跃参与其中，如电影《青海湖畔》、广西气象山歌、福建气象科普动漫等创新形式的宣传科普作品广受欢迎；上海、湖南等地气象部门制作的 10 部作品获评"全国优秀科普微视频作品"；云南、西藏等省（自治区）气象局研发的少数民族特色科普产品受到当地党委、政府好评。

通过梳理《中国气象报》、中国气象局政府网站的科普文章发现，除了科普文章数量呈井喷式增长外，科普产品的形式也更加多样，向新媒体转向的趋势明显。

（二）内容

1. 公众类

《中国气象报》每周五推出整版"科普看台"专栏，涌现出一系列专业性和可读性很强的气象科普文章，科学解读极端天气气候事件及其自然灾害的生成原因、影响及防御方法，发挥科学与公众之间的桥梁作用。《地铁也要防雷吗？》（2014 年）、《如何延长莫高窟"寿命"？》（2014 年）、《冬小麦的神奇之旅》（2014 年）、《"七下八上"大起底》（2014 年）、《"小"天气 大威力——小尺度天气现象盘点》（2016 年）、《预报术语的自白》系列（2016—2017 年）等文章紧贴民生，通俗易懂。

该时期的科普作品在内容上更加注重通俗性和互动性，打造《图个明白：画说气象》系列图解、数据新闻产品"聊天儿"栏目、"二十四节气"联合专题、"气象探探"视频专栏等网络原创品牌，在传播气象科普知识、提高社会公众防灾减灾意识方面得到各界认可，如《雾和霾的小伙伴 静稳天气》图解（2014 年）、《气象部门怎样监测预报台风》图解（2014 年）、"天气预报有哪些'疑难杂症'"网络专题（2015 年）等。其中，《图个明白：画说气象》获科技部 2016 年全国优秀科普作品奖，"聊天儿"栏目获电子政务理事会颁发的政府网站大数据应用奖；微博、微信、手机客户端等新媒体平台推出的在线直播、在线访谈和 H5 产品等，特色突出、互动性强，有力增强了气象信息传播效果和舆论影响力。微信公众号文章《南方 4 月经历 9 "轮"暴雨过程！这个"轮"到底是个啥？》（2016 年）、

《雷电为何会导致他们集体死亡？》（2016 年）、《说到气象防灾减灾，这几个名词你需要知道！》（2017 年）、《别信！这些关于山竹的说法都是谣言》（2018 年），科普漫画《漫画趣说"风云四号"：看透大气的"小心机"》（2017 年），以及科普长图《寒潮来袭，遇到 12 级风是一种什么体验？（内含超级长……图……）》（2017 年）等科普产品不断为气象科普延展出新的空间。

2. 重大事件类

围绕重大事件的科普节奏感更强，包括结合中国气象局党组贯彻落实"京津冀协同发展"、"一带一路"倡议、生态文明建设等国家战略任务部署安排，推出相关科普解读。围绕龙卷风等强对流天气监测预警、大气污染形势预测、"霾"列入法定气象灾害，以及气象防灾减灾联动机制、雄安新区建设气象参考等重大事件和重点工作，联合撰写多篇深度文章。当重大灾害发生时，气象科普也在第一时间跟上，如云南鲁甸抗震救灾气象服务系列报道（2014 年）、直击第 15 号台风"海鸥"系列报道（2014 年）、厄尔尼诺系列图解（2015 年）、《龙卷风的惊人面目》（2016 年）等。《"城市风道"可引风驱霾？》（2014 年）、《当今最先进气象卫星发射成功 实现重大技术突破 观测数据将被广泛应用》（2015 年）、《"天宫二号"：上天后的小"心事"》（2016 年）、《分析气象条件为雄安新区建设建言——保护"华北明珠"为千年大计之基》（2017 年）等文章关涉国家大事、要事，从中寻找科普切入点。

结合全面推进气象现代化、深化气象改革、气象法治建设、加强气象部门党的建设等工作重点，围绕纪念中国人民抗日战争暨世界反法西斯战争胜利 70 周年阅兵式、四川及新疆地震、天津全运会、为农气象服务、汛期气象服务等重大气象保障服务，以及世界气象日、全国防灾减灾日等重大科普节日，持续发布多角度、多方式、多手段、多平台的科普产品，如《我国首个气候指数系列出炉 气候大数据将服务实体经济》（2017 年）、微信公众号文章《申遗成功！厉害了 word 中国"二十四节气"！》（2016 年）等。

3. 前沿科技类

依托"名士观点""专家视点"等品牌栏目，《中国气象报》围绕气象业务科研面临的实际问题，同时面向国际科学前沿，包括一些重大关键性难题，邀请科研领域的知名专家学者，针对极端天气气候事件、气候变化、气象预报预测等科学问题开展研究探讨和权威解读。例如，《寻找来自星星的"你"——什么气候条件下行星可能存在生命》（2014 年）、《"气象炸弹"无名氏》（2016 年）、《补铁、补锌、补硒，如果全球气候持续变暖——食物中微量元素的缺口还补得上吗？》（2017 年）等报道将气象科普外延扩展到相关领域，《智能网格预报"原材料"应如何加工？》（2018 年）、《青藏高原暖湿化加剧，是福还是祸？》（2018 年）等报道在深度上更进一步。

4. 生态类

2012 年 11 月，党的十八大提出"大力推进生态文明建设"战略部署。《中国气象报》推出诸如《我国臭氧污染加剧　碧空如洗仍有隐忧》（2016 年）、《中国碳卫星数据正式对外开放共享　公众可登录国家卫星气象中心网站免费下载》（2017 年）等关注最新生态主题的文章，以及《山西"一煤独大"后的绿色主调》（2017 年）、《鄱阳湖：不应只是看上去很美》（2017 年）、《从不毛之地到万亩绿洲——气象服务融入库布其沙漠治理工作侧记》（2018 年）、《十余年"疗伤"　唤醒生命之源——三江源生态保护成效探寻》（2018 年）等深度作品，既关注现状，又面向公众开展相关科普活动。

（三）形式

随着新媒体的发展，《中国气象报》由最初的一张报纸逐步拓展到"一报四网两刊两微一端一抖"，即《中国气象报》，中国气象局中英文网站、中国防雷信息网、中国气象新闻网、中国气象图片网，《中国气象报内参》《中国气象报通讯》，中国气象局官方微博、微信，中国气象新闻客户端，以及中国气象局抖音号，形成了纸媒、网媒、掌媒聚合的协同发展、互动互融全媒体传播格局。仅 2018 年，8 个微博话题阅读量破亿，44 个微博话题阅读量超过 1000 万次，头条号总阅读量达 2.87 亿次。

相应地，气象融媒体科普产品的表现形式和呈现方式都展现出新特点。

1. 更注重形式丰富性与海量化

气象科普紧跟技术进步，创新表现形式，生产的产品涵盖短视频、数据新闻、动画、手绘、H5、长图、音频、专题、话题、图解、图片、文字等多种形式。2018 年，中国气象报社紧跟媒体"风口"，着力发展短视频，形成"气象新闻视频+原创系列视频+活动宣传片视频+国际访谈视频"的发展格局；加快大数据研究和应用，及时推出数据新闻和数据科普，让公众看得懂、用得上。比如，以2019年"3·23"世界气象日为切入口，《中国气象报》推出故事版专刊，以象博士的旅行漫画为轴线开展相关科普；新媒体推出象博士与孔子旅行H5互动体验产品、《一束光的旅行长图》等；抖音号上线，分享更简单、直观、有趣的科普知识，气象科普内容通过消息、深度报道、图片、图解、漫画、动画等形式抵达公众。

2. 更注重交互性和体验性

科普产品更加注重"互联网+气象+社会热点"相结合。随着技术的发展，中国气象报社推出的气象科普产品在形式上更多地向双向互动甚至多向互动转变，力图形成集文字、图片、视频等于一体的多元传播形态。比如短视频《关于智慧气象，你想了解什么》（2018年）、《2018卫星之眼看中国》（2018年）、《三伏天的热，你服不服》（2017年）等，利用微信、QQ、博客、微博等多方式、多角度展开，考虑受众的自主性、互动性、参与性等特点，更容易进行二次甚至多次转发，气象科普传播变得更加高效、方便、快捷和充满乐趣。

3. 更注重及时性和节奏性

科普产品更注重传播效率，中国气象局开通官方微博、微信、新闻客户端和抖音号，开拓短视频领域。当重大事件发生时，《中国气象报》迅速推出科普产品。比如，2018年台风"山竹"来临时，除了报纸推出科普报道外，微信公众号还及时推送文章《日本遭25年来最强台风！新台风"山竹"生成，超强台风预备？》（2018年）、《台风"山竹"进入南海，秋台风也"疯狂"？》（2018年）、《别信！这些关于台风"山竹"的说法都是谣言》（2018年）、《风王山竹已登陆，危险还未过去》（2018年）等。海量新媒体报道可以突破报纸的出报日期限制，实现实时推出，同时微信、微博等大量的信息内容简洁生动、图文并茂，很快得到大量转发，避免了传统媒体的滞后性，也满足了受众对突发事件及时性的需求。

第七章

我国气象科普图书的发展状况及创作思考

明清传教士、士大夫阶层、学者带来气象学知识是近现代西方气象学传入中国的开始,为近代气象学在中国的生根、发芽奠定了基础。民国时期,以竺可桢为代表的中国气象学家在投身气象科学研究的同时,还积极从事气象科普工作,翻译或创作了一批优秀的气象学启蒙读物,将气象知识传播给中小学生、有志青年和普通民众,为之后新中国气象科普事业的蓬勃发展做出了重要贡献。中华人民共和国成立以来,我国气象科普事业经历了曲折的发展历程。截至 2018 年,我国气象科普图书的发展历程可以大致划分为 1949—1977 年、1978—2002 年、2002—2018 年三个阶段。本章将对中华人民共和国成立后到 2018 年这段时期的气象科普图书发展状况进行论述,尤其是对我国原创气象科普图书发展的相关特征进行分析,旨在为当前我国气象科普创作提供一定的启示。

第一节 1949—2018 年我国气象科普图书的历史特征

1949—2018 年,我国共出版 1769 种气象科普图书,其中原创图书 1462 种,占比 82.6%;引进版图书 307 种,占比 17.4%(图 7-1)。

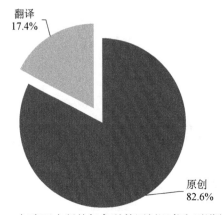

图 7-1　1949—2018 年我国出版的气象科普原创图书和引进版图书的占比情况

　　不同阶段的气象科普图书具有不同的特征，并随着时代的发展呈现一定的发展趋势，对新时期我国的气象科普创作具有启示意义。

一、中华人民共和国成立后气象科普图书的出版规模特征

　　中华人民共和国成立后，我国气象科普图书的出版规模不断扩大且日趋多元化，主要体现为原创图书数量快速增长、引进版图书多元化发展、出版单位逐渐多元化。

（一）原创图书数量快速增长

　　在原创图书数量方面，20 世纪 50 年代中期，气象科普图书出版数量达到第一个高峰（图 7-2）。随后在"反右倾""文化大革命"等社会背景下，气象科普图书出版数量逐渐下降并几乎停滞。这一时期共出版 271 种气象科普图书。改革开放初期的 20 世纪 80 年代早期，气象科普图书迎来了第二个发展小高峰。尽管在20 世纪 80 年代后期及 90 年代早期气象科普图书出版数量有所回落，但整体上仍然有气象科普图书相继出版。20 世纪 90 年代末到 21 世纪初，气象科普图书数量小规模地增加，迎来第三个发展小高峰。改革开放时期共出版 306 种气象科普图书，出版规模稳中有升。进入 21 世纪，气象科普图书全面快速增长。2004 年共出版 16 种气象科普图书，此后几乎逐年快速递增。到 2012 年，共出版 133 种气象科普图书，迎来气象科普图书发展的顶峰和黄金时期。尽管此后每年出版的气象科普图书数量有所回落和波动，但仍然可以维持每年新出版 100 种左右的图书

增长规模。2003—2018 年，共出版 1194 种气象科普图书。中华人民共和国成立后，我国气象科普图书数量经历了曲折中发展、稳步增长和快速增长三个阶段。

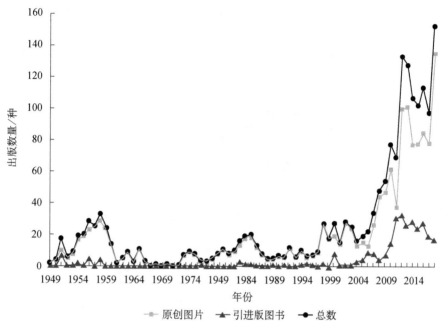

图 7-2　1949—2018 年每年出版的气象科普图书数量

（二）引进版图书多元化发展

中华人民共和国成立后，我国引进翻译的气象科普图书主要来源于 16 个国家，分别为美国、英国、韩国、苏联、德国、法国、日本、澳大利亚、西班牙、意大利、加拿大、比利时、阿根廷、荷兰、葡萄牙和瑞典。从各个国家引进的气象科普图书数量和占比情况见图 7-3。整体上，美国是我国气象科普图书主要的引进国家，约占 32.9%，位居其后的分别是英国（21.8%）、韩国（15.3%）和苏联（7.5%）。

引进版气象科普图书数量的发展趋势与气象科普图书总数的发展趋势相似。1949—2002 年，我国仅有少量翻译版图书出版，共 49 种。2003—2018 年，引进版气象科普图书快速增长（图 7-2），共引进 258 种气象科普图书，几乎每年都引进约占该年总数 1/5 的国外优秀气象科普图书。

不同历史时期引进版气象科普图书的国别特征有所差异，逐渐呈现出多元化的特征，极大地丰富了我国气象科普作品。1949—1977 年，几乎所有的引进版科

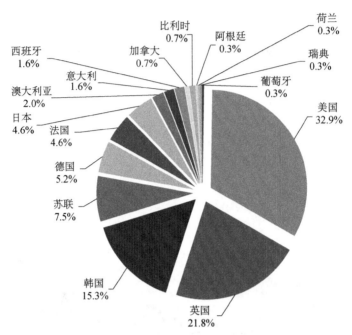

图 7-3　1949—2018 年引进版气象科普图书的国别与占比

普图书都引进自苏联，直到 1976 年，科学出版社引进第一部包含气象科普知识的图书——美国 I. 阿西摩夫（I. Asimov）的"自然科学基础知识"第一分册《宇宙、地球和大气》。1979 年，科学出版社再版了这部经典科普作品，拉开了改革开放时期以美国为主要图书引进地区、多国经典著作齐飞的引进版气象科普图书的序幕。值得一提的是，这一时期我国没有从苏联引进气象科普图书。进入 21 世纪后，引进版气象科普图书仍以从美国引进为主，英国次之，这一时期引进的英文气象科普图书总数超过引进版气象科普图书总数的半数。21 世纪的引进版气象科普图书中，引进自韩国的气象科普图书也占有一定的比例，占该时期气象科普图书出版总数的 15%左右。

（三）出版单位逐渐多元化

1949—1977 年，气象科普图书的出版单位较为单一。尽管商务印书馆、财经出版社、科学普及出版社等少数出版社出版了一定数量的气象科普图书，但绝大多数气象科普图书都由各地的人民出版社出版。1978—2002 年，出版单位开始呈现出多元化特征。这一时期，除了各地的人民出版社外，气象出版社、科学出版社、科学普及出版社，以及各地方的教育、儿童、妇女相关出版社等都出版了大量的气象科普图书。2003—2018 年的气象科普图书出版单位多元化特征进一步凸显。统计发现，2003—2018 年出版过气象科普图书的出版社共有 298 家，出版过 10 种以上气象科普图书的出版社有 15 家，其中，气象出版社共出版 314 种气象科普图书。其余的出版社呈现出分散和多元化的特征。

二、中华人民共和国成立后气象科普图书的出版形式特征

中华人民共和国成立以来，气象科普图书的出版形式发展特征主要体现为丛书占比增加；从以文字内容为主到图文结合，彩色印刷成为主流。

（一）丛书占比增加

1949—1977 年，气象科普图书以单行本为主，丛书约占 34%。1978—2002 年，以丛书形式出版的气象科普图书占比约 56%，已经超过单行本占比。2003—2018 年，以丛书形式出版的气象科普图书占比进一步提升，约为 65%。这反映了气象科普图书出版策略的与时俱进。

（二）从以文字内容为主到图文结合，彩色印刷成为主流

图片不仅可以让儿童展开丰富的联想，还能让成人通过欣赏图片来满足自己的审美需求，更重要的是可以传达文字难以描述的内容。1949—2002 年，气象科普图书大多是通过以文字为主的形式介绍图书内容，少数图书附有简笔画插图。2003—2018 年出版的气象科普图书则图文并茂，存在相当多的"图说""话说""漫画"等以卡通绘画、照片为主的科普图书，如《图说二十四节气》《画说雪灾安全救助常识》"漫画科学百科"《气象观测》等。这种改变更容易吸引读者的眼球。

与此同时，由于气象科普图书中图片的增多，彩色印刷成为内在需求。随着印刷技术的不断进步，气象科普图书彩色印刷成为主流。

三、中华人民共和国成立后原创气象科普图书创作群体的发展 特征

中华人民共和国成立后，我国原创气象科普图书的创作者主要可分为单位组

织和个人作者两大类。

（一）单位组织

这一大类气象科普图书的创作群体包括三种属性的组织，分别是政府部门或事业单位、非政府组织以及企业。

首先，政府部门或事业单位主要包括国家或各层级的地方气象局、环保厅、防灾减灾相关部门等。这些单位针对普通社会公众编撰气象科普图书，帮助公众认识基本气象和天气常识，如新知识出版社编撰的《风霜雨雪》等；帮助公众从事生产活动，如大理州气象局和大理州气象学会编写的《农业气象知识与实用技术》等；引导公众正确应对气象灾害，如广东省气象局编写的《广东省突发气象灾害预警信号及防御指引》等；提升公众气象环保意识，如安徽省环境保护厅编写的《同呼吸，共奋斗：大气污染防治知识读本》等。除此之外，还有一些研究单位积极从事气象科普图书编撰工作，帮助公众认识日常和前沿气象学知识，如中国科学院大气物理研究所编著的《天气学知识》、云南大学物理系编著的《气象知识问答》等。另有一些中小学编写气象科普图书，帮助中小学生进行气象知识实践活动，如上海市邑庙区中心小学编著的《我们的气象台》。

其次，非政府组织主要是中国科协和各个层级的地方科协下属的全国或地方学会组织。这些单位从不同的专业角度编撰气象科普图书，帮助公众认识气象学常识，有效地开展防灾减灾工作，如中国气象学会编写的"气象知识丛书""农村气象防灾减灾科普系列丛书"等、中国环境科学学会编写的《大气细颗粒物污染》、中国灾害防御协会编写的"自然灾害应急知识丛书"、北京减灾协会编写的《愿人类远离"天火"》、北京市消防协会编写的《国内外雷电灾害事故案例精选》、广东省科学技术普及协会编写的《闪电打雷和避雷》等。这些由各级学会编写的气象科普图书是连接气象科学家、相关政府部门与公众的重要桥梁。

最后，企业出版了少量面向青少年的气象科普图书。这些企业多从事科学启蒙和科学教育相关行业，以营利为目的，选择综合的科学启蒙丛书，包含气象科普部分内容，如小牛顿科学教育公司编著的《小牛顿新兴科技馆：极端气候来临了》、北京市纸上魔方文化传播公司（纸上魔方）编绘的《超级爆笑的科学实验：多变的天气》、成都铁皮人美术公司（铁皮人美术）编绘的《豆丁的奇幻科学之旅：出发！天气大魔法》，等等。

（二）个人作者

中华人民共和国成立后，从事气象科普图书创作的个人作者主要为气象科学家、气象从业者和气象科普作家。

第一类创作者为气象科学家。这些科学家在从事气象科学研究的同时，积极进行气象科普创作，向公众介绍气象科学的最新知识和进展，宣传气象科学家精神，提升公众应对气象灾害的能力以及生态环保意识。积极从事气象科普图书创作的科学家以竺可桢、叶笃正、丁一汇为代表，同时还有林之光、张嘉诚、温克刚、周家斌等。这些老一辈气象学家在中华人民共和国成立后创作了多部气象科普作品，不少作品经过多次再版，成为气象科普畅销作品，为中国气象学的发展和人才培养做出了重要贡献。代表性气象科学家创作的部分气象科普图书见表7-1。

表 7-1　代表性气象科学家创作的部分气象科普图书

书名	作者
《看风云舒卷》	竺可桢著
《物候学》	竺可桢等著
《竺可桢科普创作选集》	竺可桢著
《竺可桢日记》	竺可桢著
《天道与人文》	竺可桢著，施爱东编
《气候系统的演变及其预测》	丁一汇等编
《气候变化40问》	丁一汇等编
《气候变化科学问答》	丁一汇主编
《地球气候的演变》	丁一汇主编
《需要精心呵护的气候》	叶笃正、张丕远、周家斌著
《气象预报怎么做如何用》	叶笃正、周家斌著
《我国的春夏秋冬》	林之光编
《四季变化》	林之光编著
《科学知识丛书：气候与衣食住行》	林之光、张辉华编著
《关注气候——中国气候及其文化影响》	林之光著
《气候风光集》	林之光著
《全国小学生课外丛书：气象·天文的故事》	林之光、张辉华、李元编著

书名	作者
《气象万千——漫谈我国的气候》	林之光编著
《细说八方晴雨》	林之光主编
《气象知识丛书：中国气候》	林之光著
《金苹果文库：气象与生活》	林之光著
《气象万千丛书：厄尔尼诺》	张家诚著
《气象万千丛书：干旱》	张家诚、张沅著
《气象万千丛书：季风》	张家诚编
《我们赖以生存的气候资源》	张家诚编著
《气候变化四问：变了吗？如何变？为什么？怎么办？》	张家诚、王立著
《天有可测风云》	张家诚、周家斌、王庚辰著
《涂长望传》	温克刚著
《风和雨》	温克刚编写
《节气与农事》	温克刚编写
《气象漫话》	温克刚编写
《趣谈天气》	周家斌著
《天气预报准不准》	周家斌、周志华、黄小玉编著
《传统文化中的科学：二十四节气》	周家斌、周志华著
《大气为什么闹脾气》	周家斌、李鸿洲主编
《求真求实登高峰——叶笃正》	周家斌、浦一芬著

第二类创作者为气象公共服务行业的气象从业者，主要来源于气象局等相关部门，如气象播音员、气象工程师等。这些从业者在一线工作之余，以服务公众为己任，积极从事气象科普创作，帮助公众了解天气和气象灾害常识、了解国家气象政策和文化，代表性人物有束家鑫、谢世俊、许以平、宋英杰等。代表性气象从业者创作的部分气象科普图书如表 7-2 所示。

表 7-2 代表性气象从业者创作的部分气象科普图书

书名	作者
《台风常识》	束家鑫编著
《中国云天》	束家鑫、鲍宝堂编著
《寒潮常识》	束家鑫等著
《雷雨》	束家鑫著
《自然知识丛书：台风》	束家鑫著

续表

书名	作者
《寒潮》	谢世俊编著
《洪水》	谢世俊编著
《漫话海风》	谢世俊编著
《天地沧桑》	谢世俊编著
《气象史漫话》	谢世俊编著
《竺可桢传》	谢世俊著
《暖冬后的冷思考——趋利避害话气象》	许以平编著
《龙卷风》	许以平、马德华著
《气象谚语和气象病》	许以平编著
《应用气象丛书：各行各业用气象——赛场风雨》	许以平著
《"一带一路"海外国家气候漫谈》	宋英杰主编
《风云丝路："一带一路"沿线国家气候概况》	宋英杰主编
《哪片云彩会下雨：气象主播宋英杰微言聊天》	宋英杰著
《二十四节气志》	宋英杰著

　　第三类创作者人员构成较为复杂，统称为气象科普作家。这类创作群体包括文学工作者、图书编辑、新闻记者、教育工作者、画家等。他们之中有的具有气象相关的教育知识背景，有的具有深厚的文学、绘画等文艺修养，还有少数人两者兼具。气象科普作家是气象科普图书创作最重要、人数最多的群体，许多创作者都创作过多部气象科普图书。代表性的气象科普作家有金传达、王奉安、叶永烈、卞德培、姜永育等（表7-3）。气象科普作家创作了大量科普图书，许多作品兼具趣味性、通俗性和艺术性，不但为公众普及了气象基本知识，还传播了中国传统气象历史和文化知识。

表7-3　代表性气象科普作家创作的部分气象科普图书

书名	作者
《风》	金传达著
《海市蜃楼》	金传达著
《天空趣象》	金传达编著
《台风》	金传达著
《说风》	金传达著
《地球上的风》	金传达著

书名	作者
《漫谈灾害性天气》	金传达编
《祸从天降》	金传达编著
《大气的奥秘》	金传达编著
《最有趣的天气》	金传达编著
《细说二十四节气》	金传达编著
《小好奇梦游气压王国》	王奉安编著
《大气压力》	王奉安编著
《雷电》	王奉安编著
《云》	王奉安编著
《神秘的天宇》	王奉安编
《撩开地球的神秘面纱》	王奉安编著
《气象关联你我他》	王奉安编著
《风云变幻我先知：少年气象学家》	王奉安著
《四季简史》	叶永烈著
《空气的一家》	叶永烈著
《一年四季》	卜德培编著
《你知道吗？天文气象1》	卜德培、陶世龙著
《青年天文气象常识1》	卜德培、陶世龙著
"小学生防灾减灾科普漫画故事丛书"	姜永育编著
《揭秘气象》	姜永育著
《气象探奇》	姜永育著

整体而言，1949—1977 年的气象科普图书创作者以气象部门、气象从业者和气象科学家为主，1978—2018 年涌现出越来越多的气象科普作家，尤其是进入 21 世纪后，大量图书编辑进行气象科普图书编著工作，极大地丰富了气象科普图书的表现形式。

四、原创气象科普图书的主题内容与面向的读者群体

中华人民共和国成立后不同时期的气象科普图书内容呈现不同的特征，主要面向的读者群体也随之发展变化。

1949—1977 年出版的气象科普图书的主题内容主要集中为两类。第一类主要

介绍气象学基本知识。例如,介绍风、霜、雨、雪、雷、电、雾等天气和自然现象的气象科普图书最为常见;也包含一些介绍节气、历法等关于四季时令的气象科普图书,如《昼夜和四季》《历法与节气》等;还有介绍气候知识的气象科普图书,如《祖国的气候》等。这一类气象科普图书面向的读者群体广泛,包括普通公众、领导干部、工人、农民以及青少年等。在中华人民共和国成立初期国民文化教育程度普遍较低的社会背景下,这一类科普图书为增长国民科学知识做出了重要贡献。第二类气象科普图书主要针对劳动阶级尤其是农民群体,包含以大量的农谚、农业生产以及以灾害防治为主题的图书,如《天时地利与农业——气候地势土质与农事的关系》《养猪气象知识》《盐业气象知识》《云南天气谚语》《看天气的土办法》等。这些实用性的科普图书为农民从事生产活动提供了大量有效的帮助。

1978—2002 年出版的气象科普图书的主题内容主要分为两类。第一类仍然是普及天气、气候、季节等基础气象科学知识的图书,这类图书面向社会各个阶层,以青少年读者为主要对象。第二类气象科普图书的主题为应用气象学,涉及的主题内容更加广泛。这类图书既包括《农谚新编》《农业气象》等帮助农民从事农业生产的图书,又包括《财从天来》《赛场风雨》等各行各业的实用气象科普图书,还包括《气象与健康》《气象与生活》等帮助普通居民更加便利地生活、正确规避自然灾害的图书。1978—2002 年除了这两类最重要的气象科普图书外,还出现了少量气象科学家故事、气候变化和环境保护相关主题的图书,如《竺可桢的故事》《大气污染与健康》《漫话气候变迁》等。

2003—2018 年出版的气象科普图书数量迅猛增长,主题内容更加多元化,包括气象学基础知识、气象防灾减灾、二十四节气、气候变化、各行各业实用气象和生活气象、气象与环保、气象科学家故事等。普及气象学原理知识类的图书仍然是最重要的气象科普图书,占总数的 40% 以上。除此之外,2003—2018 年出版的气象科普图书有三个非常明显的聚焦主题,围绕这三个主题产出大量的科普图书。第一个主题是气象防灾减灾,这是气象科普图书最重要的主题,约占这一时期气象科普图书总数的 1/5;第二个和第三个主题分别是二十四节气、气候变化,分别约占这一时期气象科普图书总数的 1/10。与内容多元化相对应,2003—2018 年出版的气象科普图书面向的读者群体也逐渐多元化,但面向青少年的图书进一步增多,几乎所有涉及气象学基础知识的科普图书面向的主要读者群体都是青少年。

总体而言,1949—2018 年出版的气象科普图书都以普及气象学基础知识为主，但面向的读者对象逐渐年轻化，从以广大社会居民为主演变成以青少年为主。三个时期重点主题逐渐多元化，分别从聚焦农业生产活动，到各行各业生产与生活气象，再到防灾减灾、气候变化与环保、气象传统文化等，面向的读者群体也相应地趋于多元化和年轻化。

五、原创气象科普图书的科学文艺属性

中华人民共和国成立后，我国出现了一批具有文艺属性的气象科普图书，主要包括农谚、科学家传记、科学故事、科学童话、科普小说等。

（一）农谚

农谚是指有关农业生产的谚语，是广大农民在长期的农业生产实践中对天时气象与农业生产关系的认识不断深化和升华的基础上总结出来的经验。

从中华人民共和国成立初期到 2018 年，农谚类图书持续产出，共 87 种，其中，1949—1977 年产出农谚类图书 36 种，1978—2002 年为 31 种，2003—2018 年为 20 种。相对于 21 世纪迅猛增长的气象科普图书总数，农谚类图书的数量快速下降。这些农谚类图书以地方谚语为主，但也有少数全国通用的农谚。农谚类图书包含的内容丰富，涉及种植业、林业、饲养业、水产养殖业等。除了指导农业生产外，一些农谚类图书还包含鼓励人们勤奋劳动的内容，反映当时农业生产运动的积极风貌，例如 1958 年湖北人民出版社出版的《农谚》一书中就包括农谚"生产总类"（图 7-4）。

生产总类

庄稼不认爹和娘，深耕细作多打粮。

春耕多流一滴汗，秋季多收一担粮。

春耕勤快干，一年四季吃饱饭。

春耕懒动手，一年四季打饿肚。

秧田平如镜，下田不用问。

宁可田等种，不可种等田。

图 7-4　《农谚》中的"生产总类"

这些农谚的音律和谐，合辙押韵，形式动人，具有丰富的文艺气息；同时富有生活气息，虽寥寥几字，但朗朗上口，容易被记忆和传颂。在封建社会，劳动人民被剥夺了读书识字的权利，他们的经验主要靠"父诏其子，兄诏其弟"的口头相传方式流传和继承下来，农谚就是其中的一个方面。印刷技术的普及使得农谚被更广泛地传播。在气象科学不发达的 20 世纪的中国，农谚类图书对促进农业丰收有重要意义，是气象科普图书的重要形式。

（二）科学家传记

科学家传记是一类以弘扬科学精神、科学思想、科学方法等为主，兼具普及科学知识、沟通科学与社会关系功能的科普作品，具有较强的故事性。

气象科学家传记出现于改革开放时期。第一部关于气象科学家的传记是 1980 年山西人民出版社出版的《竺可桢的故事》。1949—2018 年我国原创气象科普图书共包含 41 种气象科学家传记。这些传记涉及的科学家人数较少，仅包含 6 位著名气象学家，分别是竺可桢、涂长望、叶笃正、陶诗言、曾庆存和顾震潮，而且数量不均，仅关于竺可桢的传记就达 31 种（图 7-5）。

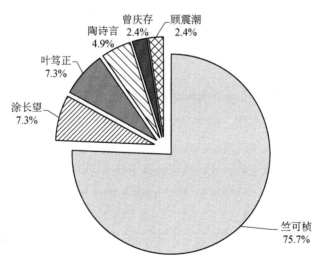

图 7-5　1949—2018 年出版的气象科学家传记传主与占比

这些气象科学家传记大多具有较强的文学性，侧重对人物的个性特点、故事、细节的描写，以中青年科学爱好者和少年儿童为主要读者对象。作品往往侧重对科学家的某些方面，或选取科学家一生中比较动人的若干片段予以生动描述，使得科学家的形象更加饱满，传播的科学知识更加丰富，如《竺可桢的抗战年代——竺藏照片考述》《毕生求是 一丝不苟——著名科学家竺可桢》《胸怀大气：陶诗言传》等。这些气象科学家传记有力地宣传了老一辈气象科学家的科学精神、治学态度、科学方法以及他们高尚的道德情操。

（三）科学故事

科学故事是一种以普及科技知识为主要目的，借鉴故事形式增强趣味性的科普作品，其鉴别特征为故事性。

中华人民共和国成立后，我国出版了少量气象科学故事科普图书。这些图书主要记录国内外丰富的科学故事，主要包括：①介绍气象基本知识的故事，如《空气的故事》《雪和冰的故事》《大气的故事》；②描写气象人物的故事，如《气象哨兵》《我们的气象生涯》；③介绍气象科学现象或灾害事件的故事，如《奇异的天气现象》《气象奇观》《国内外雷电灾害事故案例精选》；④见证气象科技发展的故事，如《追星——风云气象卫星的前世今生》《风云岁月：传教士与徐家汇天文台》。

这些讲述气象科学现象、人物、灾害、科技的故事生动有趣，可以很好地帮助读者了解气象知识和气象学工作方法。

（四）科学童话

科学童话是以科学知识为内容和主题的童话。它通过故事的铺叙和艺术形象的感染力来达到教育的目的，能培养少年儿童对自然科学的兴趣，启迪少年儿童的智慧。

中华人民共和国成立后，我国气象科普图书中有少量的科学童话。这些科学童话图书主要出现在 21 世纪以后，尽管 1949—2002 年也有极少量出现，如 1957 年出版的《春姑娘的工作》。

21 世纪的气象科学童话图书通常配有丰富的图片，主要有两类形式的表达方式：一类是将水滴、大气等拟人化，讲述相关的科学知识，如《豆丁的奇幻科学之旅：出发！天气大魔法》《写给孩子的环保启蒙：大气的故事》等；另一类是将一些动物拟人化，围绕气象主题展开故事情节，达到普及气象知识的目的，如"森林村的小气象迷"丛书、"气象神探贝贝狗系列"、"科普童话绘本馆"丛书等。

情节简单、生动有趣的科学童话故事，配合丰富形象的漫画，寓教于乐，是青少年气象知识启蒙的有效载体。

（五）科普小说

科普小说是以科学普及为目的、以小说为载体的文艺作品。科普小说通过构建一些简单的人物、情节和环境来普及科学知识等，增强科普作品的通俗性和趣味性。

中华人民共和国成立后，各个时期都存在少量气象科普小说。例如，由王岳东创作的《风是从哪儿来的》一书构建了兄妹俩的一系列有趣的对话和游戏场景（图 7-6）。在该书中，读者随着"哥哥"给"妹妹"讲解风的知识，也上了一堂生动的气象科普课。

图 7-6　《风是从哪儿来的》片段

1988 年，王奉安创作的科普小说《小好奇梦游气压王国》（图 7-7）构建了一名小学生梦游气压王国的奇趣旅程，为读者普及了大气压力的知识。

进入 21 世纪，具有代表性的科普小说是 2018 年伍美珍创作的《"翻云覆雨"的天气》（图 7-8）。书中，作者将自己化身为"阳光姐姐"，在不同场景下与一群小朋友的充分互动交流过程中，向读者普及了风、雷电、季节、气候等气象知识。同时，该书还配套有丰富的绘画场景，大大增强了趣味性。

引 子

你认识育才小学的小好奇吗？他姓郝名琦，是自然常识课代表。他个子不高也不矮，长着一双浓眉大眼，非常讨人喜爱。因为他对自然常识课特别感兴趣，对各种自然现象总要刨根问底，弄个明白，所以同学们给他起了个并不难听的谐音外号——小好奇。

这天下午，小好奇在放学回家的路上，边走边回忆自然常识课上，老师所讲的"大气压力"……

回到家里，他顾不得放下书包就一头钻进自己设计的小小实验室里，做了一个又一个关于大气压力的实验。妈妈一连叫了他三遍，他才去吃晚饭。

晚上，躺在床上他还在想着大气压力，想着想着，不知不觉地进入了梦乡。

晴朗的夏日早晨，夜雨初霁，阳光斜洒，空气中散发着一种由泥土、嫩叶、鲜花混合而成的清香。

小好奇觉得自己来到了一个似曾相识又陌生的地方。只见天幕上高悬着八个鲜红鲜红的大气球，上面还写着八个大字：

欢迎参观气压王国

这是什么地方呢？好像是气象台，对！只有气象台才有

这么大的氢气球，老师曾领我们参观过气象台。不过，怎么没看到百叶箱、风向标和观测场的白色围栏呢？

嗯，这里明明写着"气压王国"吗！不过以前可从来没听说过有这么个地方……

小好奇吃力地想啊、想，还是想不起来，他恨不得立即见到自然常识老师问个究竟。

还没等小好奇弄明白，铁塔上的高音喇叭突然响了起来：

"小好奇同学，我们非常欢迎你来参观访问。来到气压王国，你能够学到许多书本上学不到的知识，可以动手做各种各样的实验，更有趣的是，这里的时间可以倒转，你能洞古今中外致力于大气压力研究的科学家见面、交谈……"

小好奇听了高兴极了，他简直不相信自己的耳朵。他用手使劲捏了捏自己的鼻子，自言自语道："我这不是在做梦吧？"

"不，孩子，快进来参观吧，这里将给你智慧和力量！"一位戴着老花镜的老爷爷向小好奇走来，热情地和小好奇打了招呼。

小好奇好奇地跟着老爷爷走进了气压王国。

我们的故事——《小好奇梦游气压王国》，也就从这儿开始了。

1 2

图 7-7 《小好奇梦游气压王国》片段

图 7-8 《"翻云覆雨"的天气》片段

这些由科普作家创作的科普小说在普及气象知识的同时，还塑造了鲜活的人物形象，能够给读者留下深刻的印象，让读者在阅读的过程中潜移默化地学到了科学知识。

（六）其他文艺体裁

除了上述五种具有明显特征的气象科普图书外，中华人民共和国成立后还有少量其他具有文艺属性的原创科普图书作品，主要包括如下几种。①科学散文，如竺可桢的《竺可桢日记》、叶永烈的《四季简史》、谢世俊的《漫话海风》等。这些作品在实现科普功能的同时还抒发了作者的一些个人感悟、情感，具有丰富的人文性和科学性。②山歌和诗歌，如《中国气象山歌》《气象灾害防御山歌》《气象科普之歌》等。③科学谜语，如《中华气象科普灯谜》。④科幻小说，如《拯救雾霾星球》等。这些科学文艺作品极大地丰富了我国气象科普图书的体裁和形式。

第二节　新时期我国气象科普图书创作的启示

一、气象科普图书存在的问题

（一）缺乏具有影响力的优秀气象科普图书

中华人民共和国成立以来，我国气象科普图书出版数量迅猛增长。截至 2018 年底，我国共出版 1792 种气象科普图书。进入 21 世纪以后，气象科普图书出版增长尤为明显，这一时期仅原创气象科普图书就有 900 余种。然而，与庞大的图书出版数量形成鲜明对比的是，优秀畅销的原创气象科普图书极度缺乏。据不完全统计，中华人民共和国成立后再版或重印的原创气象科普图书总量仅有 20 余种，平均 100 种原创气象科普图书中仅有约 2 种经过再版或重印；再版或重印达 3 次以上的气象科普图书更是极度匮乏，仅有 4 种，分别是 1962 年少年儿童出版社出版的《十万个为什么：气象 1》、1963 年科学普及出版社出版的《物候学》、1980 年少年儿童出版社出版的《气象万千——漫谈我国的气候》，以及 2010 年中国大百科全书出版社出版的《中国儿童百科全书：太空气象》。除两部综合百科知识丛书外，真正畅销的原创气象科普图书仅有《物候学》和《气象万千——漫谈我国的气候》。尽管这两部作品在 21 世纪仍有出版，但它们都产生于 20 世纪 80 年代及以前。进入 21 世纪以来，我国气象科普作品的整体质量有待提高，需要推出具有影响力的优秀气象科普图书。

（二）气象科普图书创作队伍乏力，缺乏优秀气象科普作家

气象科普图书的创作队伍在气象科普图书的发展中发挥着至关重要的作用。中华人民共和国成立以来，我国的科普作家队伍逐渐组建起来，并在曲折中艰难成长，他们用满腔的热忱创作了大量气象科普图书，为新中国的气象科普工作做出了巨大贡献。尽管产生了诸如竺可桢、林之光等优秀气象科普作品创作大家，但就我国气象科普图书的发展历程而言，当前仍然十分缺乏优秀的气象科普作家，气象科普创作队伍的专业化水平有待提高，创作队伍的结构有待优化，创作队伍的力量有待增强，主要表现为以下几个方面。

1. 气象科普创作的市场驱动力不足

中华人民共和国成立后，在参与气象科普图书创作的队伍中，无论是单位组织还是个人作者，无论是气象职能部门、科研单位还是相关学会组织，无论是气象工作者还是气象科学家，他们代表的主体都是国家气象科普事业和需求。相关政府部门、事业单位及工作人员为了履行防灾减灾等职能编著气象科普图书；科研单位或科学家将基础和前沿气象知识编辑成书反馈给公众。他们进行气象科普图书创作的共同特点是都不求利益回报。在这种情况下，大部分气象科普作品以宣讲式为主，忽略了公众真正关心的热点和需求，因此难以产生较大的影响力以及获得良好的科普效果。相反，少量出版社、企业以及优秀气象科普作家了解读者的市场需求，并在此基础上创作出更加符合读者口味、更加有趣的气象科普图书，产生了良好的科普效果。新时期的气象科普图书需要更多的企业进入气象科普创作队伍，以市场为驱动力，创作出具有影响力的气象科普作品。

2. 缺乏专职气象科普作家

中华人民共和国成立以来至 21 世纪初期，我国气象科普图书的创作群体主要是各级气象相关部门的工作人员，他们或多或少都有一定的气象学相关教育背

景，在工作之余兼职从事气象科普创作工作。然而，既懂气象又懂文学创作，还懂市场需求的专职从事气象科普创作的科普作家不多，再加上各种复杂的社会原因，这些专职科普作家的劳动价值未能得到充分的认可，严重影响了他们科普创作的积极性，使得专业的科普作家队伍不仅难以补充新生力量，还存在人才流失的问题。进入 21 世纪，大量图书编辑、记者、漫画家、文学工作者等因为具有良好的图书策划、美工、绘画、写作能力，从科普图书中获取了一定气象知识，在工作之余兼职进行二次创作，形成了大量的气象科普图书。但这类气象科普图书的科学深度一般较浅，以面向少年儿童为主，通常是综合科普丛书的分册，影响力有限。尽管参与气象科普创作的整体人数上升，但是具有气象学知识背景的创作者比例下降，兼职气象科普创作者占比过大，兼具气象知识背景又具有较强文艺底蕴的专职气象科普作家人数和占比过少，反映出我国气象科普图书的创作还未走上专业化道路。

3. 优秀气象科普作家后继人才不足

中华人民共和国成立后，我国涌现出一批气象科普创作大家，如林之光、王奉安、谢世俊、卞德培、金传达等。这些气象科普创作大家不仅具有扎实的气象学科的知识背景，还具备一定的人文底蕴和深厚的写作功底，他们创作出一批气象科普佳作。这些著名气象科普作家多出生于中华人民共和国成立前，而年轻的气象工作者缺乏科普创作的激情，科普创作队伍缺少新生力量的补充，年轻一代知名气象科普作家更是屈指可数。整体上来看，我国气象科普图书作者的年龄以中老年为主，队伍老龄化现象严重。随着气象科普图书读者群体向年轻化发展，年轻气象科普作家人才的不足不利于气象科普事业和气象学科发展。

4. 科学家参与气象科普创作力度不够

中华人民共和国成立以来，我国始终有一批气象科学家关注气象科普事业。这些科学家以竺可桢、叶笃正、丁一汇为代表，他们在投身气象科学研究之余积极从事气象科普创作，创作了《物候学》《趣谈天气》《需要精心呵护的气候》《气候变化 40 问》，以及 "全球变化热门话题丛书" 等优秀的科普图书或丛书。然而，整体上参与气象科普图书创作的科学家人数较少。尤其是进入 21 世纪以来，参与气象科普图书创作的科学家多为老一辈气象科学家，如丁一汇、张嘉诚、温克刚等。一方面，这些老一辈气象科学家多已退休，相对于年轻的科学家，他们有更多的时间投入科普创作中；另一方面，这些老一辈气象科学家具有高尚的情怀，从事科普创作工作能够为他们热爱的气象事业贡献余热。尽管有许多年轻气象科学家关注气象科普事业，但是因为科研任务繁重、缺乏有效的科普评价激励机制等，他们极少投入时间和精力从事气象科普图书创作。整体上，新时期科学家参与气象科普图书创作的力度远远不够。

（三）气象科普图书选题重复，内容缺乏亮点

中华人民共和国成立后，我国气象科普图书选题重复较多。例如，在基础气象知识中，仅以风为主题的原创气象科普图书就高达 140 余种，有关农业的原创气象科普图书更是超过 160 种。新时期国家提出弘扬中华传统文化的倡议后，以二十四节气为主题的原创气象科普图书大幅增长，仅 2010 年后产出的"节气"主题原创科普图书就有 160 余种。

尽管 21 世纪我国气象科普图书的主题内容趋于多元化，也有少数反映前沿气象知识的主题，但是仍然集中于某些基础知识、防灾减灾、气候变化、二十四节气等少数主题上。针对同一个主题，不同气象科普图书在形式和内容上重复较多。大多气象科普图书为教科书式，涉及的内容宽泛，包含的信息量过大，缺少独特视角和具有深度的内容，难以在公众中引起巨大反响。

此外，我国气象科普图书仍然以知识性图书为主，缺乏普及科学方法、科学思想以及科学精神的气象科普佳作，更缺乏与竺可桢的《天道与人文》类似的人文性较强的优秀作品。尽管中华人民共和国成立后有少量以科学家传记为主题的气象科普图书，但是涉及的科学家较少，且选题主要集中于世界著名科学家竺可桢。现有的科学家传记难以反映我国气象科学家和气象工作者群体的总体风貌与精神。

（四）读者定位不准

中华人民共和国成立后，我国气象科普图书面向的读者对象趋于年轻化，尤其是气象学基础知识类的科普图书。然而，部分图书虽打着青少年读物的旗号，但以生硬和刻板的宣讲为主，更像是气象教科书，书中甚至还有专业术语的大量堆砌，失去了科普图书该有的趣味性和通俗性。与之相反的极端情况是，一些气象科普图书选题肤浅，语言过于直白和幼稚，其普及的内容仅限于最基础的气象

常识，失去了气象科普的意义。一些针对农民群体的气象科普图书也面临相似的困境。

除了面向青少年、农民等少数群体的气象科普图书具有明确的读者针对性，大量图书没有明确的读者定位，似乎所有读者群体都可以阅读，然而几乎很少有读者愿意去阅读。这也造成大多数气象科普图书几乎没有市场和销量，失去了作为科普图书应有的意义。

（五）气象科普图书文学体裁的缺乏

中华人民共和国成立后，我国气象科普图书的外在表现形式逐渐现代化，如丛书占比增多，从以黑白印刷为主转变为以彩色印刷为主，从以文字为主转变为图文结合，漫画、卡通、高清照片等可视化技术的大量应用增强了气象科普图书的影响力、可读性和趣味性。然而，我国气象科普图书整体上仍然以教科书式讲述气象知识为主，缺乏文学性较强、具有特色文学体裁的作品。尽管存在少量科学故事、科学童话、科普小说等体裁的作品，但是数量远远不够，而且这类作品主要针对青少年读者，情节简单，影响力有限。在发达国家，科幻小说往往较为畅销，是广义科普作品的重要形式，能够帮助提升公众的想象力、好奇心以及对科学议题的关注度。例如，科幻电影《后天》大大增强了公众对全球变暖的关注度，效果远胜一般的科普图书。然而，我国还没有类似情节的科幻文学作品产生。

二、对新时期我国气象科普创作的建议

我国气象科普创作水平的提升需要国家和科普创作者共同努力。下面针对我国气象科普图书的历史、现状和存在的问题，从国家层面和气象科普创作人员层面分别提出如下建议。

（一）国家应积极创造良好的气象科普创作条件

1. 重视气象科普创作人才培养

针对我国优秀气象科普作家稀缺和老龄化的问题，政府要加大吸收和培养气象科普作家的力度，尤其需要重视对青年气象科普作家的培养，以壮大气象科普

创作队伍。一是各级气象研究单位、协会组织应鼓励科学家积极从事科普创作，充分认可创作队伍的劳动价值；二是各级气象局等相关职能部门应积极搭建气象科普创作交流、学习培训和作品发表宣传平台，提升气象科普创作队伍的水平；三是各相关部门应建立合理的评价机制，将气象科普作品纳入绩效、职称评定的范围，对具有重大影响力的科普作品进行奖励。

2. 突出科普重点，避免资源分散

针对当前我国气象科普图书数量众多但优秀作品稀缺且选题重复、受众不明确的问题，建议政府要有一定的导向性，将经费等资源向重点领域、受众，向优秀创作团队和人员倾斜。一是将国家气象科技发展和宣传需求与公众生活需求相结合，制定一批重点选题指南，优先支持这类选题的科普创作；二是重点支持面向重点受众人群的科普创作，如针对领导干部和农民群体的科普创作；三是重点支持优秀的科普创作队伍和个人，无论是相关职能部门（及工作人员）、科研院所（及科学家）还是民营企业，激励他们继续创作更多优秀的气象科普作品。

3. 鼓励气象科普创作市场化运营

针对气象科普创作驱动力不足的问题，国家应鼓励气象科普创作市场化运营。一是鼓励气象职能部门与社会力量充分合作，前者提供导向需求和经费支持，后者根据受众进行气象科普图书创作和市场化运作，允许企业建立一定的盈利模式，形成气象科普创作与收益的良性循环；二是税务部门对创作或出版气象科普图书的企业或出版社给予税收等优惠，降低气象科普图书的出版成本，让资源最大化地用于提升科普图书质量上。

（二）气象科普创作者提升创作理念和水平

1. 提升创作理念

新时期，我国气象科普创作理念需要与现代科普理念接轨。一是气象科普创作不应局限于气象知识的普及，还需要注重气象科学方法、科学思想和科学精神的普及；二是在气象科普创作中注入更多的人文关怀，要体现"以人为本"的科普观念。气象科普不但要以国家气象科技发展、人才培养和提高公民科学素质为目的，还要体现了社会公众更便捷、幸福、美好生活的初心。

2. 表现形式多元化，注重科学文艺

一部好的科普作品一定是图文结合、兼具科学性和文学性的。气象科普图书的表现形式要避免教科书式的说教和晦涩难懂的描述，坚持创作手法的多元化发展。一方面，多使用照片或卡通漫画等形式，帮助读者有效地理解文字内容；另一方面，要加强科学文艺体裁的使用，如科学小说、科幻小说、科学童话、歌谣、诗歌、散文等，激发读者的阅读兴趣，让读者在欣赏文学作品的同时潜移默化地接收科学信息，达到传播科学知识的目的。

3. 分众化科普创作，根据受众确定内容

区分不同的受众群体采取不同的科普策略是新时期科普工作的趋势。在进行气象科普创作时，首要任务是要思考作品将要面向的读者是谁和实现什么科普目的；其次是针对相应的读者选取特定的主题、内容与表达方式。气象科普图书的选题要围绕读者的年龄层次和知识需求等方面来准确设计。比如针对低学龄阶段的少年儿童气象科普图书的内容应该更贴近生活，如常见的天气现象、气象奇观等，以让少年儿童了解气象常识和激发其对气象感兴趣为目的。

4. 采取合作创作模式

采用科学家与作家、编辑合作的创作模式，取长补短，实现创作资源的有机结合及优化。让气象科学家负责科学内容，作家构思文学体裁、故事情节、人物塑造等载体，图书编辑和画家负责图书的设计和美化形式，多方合作产出优秀的气象科普图书。

参 考 文 献

[1] 刘大椿. 明末清初的西学东渐与中国近现代科技转型[J]. 中国人民大学学报，2018
（6）：152-156.

[2] 刘昭民. 最早传入中国的西方气象学知识[J]. 中国科技史料，1993，14（2）：90-94.

[3] 谢辉.《职方外纪》在明清时期的流传与影响[J]. 广西社会科学，2016（5）：111-116.

[4] 石云里. 康熙宫廷里的一缕机械论科学之光——在华耶稣会士介绍温度计的另一著作[J].
科学文化评论，2012，10（1）：42-63.

[5] 刘晓.《气学入门》研究[D]. 南京：南京信息工程大学硕士学位论文，2017.

[6] 李素桢，田育诚. 论明清科技文献的输入[J]. 中国科技史料，1993，14（3）：12-20.

[7] 胡卫玲. 论民国时期图书馆对出版业的影响[J]. 兰台世界，2015（32）：151-152.

[8] 高鲁. 晓窗随笔[J]. 观象丛报，1916（7）：55.

[9] 陈遵妫. 中国近代天文事业创始人——高鲁[J]. 中国科技史料，1983（3）：66-70.

[10] 中共中央文献研究室. 建国以来重要文献选编（第一册）：1946.9—1950.12[M]. 北
京：中央文献出版社，2011.

[11] 佚名. 十万个为什么（4）[M]. 上海：上海人民出版社，1970.

[12] 张仲梁. 中国公众对科学技术的态度[J]. 自然辩证法研究，1991，7（6）：30，44-50.

[13] 徐世晓，赵新全，孙平. 人类不合理活动对全球气候变暖的影响[J]. 生态经济，2001
（6）：59-61.

[14] Magnuson J J, Robertson D M, Benson B J, et al. Historical trends in lake and river ice
cover in the northern hemisphere [J]. Science, 2000, 289（5485）: 1743-1746.

[15] 符本清. 没有忘却的纪念——我与40卷《中国科普佳作精选》丛书[J].出版史料，
2006（2）：42-45.

[16] 沅远. 期待，21世纪科普创作的繁荣——《中国科普佳作精选》出版访谈录[J]. 科学
新闻周刊，2000（8）：13.

[17] 竺可桢. 加强科学知识宣传工作——代发刊词[N]. 光明日报，1954-04-04.

[18] 全民科学素质行动计划纲要（2006—2010—2020年）[M]. 北京：人民出版社，2006.

[19] 习近平. 为建设世界科技强国而奋斗——在全国科技创新大会、两院院士大会、中国

科协第九次全国代表大会上的讲话[M]. 北京：人民出版社，2016.

[20] 习近平. 决胜全面建成小康社会 夺取新时代中国特色社会主义伟大胜利——在中国共产党第十九次全国代表大会上的报告[M]. 北京：人民出版社，2017.

[21] 《中国气象百科全书》编委会. 中国气象百科全书·综合卷[M]. 北京：气象出版社，2016.

[22] 郑国光，刘波. 天气与变化的气候[M]. 北京：气象出版社，2016.

[23] 中华人民共和国中央人民政府. 中共中央 国务院关于推进防灾减灾救灾体制机制改革的意见[EB/OL][2023-07-21]. https://www.gov.cn/gongbao/2017/content_5163443.htm.

[24] IPCC. 气候变化 2007：综合报告. 政府间气候变化专门委员会第四次评估报告（第一、第二和第三工作组的报告）[R]. 瑞士日内瓦，2007.

[25] IPCC. 气候变化 2014：综合报告. 政府间气候变化专门委员会第五次评估报告（第一、第二和第三工作组报告）[R]. 瑞士日内瓦，2014.

[26] 中华人民共和国中央人民政府. 国务院关于印发大气污染防治行动计划的通知[EB/OL][2023-07-21]. http://www.gov.cn/zhengce/ku/2013-09/13/content_4561.htm.

[27] 中华人民共和国中央人民政府. 国务院关于印发打赢蓝天保卫战三年行动计划的通知[EB/OL][2022-07-23]. http://www.gov.cn/zhengce/zhengceku/2018-07/03/content_5303158.htm.

[28] 中华人民共和国生态环境部. 2018 中国生态环境状况公报[EB/OL][2020-07-01]. https://www.mee.gov.cn/ywdt/tpxw/201905/W0201900529619750576186.pdf.

[29] 中华人民共和国中央人民政府. 中共中央 国务院关于推进社会主义新农村建设的若干意见[EB/OL][2023-07-23]. http://www.gov.cn/gongbao/content/2006/content_254151.htm.

[30] 中华人民共和国中央人民政府. 中共中央 国务院关于坚持农业农村优先发展做好"三农"工作的若干意见[EB/OL][2023-07-23]. http://www.gov.cn/gongbao/2019/content_5370837.htm.

[31] 高春香，邵敏，许明振，等. 这就是二十四节气[M]. 北京：海豚出版社，2015.

[32] 陈云峰. 防雷避险手册[M]. 北京：气象出版社，2007.

[33] 蔡向红. 雾霾里的生存智慧——$PM_{2.5}$ 自我防护手册[M]. 北京：科学技术文献出版社，2016.

[34] 严光华，官秀珠. 中华气象谚语精解[M]. 北京：气象出版社，2012.

[35] 温克刚. 中国气象史[M]. 北京：气象出版社，2004.

附录 气象科普图书部分书目
（1623—2018 年）

编号	书名	出版时间	作译者	出版单位
1	职方外纪	1623 年	〔意〕艾儒略，杨廷筠记	不详
2	空际格致	1633 年	〔意〕高一志撰，韩云订	上海：聚珍仿宋印书局
3	新制灵台仪象志	1674 年	〔比〕南怀仁、刘蕴德笔受，孙有本、徐珷详受	不详
4	验气寒暑表说	1688 年前后	〔法〕白晋	梵蒂冈教廷图书馆藏写本
5	航海金针	1853 年	〔美〕来特非尔（Pedfield）、玛高温	宁波：宁波爱华堂
6	气学丛谈	1853 年	〔英〕傅兰雅口译，华蘅芳笔述	上海：上海时务报馆
7	博物新编	1855 年	〔英〕合信，咸丰五年刻本	上海：墨海书馆
8	地理全志	1857 年	〔英〕慕维廉撰	上海：益智书会
9	格物入门——气学入门	1868 年	〔美〕丁韪良	不详
10	御风要术	1873 年	〔英〕白尔特撰，华蘅芳译	上海：江南制造局
11	虞初新志	1886 年	张潮	上海：上海书店
12	气学须知	1886 年	〔英〕傅兰雅辑	上海：江南制造总局
13	地势略解	1893 年	〔美〕李安德、王锡祺辑	北京：汇文书院
14	表异录	1896 年	王志坚	不详
15	测候丛谈	1896 年	〔美〕金楷理口译，华蘅芳笔述	上海：鸿文书局
16	气学通诠	1914 年	〔法〕马得赉（J. de Moidrey）著，刘晋钰、潘肇邦译	上海：土山湾印书馆
17	一九一五年七月二十八日之飓风	1916 年	〔法〕劳积勋（R. P. L. Froc）著，潘肇邦译	上海：土山湾印书馆
18	百科小丛书：气象学	1923 年	竺可桢著	上海：商务印书馆
19	科学小丛书：风	1924 年	邹盛文	上海：中华书局
20	少年自然科学丛书：空气·水·火	1925 年	郑贞文	上海：商务印书馆
21	儿童理科丛书：空气	1926 年	徐应昶	上海：商务印书馆
22	少年自然科学丛书：云·雨·风	1926 年	郑贞文、刘友惠编纂	上海：商务印书馆

续表

编号	书名	出版时间	作译者	出版单位
23	百科小丛书：气候与文化	1928 年	陈兼善	上海：商务印书馆
24	钦天山气象台落成纪念刊	1929 年	国立中央研究院气象研究所编	南京：国立中央研究院气象研究所
25	雷和电	1930 年	江苏省立教育学院实验部编	无锡：江苏省立教育学院实验部
26	民众常识丛书：气象浅说	1930 年	张保厚	上海：中华书局
27	儿童科学丛书：风	1931 年	白桃	上海：儿童书局
28	观象台与市政	1931 年	蒋丙然	青岛：青岛特别市观象台
29	建设丛书：测验雨量气候之兴趣	1931 年	齐群	安庆：安徽省建设厅秘书处编译股
30	童子军气象专科	1932 年	赵慰祖编，陈梦渔、孙移新校	上海：少年用品供应社
31	中国人地学会丛书：天时与地理	1932 年	〔英〕哈沃斯著，沈思屿译	南京：中山书局
32	中国气象谚语集	1933 年	陈卓民	不详
33	民众农业丛书：气象浅说	1934 年	赵若英	上海：中华书局
34	说雪（注音）	1934 年	肖迪忱	济南：山东省民众教育馆联合会
35	太湖流域之天气俗谚	1934 年	太湖流域水利委员会	不详
36	新中学文库：农谚	1934 年	张佛	上海：商务印书馆
37	中华百科丛书：气象学纲要	1934 年	杨钟健	上海：中华书局
38	开明青年丛书：气象学讲话	1935 年	王勤堉	上海：开明书店
39	上海的风雨	1935 年	吴静山	上海：上海市通志馆
40	初中学生文库：日常气象学	1935 年	〔日〕原田三夫著，许达年译	上海：中华书局
41	天空探险	1936 年	冯陆云	南京：军用图书社
42	青年气象学大纲	1937 年	白桃	上海：商务印书馆
43	气象与迷信	1938 年	吕蓬仙	昆明：云南省立昆明气象测候所
44	云南气象谚语集	1939 年	陈一得	不详
45	自然科学丛刊：气象的故事	1939 年	李华	上海：民众书店
46	少年读物小丛书：空气和水	1940 年	樊养源	上海：文化生活出版社
47	高空奇迹	1941 年	作者不详，航空委员会训练编译科译	不详

编号	书名	出版时间	作译者	出版单位
48	气象小丛书：蒸发与湿度	1941 年	宓观	福州：福建省气象局
49	气象学浅释	1941 年	〔英〕戴维·布拉特（David Brunt）著，周梦麟译	上海：商务印书馆
50	风云雷电	1942 年	黄寿慈	桂林：立体出版社
51	中国科学社科学画报丛书：大众天气学	1942 年	〔英〕戴维·布拉特著，于星海译	上海：中国科学图书仪器公司
52	风云雷电	1943 年	黄寿慈	左权：华北书店
53	少年自然科学丛书：风和气候	1943 年	郑贞文	上海：商务印书馆
54	少年自然科学丛书：天气和湿度	1943 年	郑贞文	上海：商务印书馆
55	少年自然科学丛书：云和雨	1943 年	郑贞文	上海：商务印书馆
56	天气测验丛谈	1943 年	朱炳海	桂林：科学书店
57	少年文库：空气·阳光·水	1947 年	陈润泉	桂林：文化供应社
58	余在北欧时所见之北极光	1947 年	冯简	重庆：中央广播事业管理处，中央电波研究所
59	云雨霜雪	1948 年	华汝成	上海：中华书局
60	中华文库：二十四节气	1948 年	陶秉珍	上海：中华书局
61	中华文库：风	1948 年	华汝成	上海：中华书局
62	通俗科学读物：空气的海洋	1948 年	〔苏〕特捷尔捷也夫斯基基著，柳泱译	沈阳：东北书店
63	人民科学丛书：空中世界	1949 年	〔苏〕节尔即夫斯基撰，林洋译	北平：天下图书公司
64	大气层	1949 年	李重波	北京：国立人民出版社
65	风和雨	1950 年	玉子	上海：广益书局
66	空气的知识	1950 年	刘文英	上海：中华书局
67	雨水和庄稼	1950 年	杨幼华	上海：通俗文化出版社
68	昼夜和四季	1950 年	袁泰	北京：新华书店
69	冰雹	1951 年	人民革命军事委员会气象局	北京：人民革命军事委员会气象局
70	科学故事丛书：空气的故事	1951 年	〔苏〕斯卡脱基著，仇標译	上海：北新书局
71	新少年读物：奇妙的水蒸气	1951 年	萧雨	天津：知识书店
72	求知通俗科学文库：空气	1951 年	胡琦玮	上海：求知出版社
73	人民科学丛书：热和光	1951 年	〔苏〕卡里汀著，徐洪武译	北京：天下出版社

续表

编号	书名	出版时间	作译者	出版单位
74	人民科学丛书：昼夜与四季	1951 年	〔苏〕库尼茨基著，黄立恩、牟怀真译	北京：天下出版社
75	少年夏季活动丛书：空气的把戏	1951 年	陶宏	北京：青年出版社
76	苏联通俗自然科学丛书：海市蜃楼	1951 年	〔苏〕石夫林娜、〔苏〕安得列夫著，方垦译	上海：作家书屋
77	太阳的热和光	1951 年	〔苏〕喀里琴著，戚元靖译	大连：旅大人民出版社
78	通俗科学常识：防霜冻	1951 年	玮君	济南：山东人民出版社
79	通俗科学读物：空气的海洋	1951 年	〔苏〕特捷尔捷也夫斯基著，柳洪译	沈阳：东北人民出版社
80	通俗自然科学小丛书：冰雪和雹	1951 年	雷树人	沈阳：东北人民出版社
81	通俗自然科学小丛书：风	1951 年	董振邦	沈阳：东北人民出版社
82	通俗自然科学小丛书：雨	1951 年	关哲	沈阳：东北人民出版社
83	新少年读物：空气新话	1951 年	作者不详，徐泽人译	上海：商务印书馆
84	新少年读物·自然科学类：空气	1951 年	〔苏〕斯卡特金著，潘树声译	天津：知识书店
85	通俗科学常识丛书：云和雨	1951 年	玮君	济南：山东人民出版社
86	空气	1952 年	萧涤凡	沈阳：东北人民出版社
87	空气的常识	1952 年	杜道周	天津：益智书店
88	农业小册：天时地利与农业——气候地势土质与农事的关系	1952 年	李积新、周恩济	上海：商务印书馆
89	苏联大众科学丛书：大气的故事	1952 年	〔苏〕略布诺夫著，周恩济译	上海：商务印书馆
90	谈谈空气	1952 年	蒋天骥	上海：商务印书馆
91	天气谚语	1952 年	朱炳海	北京：开明书店
92	大众科学知识普及丛书：台风和雷雨	1953 年	黄士松、吴和赓	上海：新亚书店
93	科学小文库：刮风下雨	1953 年	张清沔	上海：商务印书馆
94	科学小文库：一年四季	1953 年	卞德培	上海：商务印书馆
95	可怖的大气现象	1953 年	〔苏〕柯洛勃可夫、〔苏〕梅曾泽夫著，周恩济译	上海：商务印书馆
96	少年儿童知识丛书：台风	1953 年	金云锋	上海：少年儿童出版社
97	通俗科学常识：预防台风灾害	1953 年	山东人民出版社	济南：山东人民出版社

编号	书名	出版时间	作译者	出版单位
98	昼夜和四季	1953 年	王祥珩	天津：益智书店
99	自然科学小丛书：刮风下雨是咋回事	1953 年	王文中	开封：河南人民出版社
100	祖国的气候	1953 年	王鹏飞	北京：开明书店
101	风和雨	1954 年	通俗读物出版社	北京：通俗读物出版社
102	寒潮	1954 年	内蒙古自治区气象局	呼和浩特：内蒙古自治区人民政府农牧部，内蒙古科学技术普及协会筹委会
103	寒潮常识	1954 年	束家鑫等	上海：新知识出版社
104	基本建设的气象知识	1954 年	朱和周	北京：中华全国科学技术普及协会
105	空气	1954 年	润土	上海：少年儿童出版社
106	雷和闪	1954 年	通俗读物出版社	北京：通俗读物出版社
107	雷雨	1954 年	束家鑫	上海：新知识出版社
108	农谚选	1954 年	李寿彭	不详
109	气候漫谈	1954 年	杨纫章	北京：中国青年出版社
110	气象与农业	1954 年	〔苏〕马克西莫夫著，林世成、卢纬民译	上海：中华书局
111	气象知识	1954 年	王鹏飞	北京：中华全国科学技术普及协会
112	苏联大众科学丛书：闪与雷	1954 年	〔苏〕H. C. 斯捷柯尔尼柯夫著，蒋燕译	上海：商务印书馆
113	台风	1954 年	广州海洋气象台	北京：中华全国科学技术普及协会
114	台风常识	1954 年	束家鑫	杭州：浙江人民出版社
115	台风的发生和预防	1954 年	林龚谋	福州：福建人民出版社
116	谈谈空气	1954 年	蒋天骥、北京市科学技术协会编辑	上海：商务印书馆
117	通俗科学小丛书：空气的故事	1954 年	张姤民	北京：通俗读物出版社
118	温度和霜	1954 年	喻之	上海：新知识出版社
119	雨	1954 年	朱宏富	北京：中华全国科学技术普及协会
120	风和雨	1954 年	通俗读物出版社	北京：通俗读物出版社
121	雷和闪	1954 年	通俗读物出版社	北京：通俗读物出版社
122	大风	1955 年	中央气象局编译室	北京：农业出版社

续表

编号	书名	出版时间	作译者	出版单位
123	二十四节气	1955 年	陆仁寿	北京：财政经济出版社
124	风	1955 年	程颐改编	上海：新美术出版社
125	风	1955 年	莫纪华	长沙：湖南人民出版社
126	风	1955 年	黄洵瑞	北京：北京书店
127	雷和电	1955 年	谭文炳	长沙：湖南人民出版社
128	工农文化读物：雨·露·霜·雪	1955 年	黄世知	长沙：湖南人民出版社
129	雷与闪电	1955 年	作者不详，波扬译	上海：中国科学图书仪器公司
130	气象常识	1955 年	黄衍	上海：新知识出版社
131	气象常识小丛书：大风	1955 年	中央气象局编译室	北京：财政经济出版社
132	气象常识小丛书：寒潮	1955 年	中央气象局编译室	北京：财政经济出版社
133	气象常识小丛书：霜冻	1955 年	中央气象局编译室	北京：财政经济出版社
134	气象常识小丛书：雾是怎样形成和消散的	1955 年	中央气象局编译室	北京：财政经济出版社
135	人和空气	1955 年	吴诗敦	上海：新知识出版社
136	少年儿童知识丛书：天气和气候	1955 年	〔苏〕麦·依凡诺夫斯基著，王汶译	上海：少年儿童出版社
137	盐业气象知识	1955 年	谭世镕	北京：轻工业出版社
138	雨	1955 年	喻之	上海：新知识出版社
139	雨	1955 年	程颐	上海：新美术出版社
140	雨	1955 年	黄洵瑞	上海：北京书店上海分店
141	一年四季	1955 年	刘海云	长沙：湖南人民出版社
142	暴雨和防汛	1956 年	维予	上海：新知识出版社
143	冰雹	1956 年	李炎生	贵阳：贵州人民出版社
144	冰和雪	1956 年	〔苏〕别雅洛布任斯基著，唐维先译	北京：科学普及出版社
145	冰和雪	1956 年	楼书聪、黄炳荣	上海：新知识出版社
146	春夏秋冬	1956 年	姜云辉	南京：江苏人民出版社
147	打雷闪电	1956 年	楚光	南京：江苏人民出版社
148	风	1956 年	黄洵瑞	上海：教育图片出版社
149	风和雨	1956 年	云南人民出版社	昆明：云南人民出版社
150	科学小文库：刮风和下雨	1956 年	施曼丽	西安：陕西人民出版社
151	科学知识读物：风霜雨雪	1956 年	新知识出版社	上海：新知识出版社
152	空中幻影	1956 年	〔苏〕米森采夫著，程铭译	北京：中国青年出版社

编号	书名	出版时间	作译者	出版单位
153	农候杂占	1956 年	梁章钜	北京：中华书局
154	气象常识小丛书：风沙	1956 年	林晔、吴棣	北京：财政经济出版社
155	气象常识小丛书：看云识天气	1956 年	高文治	北京：财政经济出版社
156	收听气象广播的常识	1956 年	中央气象台服务组	北京：财政经济出版社
157	天气的变化	1956 年	刘国南讲，北京市科学技术普及协会编辑	北京：中国青年出版社
158	天气的变化和预报	1956 年	〔苏〕加里采夫著，刘世贤、李同舟译	北京：财政经济出版社
159	天气为什么会变化	1956 年	陈世训编著，广东省科学技术普及协会编	广州：华南人民出版社
160	天上有个风婆婆吗？	1956 年	王岳东	济南：山东人民出版社
161	我们的气象台	1956 年	上海市邑庙区中心小学	上海：儿童读物出版社
162	一年四季	1956 年	顾全甫	杭州：浙江人民出版社
163	雨	1956 年	黄洵瑞	上海：教育图片出版社
164	云和降水是怎样形成的	1956 年	〔苏〕列别杰娃著，倪合礼、董泽涛译	北京：财政经济出版社
165	浙江天气谚语	1956 年	饶中华	杭州：浙江人民出版社
166	昼夜和四季	1956 年	〔苏〕库尼茨基著，祝尧仁译	上海：新知识出版社
167	自然常识丛书：打雷和闪电	1956 年	嵇鸿	上海：新知识出版社
168	自然科学知识小丛书：天气的变化	1956 年	杨秉庚著，吉林省科学技术普及协会编	长春：吉林人民出版社
169	祖国的气候	1956 年	王钧衡	北京：通俗读物出版社
170	春姑娘的工作	1957 年	李燕昌	杭州：浙江人民出版社
171	风	1957 年	朱宏富	北京：科学普及出版社
172	河北农谚集解	1957 年	李乐平、祁乃成	保定：河北人民出版社
173	华北农谚	1957 年	马矍翁	北京：财政经济出版社
174	季节与气候	1957 年	李宪之	上海：上海科学普及出版社
175	科学小丛书：谈谈空气	1957 年	玮君	济南：山东人民出版社
176	空气里的水	1957 年	玮君	济南：山东人民出版社
177	雷的故事	1957 年	海啸	南昌：江西人民出版社
178	雷公和电婆	1957 年	洪浪	昆明：云南人民出版社
179	雷雨	1957 年	周琳	北京：科学普及出版社
180	历法和节气	1957 年	孙寿荫	天津：天津人民出版社

续表

编号	书名	出版时间	作译者	出版单位
181	农谚注解	1957年	朱先立、陈济生、任惠儒	北京：通俗读物出版社
182	气象常识小丛书：气象台	1957年	余汝南	北京：财政经济出版社
183	气象常识小丛书：天气预报的用语解释	1957年	谭丁	北京：财政经济出版社
184	气象台的日日夜夜	1957年	江涛	上海：少年儿童出版社
185	气象知识讲话	1957年	张继书	西安：陕西人民出版社
186	气象知识通俗讲座	1957年	林晔	北京：科学普及出版社
187	天气是怎样变化的	1957年	邹祥伦	北京：通俗读物出版社
188	通俗科学常识：云和雨	1957年	玮君	济南：山东人民出版社
189	为什么会下雨	1957年	易家苓	贵阳：贵州人民出版社
190	向雷害作斗争	1957年	刘继	北京：科学普及出版社
191	预防寒潮	1957年	新疆人民出版社译	乌鲁木齐：新疆人民出版社
192	自然常识丛书：风是从哪儿来的	1957年	王岳东	北京：通俗读物出版社
193	自然常识丛书：云和雨	1957年	玮君	北京：通俗读物出版社
194	自然知识丛书：台风	1957年	束家鑫	上海：上海科学普及出版社
195	从自然现象预测晴雨	1958年	罗昭彰	武汉：湖北人民出版社
196	大众科学丛书：大气圈	1958年	〔苏〕别里亚科夫著，丁禾译	北京：科学普及出版社
197	大众科学小常识：春夏秋冬及其它	1958年	中共安徽省委宣传部办公室	合肥：安徽人民出版社
198	大众科学译丛：空气和它的应用	1958年	〔苏〕格聂德河夫著，黄陆译	北京：科学普及出版社
199	贵州农谚	1958年	徐天恩	贵阳：贵州人民出版社
200	和农民谈天气	1958年	刘禾光	北京：科学普及出版社
201	江西农谚 天气部分	1958年	朱宏富、熊第恕、李一甦	南昌：江西人民出版社
202	历法与节气	1958年	张凯恩	保定：河北人民出版社
203	农谚	1958年	夏贤玉、卢昆朗、吕顺德	武汉：湖北人民出版社
204	农谚	1958年	浙江人民出版社	杭州：浙江人民出版社
205	农谚图	1958年	杨挺	南昌：江西人民出版社
206	气象常识	1958年	贵州省气象局	贵阳：贵州人民出版社
207	气象常识问答	1958年	润土	北京：科学普及出版社
208	气象常识小丛书：气象常识问答	1958年	湖北省科学技术普及协会、湖北省气象局	武汉：湖北人民出版社
209	气象常识小丛书：谈谈天气预报	1958年	李云林	武汉：湖北人民出版社

编号	书名	出版时间	作译者	出版单位
210	气象科学知识丛书：寒潮与暖流	1958年	江西省水利电力厅水文气象局	南昌：江西人民出版社
211	气象科学知识丛书：雷电与冰雹	1958年	江西省水利电力厅水文气象局	南昌：江西人民出版社
212	气象科学知识丛书：雨	1958年	李一甦	南昌：江西人民出版社
213	气象科学知识丛书：云	1958年	江西省水利电力厅水文气象局	南昌：江西人民出版社
214	气象浅说	1958年	云南省气象局	昆明：云南人民出版社
215	水文气象译丛：大气现象	1958年	〔苏〕查莫尔斯基著，钱增进译	北京：科学普及出版社
216	四川天气农谚（第一集）	1958年	成都中心气象台预报科、四川农民日报编	成都：四川人民出版社
217	谈谈雷雨	1958年	〔苏〕柯罗科洛夫著，刘丕竞等译	北京：科学普及出版社
218	天气预报常识	1958年	白木、天蓝	保定：河北人民出版社
219	天气月刊丛书：几种天气现象形成的原因	1958年	天气月刊编辑委员会	北京：科学普及出版社
220	天气月刊丛书：云、雾、降水	1958年	天气月刊编辑委员会	北京：科学普及出版社
221	天文科学知识丛书：春夏秋冬	1958年	马巨贤	南昌：江西人民出版社
222	通俗科学小丛书：闪电打雷和避雷	1958年	广东省科学技术普及协会	广州：广东人民出版社
223	通俗科学小丛书：台风可怕吗	1958年	广东省科学技术普及协会	广州：广东人民出版社
224	通俗小丛书：常见的几种灾害性天气	1958年	叶德兰	武汉：湖北人民出版社
225	怎样按节气种庄稼	1958年	贾耀唐	保定：河北人民出版社
226	怎样利用天气预报	1958年	新疆维吾尔自治区气象台科普小组	乌鲁木齐：新疆人民出版社
227	浙江的农谚	1958年	许稼引	杭州：浙江人民出版社
228	初级科学知识读本：天气的预报	1959年	莫永宽	上海：上海科学技术出版社
229	大气中的光象	1959年	周淑贞	上海：上海科学技术出版社
230	二十四节气	1959年	程傅颐	苏州：苏州人民出版社
231	海员天气常识	1959年	李叔廷	上海：上海科学技术出版社
232	湖北天气谚语	1959年	预集	武汉：湖北人民出版社
233	晋南农谚	1959年	山西省运城农业专科学校	太原：山西省运城农业专科学校

续表

编号	书名	出版时间	作译者	出版单位
234	空气的利用	1959 年	黄世知	长沙：湖南人民出版社
235	宁夏农谚选辑	1959 年	胡德昌	银川：宁夏回族自治区人民出版社
236	农谚选（第 1 册）	1959 年	上海文艺出版社	上海：上海文艺出版社
237	农谚选（第 2 册）	1959 年	上海文艺出版社	上海：上海文艺出版社
238	农业气象常识	1959 年	裴絅文	重庆：重庆人民出版社
239	气象常识丛书：雷雨	1959 年	张崇信	西安：陕西人民出版社
240	气象常识小丛书：风	1959 年	曹玉芬、杨金正	武汉：湖北人民出版社
241	气象常识小丛书：雷劈是怎么一回事	1959 年	谭同量	武汉：湖北人民出版社
242	气象常识小丛书：雨水的故事	1959 年	周正定	武汉：湖北人民出版社
243	气象画册	1959 年	河南省气象局	郑州：河南人民出版社
244	气象科学知识丛书：风	1959 年	江西省水利电力厅水文气象局	南昌：江西人民出版社
245	气象科学知识丛书：霜和雾	1959 年	闵以德、熊兆	南昌：江西人民出版社
246	气象科学知识丛书：雪与冰	1959 年	冯超	南昌：江西人民出版社
247	陕西农谚	1959 年	陕西省农业展览会	西安：陕西人民出版社
248	天上无云不下雨	1959 年	曾芝松	长沙：湖南人民出版社
249	为啥会发生干旱	1959 年	河南省气象局	郑州：河南人民出版社
250	云空漫游	1959 年	王彬华	济南：山东人民出版社
251	云南天气谚语	1959 年	云南省气象局	昆明：云南人民出版社
252	贵州天气谚语浅解	1960 年	余明璘	贵阳：贵州人民出版社
253	江西群众管天的经验	1960 年	熊第恕	南昌：江西人民出版社
254	看天气的土办法	1960 年	曾芝松	南宁：广西民族出版社
255	农谚	1960 年	江苏苏州人民出版社	苏州：江苏苏州人民出版社
256	农业气象小丛书：二十四节气与甘肃气候	1960 年	甘肃省气象研究所	兰州：甘肃人民出版社
257	农业气象小丛书：人工消雹	1960 年	甘肃省气象局	兰州：甘肃人民出版社
258	气象谚语	1960 年	铜仁专署气象局	铜仁：贵州省铜仁专区人民出版社
259	青海天气谚语	1960 年	青海省气象局	西宁：青海人民出版社
260	青少年读物：气象漫谈	1960 年	李晕	太原：山西人民出版社

编号	书名	出版时间	作译者	出版单位
261	少年农业知识丛书：少年农业气象	1960 年	上海市气象局中心气象台编著，许以平执笔	上海：上海少年儿童出版社
262	天气的预报	1960 年	学文化文库编委会	上海：上海科学技术出版社
263	天气是怎样变化的	1960 年	邹祥伦，文字改革出版社注音	北京：文字改革出版社
264	养猪气象知识	1960 年	徐州专署气象局	徐州：徐州人民出版社
265	养猪小丛书：养猪与气象	1960 年	北京农业大学农业气象专业	北京：科学技术出版社
266	福建农谚（第一集）	1961 年	辜铁牛汇辑，洪勤英注音	福州：福建人民教育出版社
267	上海农谚	1961 年	上海市文物保管委员会	北京：中华书局
268	地理小丛书：中国的季风	1962 年	刘仲夫	北京：中国青年出版社
269	农村青年科学技术活动丛书：怎样看云识天气	1962 年	黄必选	北京：中国青年出版社
270	农业气象小丛书：农业防霜常识	1962 年	甘肃省气象局	兰州：甘肃人民出版社
271	十万个为什么：气象 1	1962 年	少年儿童出版社	上海：少年儿童出版社
272	自然常识问答 6：气象部分	1962 年	张汉章等	天津：河北人民出版社
273	地理小丛书：风和雨	1963 年	温克刚	北京：中国青年出版社
274	寒潮	1963 年	文山	南京：江苏人民出版社
275	民间测天法	1963 年	段春作	长沙：湖南人民出版社
276	农事谚语	1963 年	兰州市图书馆	兰州：兰州市图书馆
277	农谚里的科学道理	1963 年	诸德辉、朱先立	北京：中国青年出版社
278	青海农谚	1963 年	韩涛	青海：青海人民出版社
279	山东农谚	1963 年	李朝恩等	济南：山东人民出版社
280	浙江天气谚语	1963 年	浙江省气象局	杭州：浙江人民出版社
281	知识丛书：物候学	1963 年	竺可桢、宛敏渭	北京：科学普及出版社
282	广东二十四节气气候	1964 年	广东省气象局	广州：广东人民出版社
283	气象知识小品：灾害性天气	1964 年	熊第恕	南昌：江西人民出版社
284	自然科学小丛书：电子探空的故事	1964 年	王永江	北京：北京出版社
285	气象常识	1965 年	维予	上海：上海科学技术出版社
286	观天望海识天气	1965 年	姜英华、陈一凡	天津：河北人民出版社
287	节气和农事	1965 年	安徽省农业科学院	合肥：安徽人民出版社

续表

编号	书名	出版时间	作译者	出版单位
288	空气的故事	1965 年	王辑梧	上海：上海教育出版社
289	内蒙古农谚选（上辑）	1965 年	内蒙古人民出版社	呼和浩特：内蒙古人民出版社
290	你知道吗？天文气象（1）	1965 年	卜德培、陶世龙	北京：中国青年出版社
291	你知道吗？天文气象（2）	1965 年	齐管天	北京：中国青年出版社
292	气象知识丛书：霜冻	1965 年	陶祖文	北京：农业出版社
293	小学生文库·自然丛书：红领巾气象站	1965 年	西安神鹿坊小学	北京：人民教育出版社
294	灾害性天气	1965 年	喻之	北京：科学普及出版社
295	浙江农业科学丛刊：浙江农谚解说	1965 年	《浙江农业科学》编辑部	杭州：《浙江农业科学》编辑部
296	广东民间看天经验	1966 年	广东省气象台	广州：广东人民出版社
297	黑龙江农谚选	1966 年	郑岩	哈尔滨：黑龙江人民出版社
298	民间测天法	1966 年	段春作	长沙：湖南人民出版社；北京：农村读物出版社
299	看云识天气	1968 年	李叔庭	上海：上海科学技术出版社
300	看云识天气	1970 年	李叔庭	上海：上海市出版革命组
301	怎样看天气	1972 年	安徽省革命委员会气象局	合肥：安徽人民出版社
302	观天看物识天气	1973 年	广西宜山县《观天看物识天气》编写组	南宁：广西人民出版社
303	科学丛书：物候学	1973 年	竺可桢、宛敏渭	北京：科学出版社
304	气象常识	1973 年	安徽省革命委员会气象局	合肥：安徽人民出版社
305	气象简说	1973 年	《气象简说》编写组	上海：上海人民出版社
306	气象知识	1973 年	浙江省宁波市革委会生产指挥组科技办公室	不详
307	台风	1973 年	广东省气象台	广州：广东人民出版社
308	雨雪冰雹	1973 年	齐彦斌	北京：人民出版社
309	节气与农事	1974 年	温克刚	太原：山西人民出版社
310	看天测云雨	1974 年	蔡尔诚	哈尔滨：黑龙江人民出版社
311	民间测天谚语	1974 年	上海市气象局	上海：上海人民出版社
312	青年自学丛书：气象知识	1974 年	《气象知识》编写组	上海：上海人民出版社
313	群众测天经验	1974 年	建湖县《群众测天经验》编写组	南京：江苏人民出版社
314	山西农谚	1974 年	张亮	太原：山西人民出版社

编号	书名	出版时间	作译者	出版单位
315	云与天气	1974 年	上海市气象局	上海：上海人民出版社
316	自然科学小丛书：气象知识问答	1974 年	云南大学物理系	昆明：云南人民出版社
317	自然科学知识小丛书：西藏气象知识	1974 年	西藏自治区气象局	拉萨：西藏人民出版社
318	冰雹	1975 年	云南省气象局	北京：云南人民出版社
319	看天经验	1975 年	广东省气象局	广州：广东人民出版社
320	农业技术丛书：气象知识	1975 年	陕西省气象局	西安：陕西人民出版社
321	气象漫话	1975 年	温克刚	太原：山西人民出版社
322	气象哨兵	1975 年	中央气象局	北京：农业出版社
323	少年科技活动丛书：少年气象活动	1975 年	上海市气象局	上海：上海人民出版社
324	天有可测风云	1975 年	江西省气象局	南昌：江西人民出版社
325	云的科学	1975 年	德立克	北京：科学出版社
326	《田家五行》选释	1976 年	江苏省建湖县《田家五行》选释小组	北京：中华书局
327	气象知识	1976 年	河南省革命委员会气象局	郑州：河南人民出版社
328	自然科学小丛书：天气预报	1976 年	王跃山	北京：人民出版社
329	自然科学基础知识·第一分册：宇宙、地球和大气	1976 年	〔美〕I. 阿西摩夫著，王涛、黔东等译	北京：科学出版社
330	地理知识读物：寒潮	1977 年	邓先瑞	北京：商务印书馆
331	观天看物识天气	1977 年	河北省气象局《观天看物识天气》修订小组	石家庄：河北人民出版社
332	雷雨和闪电	1977 年	李国庆、阮忠家	北京：科学出版社
333	冰雪世界	1978 年	中国科学院兰州冰川冻土沙漠研究所冰川研究室、兰州大学地质地理系	北京：科学出版社
334	广西民间占候农谚	1978 年	广西壮族自治区第二图书馆	不详
335	环境保护丛书：大气污染与健康	1978 年	刘允青、何庆余	沈阳：辽宁人民出版社
336	少年科学知识文库：宇宙与气象	1978 年	中国科学普及出版社、美国时代-生活丛书出版社改编	北京：中国科学技术出版社
337	天气学知识	1978 年	中国科学院大气物理研究所	北京：科学出版社
338	测天谚语集	1979 年	吴天福	长沙：湖南人民出版社
339	看云识天气	1979 年	《看云识天气》编辑组	哈尔滨：黑龙江人民出版社

续表

编号	书名	出版时间	作译者	出版单位
340	漫谈灾害性天气	1979 年	金传达	合肥：安徽科学技术出版社
341	民间测天	1979 年	唐山地区行署气象局	唐山：唐山地区行政署气象局
342	农谚选	1979 年	李延沛	哈尔滨：黑龙江人民出版社
343	台风	1979 年	金传达	北京：商务印书馆
344	天气形势广播的收听和应用	1979 年	张齐、李卫	北京：人民教育出版社
345	雨雪，冰雹	1979 年	齐彦斌	乌鲁木齐：新疆人民出版社
346	科学丛书：物候学	1980 年	竺可桢、宛敏渭	北京：科学出版社
347	农业气象知识	1980 年	邓善来	北京：科学出版社
348	气象万千——漫谈我国的气候	1980 年	林之光	上海：少年儿童出版社
349	人怎样影响天气	1980 年	孙景群	上海：上海科学技术出版社
350	少年科学知识文库：宇宙与气象（中文增订版）	1980 年	中国科学普及出版社、美国时代-生活丛书出版社改	北京：中国科学普及出版社
351	神秘的浓雾	1980 年	张其中	成都：四川人民出版社
352	十万个为什么：气象	1980 年	少年儿童出版社	上海：少年儿童出版社
353	雪和冰的故事	1980 年	费金深	兰州：甘肃人民出版社
354	云与天气：出门看天业余预报术	1980 年	戚启勋	台北：季风出版社
355	中国农谚（上册）	1980 年	农业出版社编辑部	北京：农业出版社
356	竺可桢的故事	1980 年	陈久德	太原：山西人民出版社
357	海洋知识丛书：雾	1981 年	周发琇	北京：海洋出版社
358	科学小品丛书：气象纵横谈	1981 年	宣德旺、马骅等	南京：江苏科学技术出版社
359	空间气象观测站：气象卫星	1981 年	方宗义、吴国良	北京：气象出版社
360	漫话气候变迁	1981 年	柳又春、陆正华	南京：江苏科学技术出版社
361	气象史漫话	1981 年	谢世俊	沈阳：辽宁人民出版社
362	气象知识	1981 年	中国气象学会	北京：科学普及出版社
363	竺可桢	1981 年	白夜、柏生	杭州：浙江人民出版社
364	竺可桢科普创作选集	1981 年	竺可桢	北京：科学普及出版社

编号	书名	出版时间	作译者	出版单位
365	大气中的声、光、电	1982 年	周诗健、孙景群	北京：科学出版社
366	纪念科学家竺可桢论文集	1982 年	《纪念科学家竺可桢论文集》编辑组	北京：科学普及出版社
367	江西农谚	1982 年	《江西农谚》编辑部	南昌：江西人民出版社
368	节气计算	1982 年	唐汉良	西安：陕西科学技术出版社
369	廿四节气	1982 年	冯秀藻、欧阳海	北京：农业出版社
370	青年天文气象常识（1）	1982 年	卜德培、陶世龙	北京：中国青年出版社
371	青年天文气象常识（2）	1982 年	齐观天	北京：中国青年出版社
372	少年科学入门4：我们的地球、气象、海洋	1982 年	邓辛、崔思淦	北京：中国少年儿童出版社
373	说风	1982 年	金传达	北京：气象出版社
374	雪	1982 年	费金深	银川：宁夏人民出版社
375	广东农谚	1983 年	广东省地理学会科普组	北京：科学普及出版社
376	奇异的天气现象	1983 年	李报国、曾强吾	北京：气象出版社
377	奇异自然现象（上）：发光现象	1983 年	〔美〕W. R. 柯尔利斯（William R. Corliss）著，刘迺隆、康天初、沈树荣等译	北京：地质出版社
378	气候纵横论	1983 年	陆巍、彭公炳	北京：气象出版社
379	气象谚语浅释	1983 年	熊第恕	南昌：江西人民出版社
380	气象知识	1983 年	陕西省气象局	西安：陕西科技出版社
381	气象知识丛书：大气环流	1983 年	袁重光	北京：气象出版社
382	气象知识丛书：台风	1983 年	王志烈、许以平	北京：气象出版社
383	气象知识小丛书之一：风	1983 年	刘天适、王志学、徐玉祥	西安：陕西科学技术出版社
384	三湘农谚	1983 年	任志伊、唐贻棣	长沙：湖南教育出版社
385	少年百科丛书：我国的春夏秋冬	1983 年	林之光	北京：中国少年儿童出版社
386	小火箭人工降雨	1983 年	蔡伸	北京：农业出版社
387	小学科学入门：天文·气象	1983 年	唐纪钊	济南：山东科学技术出版社
388	雪花外传及其它	1983 年	车光裕	北京：气象出版社
389	神秘的极光	1983 年	〔日〕小口高著，张红、李孙华译	北京：科学普及出版社
390	天气与气候	1983 年	〔瑞典〕斯凡特·博丁（S. Bodin）著，陈江、林尔蔚译	北京：科学普及出版社

续表

编号	书名	出版时间	作译者	出版单位
391	大气的奥秘	1984 年	魏以成	北京：科学普及出版社
392	二十四节气	1984 年	冯秀藻、欧阳海	北京：农业出版社
393	河南农谚浅释	1984 年	袁剑平、柳家荣等编注	郑州：河南科学技术出版社
394	虹·晕·宝光	1984 年	〔美〕R. 格林勒（R. Greenler）著，黄必选译	北京：气象出版社
395	科学知识丛书：闪电与冰雹	1984 年	阮忠家、周诗建	北京：民族出版社
396	科学知识丛书：四季变化	1984 年	林之光	北京：民族出版社
397	历法·节气·传统节日：历书资料集	1984 年	冉学溱	重庆：重庆出版社
398	民间看天经验	1984 年	韦有暹、余汝南、陈连宝	广州：广东科技出版社
399	农谚选	1984 年	白露	南京：江苏人民出版社
400	农谚与科学	1984 年	李正光、朱丹	北京：科学普及出版社
401	奇异自然现象（中）：大气中光学和无线电的异常现象 异常天气现象	1984 年	〔美〕W. R. 柯尔利斯著，殷维翰、李德方、张毓崧等译	北京：地质出版社
402	气候风光集	1984 年	林之光	北京：气象出版社
403	气象知识丛书：大气	1984 年	阮忠家、李再琨	北京：气象出版社
404	气象知识丛书：大气探测	1984 年	周诗健	北京：气象出版社
405	气象知识丛书：季风	1984 年	张家诚	北京：气象出版社
406	气象知识小丛书之二：云	1984 年	王志学	西安：陕西科学技术出版社
407	生活与气象	1984 年	汪奕琮等	北京：农业出版社
408	我爱彩虹：气象科普文选	1984 年	气象出版社编辑部	北京：气象出版社
409	浙江天气谚语浅释	1984 年	葛旭鹏	杭州：浙江科学技术出版社
410	坤舆图说	1985 年	〔比〕南怀仁	北京：中华书局
411	二十四节与农事	1985 年	邢树本、朱志俭	石家庄：河北科学技术出版社
412	科学知识丛书：风	1985 年	陆同文、田宜泉	北京：民族出版社
413	科学知识丛书：雨露霜雪	1985 年	张之锜	北京：民族出版社
414	科学知识丛书：云雾与天气	1985 年	赵卫	北京：民族出版社
415	农村少年实用知识宝库：观天看物知晴雨	1985 年	杨寿新	哈尔滨：黑龙江少年儿童出版社

编号	书名	出版时间	作译者	出版单位
416	农谚歌	1985 年	汪治	西安：陕西科学技术出版社
417	农谚选	1985 年	王劲草	合肥：安徽科学技术出版社
418	农谚与科学	1985 年	刘也	北京：农村读物出版社
419	奇异自然现象（下）：神秘的自然声响现象 奇异的地震现象——水圈、落体和磁扰的奇异现象	1985 年	〔美〕W. R. 柯尔利斯著，李鄂荣、张瑚、邱南屏等译	北京：地质出版社
420	气象学基础知识	1985 年	陆正华、许以平	北京：中国青年出版社
421	气象知识丛书：大气污染	1985 年	龚沛光、陈泮勤	北京：气象出版社
422	气象知识丛书：梅雨	1985 年	钱自强、邓先瑞	北京：气象出版社
423	气象知识丛书：天气预报	1985 年	丑纪范、许以平	北京：气象出版社
424	气象知识丛书：物候	1985 年	张福春	北京：气象出版社
425	青少年科技活动全书：气象分册	1985 年	中国科协青少年工作部、团中央宣传部	北京：中国青年出版社
426	青少年气象科技活动	1985 年	王奉安	北京：气象出版社
427	十万个为什么：气象 1	1985 年	少年儿童出版社	上海：少年儿童出版社
428	小学生文库：大气七十二变	1985 年	陈永生	哈尔滨：黑龙江人民出版社
429	广阳杂记	1985 年	刘献廷	北京：中华书局
430	地球上的大气	1986 年	王永昌、柳书波	北京：地质出版社
431	地球上的云雨	1986 年	王昂生、阮忠家	北京：气象出版社
432	广东二十四节气气候（修订本）	1986 年	徐蕾如	广州：广东科技出版社
433	漫话海风	1986 年	谢世俊	北京：海洋出版社
434	气象知识丛书：农业气象	1986 年	杨永岐	北京：气象出版社
435	气象知识丛书：气候变迁	1986 年	柳又春、唐其煌	北京：气象出版社
436	气象知识丛书：世界气候	1986 年	孙安健	北京：气象出版社
437	气象知识丛书：应用气象	1986 年	谭冠日	北京：气象出版社
438	台风趣谈	1986 年	王志烈、蔡仁兴	北京：海洋出版社
439	天气预测实用知识	1986 年	赵龙祥	南京：江苏科学技术出版社
440	野外工作者天气指南	1986 年	〔美〕达伯德（W. F. D. Dabberdt）著，任读译	北京：气象出版社
441	中国农业百科全书：农业气象卷	1986 年	程纯枢	北京：农业出版社

续表

编号	书名	出版时间	作译者	出版单位
442	中学科技活动丛书：天文与气象	1986 年	广西科协青少部主编，刘家荫、车一雄、刘兴正等编写	南宁：广西人民出版社
443	气象知识丛书：寒潮	1987 年	陈敏连、金传达	北京：气象出版社
444	气象知识丛书：气象概观	1987 年	周林、谢世俊	北京：气象出版社
445	气象知识丛书：生物气象	1987 年	冯定原、王雪娥	北京：气象出版社
446	气象知识丛书：云和降水	1987 年	胡志晋、童乐天	北京：气象出版社
447	气象知识丛书：中国气候	1987 年	林之光	北京：气象出版社
448	天气谚语	1987 年	朱炳海	北京：农业出版社
449	中国大百科全书：大气科学 海洋科学 水文科学	1987 年	中国大百科全书总编辑委员会本卷编辑委员会、中国大百科全书出版社编辑部	北京：中国大百科全书出版社
450	中国农谚（下册）	1987 年	农业出版社编辑部	北京：农业出版社
451	科学知识丛书：气候与衣食住行	1988 年	林之光、张辉华	北京：民族出版社
452	龙卷风	1988 年	许以平、马德华	北京：气象出版社
453	农谚集解	1988 年	朱允和	广州：广东科技出版社
454	小好奇梦游气压王国	1988 年	王奉安	北京：气象出版社
455	应用气象丛书：各行各业用气象——健康	1988 年	黄高平	北京：气象出版社
456	幼儿十万个为什么：太阳、月亮和风雨	1989 年	王国忠等	成都：四川少年儿童出版社
457	中华气象谚语	1989 年	冯宏章等	北京：学术书刊出版社
458	中学生文库：气候探奇	1989 年	王永昌	上海：上海教育出版社
459	气候之谜	1989 年	〔美〕丹尼尔·科恩（Dan S. Cohen）著，宋旭红、周晓凡译	北京：中国环境科学出版社
460	极光的故事	1989 年	曹冲	北京：海洋出版社
461	农谚新编	1990 年	王文学	北京：农村读物出版社
462	气候变化四问：变了吗？如何变？为什么？怎么办？	1990 年	张家诚、王立	北京：气象出版社
463	应用气象丛书：各行各业用气象：财从天来	1990 年	杜卫国、吴乃元	北京：气象出版社
464	应用气象丛书：各行各业用气象：六畜兴旺	1990 年	袁建新	北京：气象出版社
465	应用气象丛书：各行各业用气象：赛场风雨	1990 年	许以平	北京：气象出版社
466	浙江文史资料选辑第四十辑：一代宗师竺可桢	1990 年	浙江省政协文史资料委员会	杭州：浙江人民出版社

编号	书名	出版时间	作译者	出版单位
467	竺可桢传	1990 年	《竺可桢》编辑组	北京：科学出版社
468	二十四节气与农业生产	1991 年	韩湘玲、马思延	北京：金盾出版社
469	少年科学文库：新编十万个为什么（气象卷）	1991 年	王国忠、郑延慧主编，林之光分卷主编	南宁：广西科学技术出版社
470	应用气象丛书：各行各业用气象——自然风光的摄影技巧	1991 年	苏茂	北京：气象出版社
471	中国农村文库：实用气象大观	1991 年	任久江等	重庆：西南师范大学出版社
472	中国气象谚语	1991 年	熊第恕	北京：气象出版社
473	新释地理备考全书	1991 年	〔葡〕玛吉士	北京：中华书局
474	健康·环境·天气	1992 年	王金宝	北京：气象出版社
475	节气 民俗 生计：四季话题 1000 则	1992 年	伊澈、语冰、北方等	北京：今日中国出版社
476	科学漫画小百科全书：天气漫话	1992 年	王休中	北京：地质出版社
477	农村日常气象顾问	1992 年	张定琪、蔡士来、朱汉苏等	北京：农业出版社
478	农村实用天象物象知识	1992 年	秦岭	长沙：湖南出版社
479	气象知识丛书：大气探秘	1992 年	中国气象学会	北京：科学普及出版社
480	气象知识丛书：得天者独厚	1992 年	中国气象学会	北京：科学普及出版社
481	气象知识丛书：盟友，还是敌人？	1992 年	中国气象学会	北京：科学普及出版社
482	气象知识丛书：晴雨冷暖话丰歉	1992 年	夏桦等	北京：科学普及出版社
483	气象知识丛书：人类的永久伙伴	1992 年	中国气象学会	北京：科学普及出版社
484	神秘的天宇	1992 年	王奉安	天津：新蕾出版社
485	苏北农谚	1992 年	汤继文	北京：知识出版社
486	漫游科学世界：气象	1993 年	陆正华撰文，白庚和绘画	天津：新蕾出版社
487	气象与绵羊肉生产	1993 年	樊锦沼、乌兰巴特尔	北京：气象出版社
488	全民防洪减灾手册	1993 年	刘树坤	沈阳：辽宁人民出版社
489	日光温室实用小气候问答	1993 年	李国师	北京：气象出版社
490	中国农村文库：农谚新编	1993 年	叶绍其、冯发志	成都：四川少年儿童出版社
491	竺可桢传	1993 年	谢世俊	重庆：重庆出版社

续表

编号	书名	出版时间	作译者	出版单位
492	从蝴蝶效应谈起	1994 年	刘式达	长沙：湖南教育出版社
493	农村少年文库：廿四节气小知识	1994 年	美然、丹丹	太原：希望出版社
494	科学家竺可桢的故事	1994 年	杨达寿、杨竹亭	天津：天津教育出版社
495	农谚新说	1994 年	冯杰	北京：中国农业科技出版社
496	气象与健康	1994 年	李荫柏	哈尔滨：黑龙江教育出版社
497	十二生肖与二十四节气	1994 年	高世良	北京：首都师范大学出版社
498	天气	1994 年	张立	西安：陕西人民教育出版社
499	可知的风霜雪雨：天气预测	1994 年	张牟勤、穆家修、夏平和	长春：吉林教育出版社
500	中国农村文库：气象小知识	1994 年	木杉、翠萍	太原：希望出版社
501	变化中的大气	1994 年	〔美〕约翰·菲罗尔（John Firor）著，刘礼全译	北京：中国对外翻译出版公司
502	对全人类生命的威胁：全球性的大气侵袭	1995 年	〔美〕约翰·J. 南斯著，劳陇、劳栩、云程等译	北京：中国环境科学出版社
503	目击者丛书：天气	1995 年	〔英〕布莱安·科斯格罗夫（Bryan Cosgrove）著，姜庆尧译	北京：生活·读书·新知三联书店
504	趣味天文气象辞典	1995 年	阎林山	上海：上海辞书出版社
505	全国小学生课外丛书：气象·天文的故事	1995 年	林之光、张辉华、李元	济南：明天出版社
506	中国云天	1995 年	束家鑫、鲍宝堂	上海：上海科学普及出版社
507	最新科学知识丛书：风	1995 年	陆同文	长沙：湖南少年儿童出版社
508	最新科学知识丛书：云	1995 年	童乐天	长沙：湖南少年儿童出版社
509	简易天气预测	1996 年	卢志光、卢峥、崔晓军	北京：中国农业大学出版社
510	少年益智园丛书：天象趣话	1996 年	徐永煊	上海：东方出版中心
511	世界名人故事丛书：竺可桢	1996 年	许庆龙、劳斌	北京：团结出版社
512	我国的春夏秋冬	1996 年	林之光	北京：中国少年儿童出版社，中国青年出版社

续表

编号	书名	出版时间	作译者	出版单位
513	学研漫画 奥秘丛书：天气 100 问的奥秘（新订版）	1996 年	〔日〕清水教高	南宁：广西民族出版社
514	中外名人传记故事丛书：竺可桢	1996 年	吴会劲	北京：中国和平出版社
515	正字通	1996 年	张自烈	北京：国际文化出版公司
516	百科世界丛书：变幻的气象	1997 年	张弓	广州：广州出版社
517	当代中国人物传记丛书：涂长望传	1997 年	温克刚	北京：当代中国出版社
518	国内外雷电灾害事故案例精选	1997 年	北京市消防协会	北京：气象出版社
519	课外活动丛书：摸摸天气的脉搏——气象观测	1997 年	谢考现、刁秀广	济南：明天出版社
520	青少年环境知识丛书：跨国界魔王——大气与环境（修订版）	1997 年	李蕾、钱则强	北京：中国环境科学出版社
521	图说二十四节气	1997 年	邹建源绘，彭建军文	武汉：湖北少年儿童出版社
522	为了我们的家园：地球的保护伞——大气	1997 年	胡玉华	北京：同心出版社
523	新编少年科学启蒙读物：奇妙的天文气象景观	1997 年	申继章、何蔚	北京：教育科学出版社
524	竺可桢	1997 年	戴锋、樊洪业等	杭州：浙江大学出版社
525	迪士尼·小熊维尼阅读成长丛书：猫头鹰的天气预报	1998 年	童趣出版有限公司	北京：人民邮电出版社
526	节气·农事·农谚	1998 年	胡振国	济南：山东科学技术出版社
527	金鼎随笔丛书：看风云舒卷	1998 年	竺可桢	天津：百花文艺出版社
528	金苹果文库：气象与生活	1998 年	林之光	南京：江苏教育出版社
529	科学启蒙文库：神奇的地球大气	1998 年	冯占良	济南：济南出版社
530	科学启蒙文库：四季与节气	1998 年	王满厚	济南：济南出版社
531	科学启蒙文库：天气与气候	1998 年	王德兴	济南：济南出版社
532	漫画科学百科：气象观测	1998 年	金日革、金正钦、金珠弼等	济南：明天出版社

续表

编号	书名	出版时间	作译者	出版单位
533	青少年气象科学知识：地球的保护伞——大气	1998 年	向英、柯儒杰	北京：中国建材工业出版社
534	青少年气象科学知识：风光旖旎——千变万化的世界气候	1998 年	向英、柯儒杰	北京：中国建材工业出版社
535	青少年气象科学知识：十里不同天——气候原理	1998 年	向英、柯儒杰	北京：中国建材工业出版社
536	青少年气象科学知识：天气的奥秘	1998 年	向英、柯儒杰	北京：中国建材工业出版社
537	青少年气象科学知识：未雨绸缪——天气预报	1998 年	向英、柯儒杰	北京：中国建材工业出版社
538	青少年气象科学知识：一叶落而知秋——简易测天	1998 年	向英、柯儒杰	北京：中国建材工业出版社
539	科技大趋势系列 94：气象科学	1998 年	王莉、明军	北京：中国建材工业出版社
540	天地万象科学丛书：大气探奇	1998 年	鲍宝堂、宋家鑫、孙立勇等著，王铿、赵念国译	上海：上海教育出版社
541	未来科学家丛书：天文·气象篇	1998 年	南熏主编，李克菲、蔡鸣编著	北京：北京科学技术出版社
542	小探索者科普系列：奇妙的天气	1998 年	〔英〕约翰·法恩顿著，刘芳译	长春：吉林摄影出版社
543	新编气象知识丛书：保卫蓝色天空	1998 年	李光亮	北京：气象出版社
544	新编气象知识丛书：撩开地球的神秘面纱	1998 年	王奉安	北京：气象出版社
545	新编气象知识丛书：识破天机的现代神探	1998 年	汪勤模	北京：气象出版社
546	新编气象知识丛书：天地沧桑	1998 年	谢世俊	北京：气象出版社
547	新编气象知识丛书：我们赖以生存的气候资源	1998 年	张家诚	北京：气象出版社
548	幼儿十万个为什么：太阳、月亮和风雨（天文气象）	1998 年	王国忠	成都：四川少年儿童出版社
549	中国农村书库：节气 气候 农业	1998 年	陶毓汾、朱履宽	北京：中国农业出版社
550	中外科学家发明家丛书：竺可桢	1998 年	郑春萍	北京：中国国际广播出版社
551	探索自然的奥秘：四季	1998 年	〔西〕安德鲁·利亚马斯（Andreu Llamas）撰文，〔西〕路易斯·里索（Luis Rizo）绘图，武春莉译	天津：天津科学技术出版社

续表

编号	书名	出版时间	作译者	出版单位
552	'98 大洪水百问	1999 年	李宪文、郭孔文	北京：中国水利水电出版社
553	21 世纪科普十万个为什么 16：大气气象	1999 年	纪荣起	北京：中国戏剧出版社
554	潮汕民间农谚	1999 年	徐光华、陈业景	揭阳：潮汕历史文化中心揭阳市研究会，揭阳德里陈氏族谱编委会
555	大科学家文丛：竺可桢文录	1999 年	竺可桢著，樊洪业、段异兵编	杭州：浙江文艺出版社
556	地球家园·大气的故事	1999 年	梁从诫、何杰等著，自然之友编	太原：山西教育出版社
557	风云变幻早知道	1999 年	张立	西安：陕西人民教育出版社
558	海洋新探索丛书：变化的海洋与大气	1999 年	刘齐	济南：山东科学技术出版社
559	气象与农谚	1999 年	严光华、官秀珠	北京：气象出版社
560	趣话中华科技五千年：天文气象篇	1999 年	刘玉瑛、张倪等	徐州：中国矿业大学出版社
561	实用家庭科普丛书：二十四节气	1999 年	彭建军	北京：中国铁道出版社
562	我的事业在中国：留学与奉献	1999 年	王大珩、叶笃正	上海：上海教育出版社
563	新编气象知识丛书：大自然的语言	1999 年	刘秀珍、于系民	北京：气象出版社
564	新编气象知识丛书：呼风唤雨不是梦	1999 年	郭恩铭	北京：气象出版社
565	新编气象知识丛书：祸从天降	1999 年	金传达	北京：气象出版社
566	中国科普佳作精选：气象万千——漫谈我国的气候	1999 年	林之光	长沙：湖南教育出版社
567	中国科普佳作精选：物候学	1999 年	竺可桢、宛敏渭	长沙：湖南教育出版社
568	中外名人传记丛书：竺可桢	1999 年	卢同奇	南京：江苏文艺出版社
569	自然知识趣味丛书：奇特的天气现象	1999 年	杨晓阳	北京：中国戏剧出版社
570	口袋里的小百科：天气和季节	2000 年	〔法〕皮埃尔·科勒（Pierre Kohler）著，罗浩译	杭州：浙江科学技术出版社
571	21 世纪少年百科丛书：天象瞭望台	2000 年	石雨	北京：中国少年儿童出版社

续表

编号	书名	出版时间	作译者	出版单位
572	北方农业谚语集锦	2000 年	郝天民	赤峰：内蒙古科学技术出版社
573	大气中的风	2000 年	张克家、吴富山、王庆斋	北京：气象出版社
574	儿童科普系列丛书：空气的奥秘	2000 年	韩国学园出版社，李英兰译	石家庄：河北少年儿童出版社
575	进入 21 世纪的科学技术丛书：风云变幻话气象	2000 年	柳崇健	武汉：湖北教育出版社
576	科学丛书：人工闪电	2000 年	秦曾衍	呼和浩特：内蒙古大学出版社
577	科学丛书：太阳的儿子——风	2000 年	沈德昌	呼和浩特：内蒙古大学出版社
578	科学在你身边：天气	2000 年	〔英〕布瑞恩·耐普（Brian Knapp）著，罗家龙译	长春：吉林文史出版社
579	宁波农业适用技术丛书：宁波天气谚语与农谚	2000 年	石人光、陈有利	北京：中国农业科技出版社
580	农用气象问答	2000 年	刘兴华、李国师	北京：中国农业科技出版社
581	暖冬后的冷思考——趋利避害话气象	2000 年	许以平	上海：上海科学普及出版社
582	评说九州风云——漫谈电视天气预报	2000 年	秦祥士、焦佩金	北京：气象出版社
583	气象谚语和气象病	2000 年	许以平	上海：上海科学普及出版社
584	气象与生活	2000 年	王敬东、于启斋	济南：济南出版社
585	气象灾害十讲	2000 年	阮均石	北京：气象出版社
586	人与自然丛书：大气——地球的保护神	2000 年	彭滨	长沙：湖南教育出版社
587	神奇的大自然系列丛书：变幻多彩的风云	2000 年	徐仁吉	长春：北方妇女儿童出版社
588	探索书系：天气	2000 年	钟玲、王玉彬译	沈阳：辽宁教育出版社
589	探索自然的奥秘：雨	2000 年	〔西〕安德鲁·利亚马斯撰文，〔西〕路易斯·里索绘图，武春莉译	天津：天津科学技术出版社
590	学习百科图鉴：地球——自然和气象	2000 年	〔日〕諏访彰等监修，〔日〕岩崎贺都彰等绘，王艳华译	长春：吉林美术出版社
591	雨的奥秘	2000 年	〔英〕简·伯顿（Jane Burton）、〔英〕金·泰勒（Kim Taylor）著，赵千川译	北京：外语教学与研究出版社
592	中国科普文选：细说八方晴雨	2000 年	林之光	北京：科学普及出版社

编号	书名	出版时间	作译者	出版单位
593	自然万象丛书：天与人	2000 年	左其伟	合肥：安徽科学技术出版社
594	完全傻瓜指导系列：天气	2000 年	〔美〕梅尔·高德斯坦（M. Goldstein）著，赵燕红等译	沈阳：辽宁教育出版社
595	管窥辑要	2000 年	黄鼎	海口：海南出版社
596	河马科普文库：暴风雨天气	2000 年	〔英〕安妮塔·甘尼瑞（Anita Ganeri）著，李迎春等译	长春：吉林摄影出版社
597	21 世纪学科发展丛书：天有可测风云	2001 年	张家诚、周家斌、王庚辰	济南：山东教育出版社
598	房山农谚	2001 年	张成基、王淑玲	北京：中国科学技术出版社
599	自然灾害知识丛书：干渴的大地	2001 年	何维勋	北京：商务印书馆
600	旱区气象变幻的奥秘	2001 年	谢金南、邓振镛	北京：气象出版社
601	华人十大科学家：竺可桢	2001 年	张清平	郑州：大象出版社
602	环境保护热门话题丛书：温室效应	2001 年	戴君虎、丁枚、方精云	北京：中国环境科学出版社
603	减灾知识系列：气象灾害及其防御	2001 年	陆亚龙、肖功建	北京：气象出版社
604	开心钥匙 365③：天文、气象、地质、地理	2001 年	陈德言	成都：西南交通大学出版社
605	科学七色光丛书：大气的秘密	2001 年	刘剑波、宋心琦	武汉：湖北教育出版社
606	气象奇观	2001 年	成翼模	北京：气象出版社
607	亲近自然丛书：我的未知世界——奔向太空漫游大气层	2001 年	温学诗、郭瑞涛、张利明等	北京：中国林业出版社
608	士兵书库：倚天作剑叱风云——气象与战争	2001 年	张海、刘吉成、荔万俊	北京：解放军出版社
609	新世纪科普大系（第一辑）：呼风唤雨不是梦	2001 年	徐渝江、王玉萍	成都：四川辞书出版社
610	阳光文化系列丛书：上帝的愤怒——龙卷风	2001 年	阳光文化系列丛书编辑委员会	上海：上海文化出版社
611	外研社·DK 英汉对照百科读物：龙卷风	2001 年	〔英〕迈克·波特（Mike Potter）著，杜耀武译	北京：外语教学与研究出版社
612	21 世纪青少年科学知识文库：变幻的气象	2002 年	张弓	广州：广州出版社
613	大气科学中的非线性与复杂性	2002 年	丑纪范	北京：气象出版社

续表

编号	书名	出版时间	作译者	出版单位
614	大水冲倒龙王庙	2002 年	陈志信	长春：北方妇女儿童出版社
615	金土地书库：农历和农事节气	2002 年	陈丙合、陈兆松	贵阳：贵州人民出版社
616	气象万千丛书：暴雨	2002 年	汪勤模	北京：气象出版社
617	气象万千丛书：冰雹	2002 年	李光亮	北京：气象出版社
618	气象万千丛书：大气	2002 年	朱振全	北京：气象出版社
619	气象万千丛书：大气压力	2002 年	王奉安	北京：气象出版社
620	气象万千丛书：厄尔尼诺	2002 年	张家诚	北京：气象出版社
621	气象万千丛书：风	2002 年	金传达	北京：气象出版社
622	气象万千丛书：干旱	2002 年	张家诚、张沅	北京：气象出版社
623	气象万千丛书：海市蜃楼	2002 年	金传达	北京：气象出版社
624	气象万千丛书：寒潮	2002 年	谢世俊	北京：气象出版社
625	气象万千丛书：洪水	2002 年	谢世俊	北京：气象出版社
626	气象万千丛书：雷电	2002 年	王奉安	北京：气象出版社
627	气象万千丛书：霜和凇	2002 年	斯迪	北京：气象出版社
628	气象万千丛书：台风	2002 年	于系民	北京：气象出版社
629	气象万千丛书：温度与湿度	2002 年	汪勤模	北京：气象出版社
630	气象万千丛书：雾	2002 年	李光亮	北京：气象出版社
631	气象万千丛书：雪	2002 年	韩世泉、张海峰	北京：气象出版社
632	气象万千丛书：雨	2002 年	张海峰	北京：气象出版社
633	气象万千丛书：云	2002 年	王奉安	北京：气象出版社
634	趣谈天气	2002 年	周家斌	北京：气象出版社
635	山洪灾害防治百题问答	2002 年	湖南省防汛抗旱指挥部	长沙：湖南人民出版社
636	少年科学丛书：气象中的奥秘	2002 年	汪皋	青岛：青岛出版社
637	小科学家丛书：耕云播雨话气象	2002 年	江晓华、沙承璋	北京：农村读物出版社
638	新编十万个为什么①：天文气象卷	2002 年	《新编十万个为什么》编写组	长春：吉林摄影出版社
639	聚焦第二课堂科学百科全书：风云变幻观气象	2002 年	〔意〕洛伦佐·平纳（Lorenzo Pinna）著，黄楠译	济南：明天出版社
640	地球科学普及丛书：风云变幻的大气	2003 年	章淹	南京：江苏科学技术出版社
641	科学文丛（45）：地球的大气和气候	2003 年	何静华、形继祖	广州：广州出版社

编号	书名	出版时间	作译者	出版单位
642	历法·节气趣谈	2003 年	施连芳	北京：农村读物出版社
643	名人故事文库：科学家故事——竺可桢的故事	2003 年	张汉卿	长春：时代文艺出版社
644	全球变化热门话题丛书：冰川	2003 年	沈永平	北京：气象出版社
645	全球变化热门话题丛书：大气臭氧层和臭氧洞	2003 年	王庚辰	北京：气象出版社
646	全球变化热门话题丛书：地理信息系统及其在全球变化研究中的应用	2003 年	江东	北京：气象出版社
647	全球变化热门话题丛书：对地观测卫星在全球变化中的应用	2003 年	方宗义、刘玉洁、朱小祥	北京：气象出版社
648	全球变化热门话题丛书：厄尔尼诺	2003 年	翟盘茂、李晓燕、任福民	北京：气象出版社
649	全球变化热门话题丛书：干旱	2003 年	宋连春、邓振镛、董安祥等	北京：气象出版社
650	全球变化热门话题丛书：洪涝	2003 年	彭广、刘立成、刘敏等	北京：气象出版社
651	全球变化热门话题丛书：减缓气候变化的经济分析	2003 年	潘家华、庄贵阳、陈迎	北京：气象出版社
652	全球变化热门话题丛书：气候变化对农业生态的影响	2003 年	王馥棠、赵宗慈、王碇等	北京：气象出版社
653	全球变化热门话题丛书：气候变化与荒漠化	2003 年	王澄海	北京：气象出版社
654	全球变化热门话题丛书：气候系统变化与人类活动	2003 年	李爱贞、刘厚凤、张桂芹	北京：气象出版社
655	全球变化热门话题丛书：气候系统的演变及其预测	2003 年	丁一汇、张锦、徐影等	北京：气象出版社
656	全球变化热门话题丛书：全球水循环与水资源	2003 年	王守荣、朱川海、程磊等	北京：气象出版社
657	全球变化热门话题丛书：全球碳循环	2003 年	周广胜	北京：气象出版社
658	全球变化热门话题丛书：沙尘暴	2003 年	杨德保、尚可政、王式功	北京：气象出版社
659	全球变化热门话题丛书：太阳风暴	2003 年	张元东、王家龙	北京：气象出版社
660	全球变化热门话题丛书：温室气体与温室效应	2003 年	吴兑	北京：气象出版社

续表

编号	书名	出版时间	作译者	出版单位
661	全球变化热门话题丛书：中国自然灾害与全球变化	2003 年	高庆华、苏桂武、张业成等	北京：气象出版社
662	实用气象服务手册	2003 年	罗生洲	西宁：青海人民出版社
663	天天问①：天体篇 海洋篇 气象篇 大陆篇	2003 年	黄建军	北京：中国少年儿童出版社
664	近距离观察丛书：龙卷风以及其它强烈的天气系统	2003 年	〔英〕迈克尔·阿勒比著，申迎丽译	南昌：二十一世纪出版社
665	乐如思儿童百科知识丛书：天气	2004 年	〔法〕洛尔·谢梅里著，张淑琴译	济南：明天出版社
666	21 世纪青少年科学素质教育全书：天气与气候	2004 年	韩泰伦、谢宇	呼和浩特：内蒙古人民出版社
667	防火减灾逃生自救丛书：风水雷电灾害	2004 年	党博、王荣斌、孙乃伟	北京：中国工商出版社
668	雷及其防范措施	2004 年	努尔兰别克	奎屯：伊犁人民出版社
669	青少年自然科学探索文库：气象纵横	2004 年	陈彦、甲申	北京：中国物资出版社
670	少年科学家丛书：风云变幻我先知——少年气象学家	2004 年	王奉安	济南：山东教育出版社
671	实用新农谚	2004 年	张伟、杨立新	北京：中国农业出版社
672	探索文库·气象卷：漫谈气象（上）	2004 年	留明	呼和浩特：远方出版社
673	探索文库·气象卷：漫谈气象（下）	2004 年	留明	呼和浩特：远方出版社
674	我们身边的科学：身边的气象	2004 年	杜建成	北京：中国林业出版社
675	小科学家丛书：驾驭风雨雷电	2004 年	刘更生	成都：四川科学技术出版社
676	小学生课外知识早知道：天文气象早知道	2004 年	宋天羽	杭州：浙江少年儿童出版社
677	院士科普书系：需要精心呵护的气候	2004 年	叶笃正、张不远、周家斌	北京：清华大学出版社；广州：暨南大学出版社
678	中国著名大学校长书系：倡言求是 培育英才——浙江大学校长竺可桢	2004 年	张彬	济南：山东教育出版社
679	科学分类手册：天气与气候	2004 年	〔美〕迈克尔·阿拉贝（Michael Allaby）著，张春喜、钱婷婷、葛国庆等译	北京：光明日报出版社
680	自然探秘系列：杀人风暴	2004 年	〔英〕阿尼塔·加纳利（Anita Ganeri）著，刘祥和译	北京：北京少年儿童出版社

编号	书名	出版时间	作译者	出版单位
681	避灾自救手册：风灾	2005 年	国家减灾委员会办公室	北京：中国社会出版社
682	避灾自救手册：水灾	2005 年	国家减灾委员会办公室	北京：中国社会出版社
683	二十四节气新编	2005 年	甄真	北京：中国社会出版社
684	关注军事气象水文空间天气系列丛书：关注海啸	2005 年	刘俊、傅荣斌	北京：军事科学出版社
685	环境保护科普知识丛书：大气：时时刻刻都离不开的"朋友"	2005 年	杭州市环境保护局、杭州市环境保护宣传教育中心	北京：中国环境科学出版社
686	历史快餐：气象宗师竺可桢	2005 年	刘洋、陈浩	呼和浩特：远方出版社
687	农谚新编	2005 年	甄真、张涛	北京：中国社会出版社
688	攀上珠峰踏北边：曾庆存院士谈做学问和搞科研	2005 年	吴国良、刘天民、罗明远	北京：中国科学技术出版社
689	趣味科普丛书：趣味气象小百科	2005 年	李建云	成都：四川辞书出版社
690	双语百科丛书：地理·名胜·气象	2005 年	张俊红	北京：中国言实出版社
691	突发气象灾害预警信号	2005 年	邵俊年、马清云	北京：气象出版社
692	中国当代著名科学家丛书：赵九章	2005 年	《赵九章》编写组	贵阳：贵州人民出版社
693	中国儿童百科全书：太空气象	2005 年	《中国儿童百科全书》编辑委员会	北京：中国大百科全书出版社
694	中华学生科普文库：天气与气候	2005 年	刘以林	北京：中国物资出版社
695	自然之魔丛书：气象灾害	2005 年	高建国	西安：未来出版社
696	极端的天气	2005 年	〔美〕乔西·格林（Josie Green）著，沈中锋译	北京：北京大学出版社
697	神奇校车：穿越飓风	2005 年	〔美〕乔安娜·柯尔（Joanna Cole）、〔美〕布鲁斯·迪根（Bruce Degen）著，谢徽译	成都：四川少年儿童出版社
698	神奇校车：穿越雷电	2005 年	〔美〕乔安娜·柯尔、〔美〕布鲁斯·迪根著，漆仰平译	成都：四川少年儿童出版社
699	孩子的自然博物馆：气象奥秘	2005 年	〔英〕塞提佛德著，李震英、刘晓燕译	太原：希望出版社
700	百年长望：纪念涂长望同志百年诞辰	2006 年	秦大河	北京：气象出版社
701	百姓气象灾害应急避险手册	2006 年	郭虎、路春英、高迎新	北京：气象出版社
702	北京气象灾害防御手册	2006 年	杨晋辉	北京：气象出版社

续表

编号	书名	出版时间	作译者	出版单位
703	极光故事与探索	2006 年	朱岗崑	北京：气象出版社
704	解密地球：地球的气候与环境	2006 年	姜运仓	北京：中央民族大学出版社
705	开拓奉献 科技楷模：纪念著名大气科学家顾震潮	2006 年	本书编委会	北京：气象出版社
706	科学图画书：明天天气会怎样	2006 年	岑建强	上海：华东师范大学出版社
707	气象大使说天气	2006 年	王达文、李长青、王鹏等	北京：气象出版社
708	气象灾害应急避险常识	2006 年	本书编写组	北京：气象出版社
709	市民科普读本：天文气象与地质地理	2006 年	吴玲仪	苏州：古吴轩出版社
710	谈天说地	2006 年	段红平、李进学、杨志新	昆明：云南科技出版社
711	天空趣象	2006 年	金传达	北京：气象出版社
712	物候学	2006 年	竺可桢、宛敏渭	长沙：湖南教育出版社
713	商务馆·网络互动儿童百科分级阅读丛书：天气引擎	2006 年	〔美〕伊冯娜·莫里森（Yvonne Morrison）著，马浩岚注释	北京：商务印书馆
714	危险的天气丛书：干旱	2006 年	〔英〕迈克尔·阿拉贝著，张镝译	上海：上海科学技术文献出版社
715	危险的天气丛书：龙卷风	2006 年	〔英〕迈克尔·阿拉贝著，朱晓宁译	上海：上海科学技术文献出版社
716	危险的天气丛书：雾、烟雾、酸雨	2006 年	〔英〕迈克尔·阿拉贝著，邓海涛译	上海：上海科学技术文献出版社
717	危险的天气丛书：雪暴	2006 年	〔英〕迈克尔·阿拉贝著，戴东新译	上海：上海科学技术文献出版社
718	危险的天气丛书：气候年表	2006 年	〔英〕迈克尔·阿拉贝著，刘红焰译	上海：上海科学技术文献出版社
719	危险的天气丛书：飓风	2006 年	〔英〕迈克尔·阿拉贝著，刘淑华译	上海：上海科学技术文献出版社
720	危险的天气丛书：洪水	2006 年	〔英〕迈克尔·阿拉贝著，李欣译	上海：上海科学技术文献出版社
721	危险的天气丛书：气候变化	2006 年	〔英〕迈克尔·阿拉贝著，马晶译	上海：上海科学技术文献出版社
722	大眼睛看世界：气象灾害	2007 年	〔澳〕伊恩·罗恩（I. Rohr）著，郭静雯译	上海：少年儿童出版社
723	科学我知道：Why？气象	2007 年	〔韩〕李光雄、朴中宽著，林泉译	北京：世界知识出版社
724	北京气象灾害预警与防御手册	2007 年	杨晋辉	北京：气象出版社

编号	书名	出版时间	作译者	出版单位
725	防雷避险手册	2007 年	本书编写组	北京：气象出版社
726	农村防雷知识读本	2007 年	河北省防雷中心	北京：气象出版社
727	关注军事气象水文空间天气系列丛书：关注台风	2007 年	刘俊	北京：军事科学出版社
728	海洋灾害科普丛书：疯狂的"飞碟"——台风	2007 年	崔树勋	北京：海洋出版社
729	湖北省气象灾害防御手册	2007 年	崔讲学	北京：气象出版社
730	科普系列丛书：气象关联你我他	2007 年	王奉安	沈阳：辽宁科学技术出版社
731	科学有趣：气象	2007 年	四川科技馆、四川省科普作家协会	成都：四川科学技术出版社
732	刘兴诗爷爷科学故事系列：孩子身边的自然百科——气象	2007 年	刘兴诗	成都：四川美术出版社
733	民俗典藏：二十四节气	2007 年	彭书淮	北京：中国纺织出版社
734	内蒙古气象灾害及其防御	2007 年	潘进军	北京：气象出版社
735	农村农民如何防避气象灾害	2007 年	刘春广、郭虎、王金英	北京：气象出版社
736	农村气象灾害避险指南	2007 年	中国气象局	北京：气象出版社
737	气象为新农村建设服务系列丛书：农业气象灾害防御问答	2007 年	李德、陈明良	北京：气象出版社
738	气象为新农村建设服务系列丛书：气象与蔬菜的栽培及病虫害防治	2007 年	潘永地	北京：气象出版社
739	全球变化热门话题丛书：中国自然灾害与全球变化	2007 年	高庆华	北京：气象出版社
740	社区气象灾害避险指南	2007 年	中国气象局	北京：气象出版社
741	图说中国传统：二十四节气	2007 年	宋兆麟	北京：世界图书出版公司
742	新农村书系：二十四节气与农事活动	2007 年	李士高	西安：陕西科学技术出版社
743	新农村新青年文库：历法·节气趣谈	2007 年	施连芳	北京：农村读物出版社、中国农业出版社
744	叶永烈经典科普作品：四季简史	2007 年	叶永烈	上海：中国福利会出版社
745	云天探秘	2007 年	张海峰	北京：气象出版社
746	中国军事百科全书 100：军事气象（学科分册）	2007 年	李福林	北京：中国大百科全书出版社

续表

编号	书名	出版时间	作译者	出版单位
747	中国军事百科全书 102：军事空间天气（学科分册）	2007 年	李福林	北京：中国大百科全书出版社
748	中华魂百篇故事：一代宗师的足迹——记杰出科学家竺可桢	2007 年	曹冬梅	长春：吉林人民出版社
749	自然世界知识丛书：气象物候	2007 年	王志艳	呼和浩特：内蒙古人民出版社
750	21 世纪的气候	2007 年	〔美〕威廉·伯勒斯（William Burroughs）著，秦大河、丁一汇等译校	北京：气象出版社
751	难以忽视的真相	2007 年	〔美〕阿尔·戈尔著，环保志愿者译	长沙：湖南科学技术出版社
752	小探索者科普系列：奇妙的天气	2007 年	〔英〕约翰·法恩顿著，刘芳译	长春：北方妇女儿童出版社
753	幼儿双语阅读树·雷电、风	2007 年	〔英〕凯西·梅尔（Cassie Mayer）著，管倚译	上海：少年儿童出版社
754	幼儿双语阅读树·晴天、云	2007 年	〔英〕凯西·梅尔著，管倚译	上海：少年儿童出版社
755	幼儿双语阅读树·雨、雪	2007 年	〔英〕凯西·梅尔著，管倚译	上海：少年儿童出版社
756	雨从哪里来? 水的循环	2008 年	〔韩〕金顺韩著，〔韩〕张善焕绘，丛蕾译	北京：电子工业出版社
757	令人惊奇的科学学习漫画：天气和环境	2008 年	〔韩〕金童书绘，金桂花、灵思泉译	哈尔滨：黑龙江科学技术出版社
758	21 世纪少儿漫画科学故事丛书：变幻的天气	2008 年	〔韩〕金殷亮著，张海卿、周岩译	合肥：安徽科学技术出版社
759	农村科普常识⑪：气象知识	2008 年	刘利生	西安：陕西科学技术出版社
760	"托托牛"儿童 DIY 系列丛书：科学小实验，有趣的空气	2008 年	冠冠书屋	北京：北京师范大学出版社
761	大科学假想：从宇宙天文到地球海洋大气 200 个问答	2008 年	李开乐	广州：花城出版社
762	防雷减灾避险实用知识问答	2008 年	陈巍、陈晓华	南昌：江西科学技术出版社
763	风云变幻的气象	2008 年	刘兴诗	成都：四川辞书出版社
764	风云漫话：王章敏气象科普作品选	2008 年	王章敏	北京：气象出版社

编号	书名	出版时间	作译者	出版单位
765	关注军事气象水文空间天气系列丛书：关注龙卷风·沙尘暴	2008 年	刘俊	北京：军事科学出版社
766	国家最高科技奖获奖人丛书（第二辑）：求真求实登高峰——叶笃正	2008 年	周家斌、浦一芬	北京：新华出版社
767	吉林省主要气象灾害及防御指南	2008 年	王云岫、秦元明	北京：气象出版社
768	农村防雷知识读本	2008 年	本书编写组	北京：气象出版社
769	农村气象防灾减灾科普系列丛书：节气与农事	2008 年	中国气象学会秘书处、气象出版社	北京：气象出版社
770	农村气象防灾减灾科普系列丛书：农村生产气象灾害应急避险常识	2008 年	中国气象学会秘书处、气象出版社	北京：气象出版社
771	农村气象防灾减灾科普系列丛书：农村生活气象灾害应急避险常识	2008 年	中国气象学会秘书处、气象出版社	北京：气象出版社
772	农村气象防灾减灾科普系列丛书：气候与农事	2008 年	中国气象学会秘书处、气象出版社	北京：气象出版社
773	农家一年早知道：二十四节气农事	2008 年	钟孝书	贵阳：贵州民族出版社
774	气候变化 40 问	2008 年	丁一汇等	北京：气象出版社
775	气候变化——人类面临的挑战	2008 年	本书编写组	北京：气象出版社
776	气象万千丛书：冰雹	2008 年	李光亮	北京：气象出版社
777	气象万千丛书：台风	2008 年	于系民	北京：气象出版社
778	气象为新农村建设服务系列丛书：漫话节气民俗与气象	2008 年	李德	北京：气象出版社
779	气象为新农村建设服务系列丛书：牧草病害防治技术问答	2008 年	刘爱萍、徐林波、陈红印	北京：气象出版社
780	气象为新农村建设服务系列丛书：牧草害虫防治技术问答	2008 年	刘爱萍、徐林波、陈红印	北京：气象出版社
781	气象为新农村建设服务系列丛书：农村常见病与气象	2008 年	曾强吾、李建中	北京：气象出版社
782	气象为新农村建设服务系列丛书：农村建筑与气象	2008 年	李永华、郑秀琴	北京：气象出版社

续表

编号	书名	出版时间	作译者	出版单位
783	气象为新农村建设服务系列丛书：农村优生优育与气象	2008 年	曾强吾、曾娟娟	北京：气象出版社
784	气象为新农村建设服务系列丛书：暖冬种麦 40 问	2008 年	杜宗清、武月梅	北京：气象出版社
785	气象为新农村建设服务系列丛书：喷药施肥与气象	2008 年	吕湛	北京：气象出版社
786	气象为新农村建设服务系列丛书：气象与农事	2008 年	徐仁吉	北京：气象出版社
787	气象为新农村建设服务系列丛书：水产养殖与气象	2008 年	商兆堂	北京：气象出版社
788	气象为新农村建设服务系列丛书：温棚蔬菜栽培实用气象技术	2008 年	李德	北京：气象出版社
789	气象为新农村建设服务系列丛书：学气象·讲科学·破迷信	2008 年	陶本芳	北京：气象出版社
790	气象文化与民俗	2008 年	姜海如、赵同进	北京：气象出版社
791	气象与生活	2008 年	贾金明	北京：气象出版社
792	淘气包的科学丛书：令孩子惊奇的可怕天气	2008 年	杨禾	哈尔滨：哈尔滨出版社
793	天灾：威胁人类生存的 16 大自然灾难	2008 年	刘学礼	上海：上海文化出版社
794	我们身边的气象	2008 年	刘林霞、赵昭炘、陈正洪	珠海：珠海出版社
795	小探索者科普系列：奇幻的天气	2008 年	药乃千	长春：北方妇女儿童出版社
796	新农村防灾减灾丛书：防雷减灾知识手册	2008 年	王杰秀	北京：石油工业出版社
797	新农村防灾减灾丛书：如何防控风灾	2008 年	王杰秀	北京：石油工业出版社
798	新农村防灾减灾丛书：预防低温冰冻灾害知识问答	2008 年	王杰秀	北京：石油工业出版社
799	愿人类远离"天火"	2008 年	北京减灾协会	北京：中国人民解放军出版社
800	震后气象灾害防避指南	2008 年	中国气象局	北京：气象出版社
801	中华气象科普灯谜	2008 年	张榕、顾建中、温祥邦	北京：气象出版社
802	中小学防雷避险知识读本	2008 年	本书编写组	北京：气象出版社
803	天气改变了历史	2008 年	〔美〕劳拉·李（Laura Lee）著，林文鹏、蔡和兵译	上海：上海科学技术文献出版社

续表

编号	书名	出版时间	作译者	出版单位
804	德国少年儿童百科知识全书：全球气候	2009 年	〔德〕维尔内尔·布吉斯（Werner Buggisch）、〔德〕克里斯蒂安·布吉斯（Christian Buggisch）著，高建中译	武汉：湖北教育出版社
805	德国少年儿童百科知识全书：认识天气	2009 年	〔德〕雷纳·克鲁门勒（Rainer Crummenerl）、沃尔夫冈·弗莱塔格（Wolfgang Freitag）著，陈华实译	武汉：湖北教育出版社
806	第一次发现丛书：四季	2009 年	〔法〕布尔－肖莱著，〔法〕尼夫克绘，罗静平译	南宁：接力出版社
807	满足孩子好奇心的科学学习漫画：天气和环境	2009 年	〔韩〕金童书著，金桂花、灵思泉译	哈尔滨：黑龙江科学技术出版社
808	防御沙尘暴	2009 年	杨根生、屈建军、张小平等	兰州：甘肃科学技术出版社
809	公民防灾漫画读本	2009 年	王麒诚	北京：中国社会出版社
810	关注军事气象水文空间天气系列丛书：关注全球气候变化	2009 年	刘俊	北京：军事科学出版社
811	关注军事气象水文空间天气系列丛书：关注太阳风暴	2009 年	刘俊	北京：军事科学出版社
812	贵州省气象防灾减灾知识读本	2009 年	陈忠明	北京：气象出版社
813	红企鹅亲子互动科学馆：日食阻止的战争（天文地理气候卷）	2009 年	乔永真	上海：文汇出版社
814	科普童话绘本馆：地面上的"云"	2009 年	郭晶	北京：电子工业出版社
815	科普童话绘本馆：雷雨天的客人	2009 年	郭晶	北京：电子工业出版社
816	科普童话绘本馆：小小"天气预报员"	2009 年	郭晶	北京：电子工业出版社
817	科学家随笔：看风云舒卷（第 2 版）	2009 年	竺可桢	天津：百花文艺出版社
818	科学在你身边：天气	2009 年	田战省	长春：北方妇女儿童出版社
819	农村气象防灾减灾科普系列丛书：果品储藏保鲜与气象——基本知识	2009 年	吕湛、郝永红、卢粉兰	北京：气象出版社

续表

编号	书名	出版时间	作译者	出版单位
820	农村气象防灾减灾科普系列丛书：果品储藏保鲜与气象——苹果·梨·葡萄·桃·李子	2009 年	中国气象协会秘书处、气象出版社	北京：气象出版社
821	农村气象防灾减灾科普系列丛书：家禽家畜养殖与气象	2009 年	中国气象协会秘书处、气象出版社	北京：气象出版社
822	农村气象防灾减灾科普系列丛书：农村四季天气与疾病防治	2009 年	中国气象协会秘书处、气象出版社	北京：气象出版社
823	农村气象防灾减灾科普系列丛书：农村四季天气与养生保健	2009 年	中国气象协会秘书处、气象出版社	北京：气象出版社
824	农村气象防灾减灾科普系列丛书：葡萄高产优质栽培与气象	2009 年	吕湛、郝永红、卢粉兰	北京：气象出版社
825	气象万千	2009 年	刘广英	北京：气象出版社
826	气象信息员培训教材丛书：气象信息员知识读本	2009 年	本书编委会	北京：气象出版社
827	气象预报怎么做如何用	2009 年	叶笃正、周家斌	北京：清华大学出版社
828	气象知识我知道	2009 年	张学文	乌鲁木齐：新疆科学技术出版社
829	青少年科普读物：生活在空气中	2009 年	圣人	兰州：甘肃少年儿童出版社
830	青少年科普图书馆：青少年应该知道的冰	2009 年	华春	北京：团结出版社
831	青少年科普图书馆：青少年应该知道的风	2009 年	华春	北京：团结出版社
832	青少年科普图书馆：青少年应该知道的天气和气候	2009 年	华春	北京：团结出版社
833	青少年科普图书馆：青少年应该知道的雪	2009 年	华春	北京：团结出版社
834	青少年科普图书馆：青少年应该知道的雨	2009 年	华春	北京：团结出版社
835	青少年科普图书馆：青少年应该知道的云	2009 年	华春	北京：团结出版社
836	趣谈天气	2009 年	周家斌	北京：气象出版社
837	全球变化 你感受到了吗?	2009 年	彭少麟、周婷	北京：气象出版社
838	全球变化热门话题丛书：冰川	2009 年	沈永平	北京：气象出版社

编号	书名	出版时间	作译者	出版单位
839	全球变化热门话题丛书：大气臭氧层和臭氧洞	2009 年	王庚辰	北京：气象出版社
840	全球变化热门话题丛书：地理信息系统及其在全球变化研究中的应用	2009 年	江东	北京：气象出版社
841	全球变化热门话题丛书：对地观测卫星在全球变化中的应用	2009 年	方宗义、刘玉洁、朱小祥等	北京：气象出版社
842	全球变化热门话题丛书：厄尔尼诺	2009 年	翟盘茂、李晓燕、任福民	北京：气象出版社
843	全球变化热门话题丛书：干旱	2009 年	宋连春、邓振镛、董安祥	北京：气象出版社
844	全球变化热门话题丛书：洪涝	2009 年	彭广、刘立成、刘敏等	北京：气象出版社
845	全球变化热门话题丛书：减缓气候变化的经济分析	2009 年	潘家华、庄贵阳、陈迎等	北京：气象出版社
846	全球变化热门话题丛书：气候变化对农业生态的影响	2009 年	王馥棠、赵宗慈、刘石立等	北京：气象出版社
847	全球变化热门话题丛书：气候变化与荒漠化	2009 年	王澄海	北京：气象出版社
848	全球变化热门话题丛书：气候系统变化与人类活动	2009 年	李爱贞、刘厚凤、张桂芹	北京：气象出版社
849	全球变化热门话题丛书：气候系统的演变及其预测	2009 年	丁一汇、张锦、徐影等	北京：气象出版社
850	全球变化热门话题丛书：全球水循环与水资源	2009 年	王守荣、朱川海、程磊等	北京：气象出版社
851	全球变化热门话题丛书：全球碳循环	2009 年	周广胜	北京：气象出版社
852	全球变化热门话题丛书：沙尘暴	2009 年	杨德保、尚可政、王式功	北京：气象出版社
853	全球变化热门话题丛书：太阳风暴	2009 年	张元东、王家龙	北京：气象出版社
854	全球变化热门话题丛书：温室气体与温室效应	2009 年	吴兑	北京：气象出版社
855	权威探秘百科：极端天气探秘	2009 年	〔美〕迈克尔·莫吉、〔美〕芭芭拉·列文著，李妍译	北京：中央编译出版社
856	绿色生活译丛：全球变暖生存手册——77 个阻止全球变暖的方法	2009 年	〔英〕大卫·德·罗斯切尔德（David de Rothschild）著，翟莹译	上海：上海交通大学出版社

续表

编号	书名	出版时间	作译者	出版单位
857	DK 探索：气象万千	2009 年	〔英〕约翰·伍德沃德（John Woodward）著，杨霏云、朱玉洁译	北京：科学普及出版社
858	雷电科学史话——你真的知道它有多危险吗	2010 年	〔比〕克里斯汀·布克纽（Christian Bouquegneau）著，王雪颖	北京：清华大学出版社
859	皮卡西随身百科：气候和气候变化	2010 年	〔德〕比安卡·博罗夫斯基（Bianca Borowski）著，罗珏译	北京：测绘出版社
860	皮卡西随身百科：天气	2010 年	〔德〕比安卡·博罗夫斯基著，李晓旸译	北京：测绘出版社
861	迷你苹果科普系列丛书：空中洗礼	2010 年	〔法〕迪迪埃·奥古斯坦著，传神译	北京：中国环境科学出版社
862	我超喜欢的趣味科学书：世界上最闷最闷的天气书	2010 年	〔韩〕崔善喜著，〔韩〕金住京绘，千太阳译	北京：中信出版社
863	不一样的超级百科书：超多变的天气奇观	2010 年	〔韩〕金炳春、朴日焕著，〔韩〕郑才焕绘，王坤译	昆明：晨光出版社
864	别抢，我最爱科学：气象特工队天气保卫战	2010 年	〔韩〕金正弘著，朴廷帝绘，金银花译	长沙：湖南人民出版社
865	我超喜欢的趣味科学书：咦？气候到底怎么了？	2010 年	〔韩〕林泰勋著，〔韩〕李六男绘，千太阳译	北京：中信出版社
866	竺可桢年谱简编（1890—1974）	2010 年	李玉海	北京：气象出版社
867	冰雪灾害防御	2010 年	费月燕	贵阳：贵州人民出版社
868	不可不知道的 200 个气象的秘密	2010 年	雷双、黄玮	长沙：湖南科学技术出版社
869	不可不知的中华二十四节气常识	2010 年	石夫、韩新愚	郑州：中原农民出版社
870	不只上海沉没：假如气候失控冰川融化	2010 年	苏言	南京：江苏人民出版社
871	读农谚·知农事	2010 年	邵同斌	北京：化学工业出版社
872	二十四节气知识全书	2010 年	李志敏	北京：中国纺织出版社
873	小牛顿科学馆 46：风的科学	2010 年	台湾牛顿出版公司	贵阳：贵州教育出版社
874	国立中山大学天文台成立始末记	2010 年	张云	北京：全国图书馆文献缩微中心
875	节气与农事	2010 年	袁炳富	合肥：安徽大学出版社
876	金色童年阅读丛书：变幻的天气	2010 年	薛纯	天津：百花文艺出版社
877	科学图书馆：天气改变了历史	2010 年	〔美〕劳拉·李编著，林文鹏、蔡和兵译	上海：上海科学技术文献出版社

编号	书名	出版时间	作译者	出版单位
878	快乐科普大讲堂：揭秘变幻的风雨——天气	2010 年	余峥编著，康立里绘	郑州：中州古籍出版社
879	雷电灾害防御	2010 年	谭续	贵阳：贵州人民出版社
880	领导干部半日读：看气候说低碳	2010 年	罗勇	北京：北京出版社
881	农村气象防灾减灾科普系列丛书：茶树优质高产栽培与气象	2010 年	黄寿波、金志凤	北京：气象出版社
882	农村气象防灾减灾科普系列丛书：柑橘优质高产栽培与气象	2010 年	黄寿波、金志凤	北京：气象出版社
883	农村气象防灾减灾科普系列丛书：看电视·识气象·知天气	2010 年	陶本芳	北京：气象出版社
884	农村气象防灾减灾科普系列丛书：棉花减灾丰产与气象	2010 年	郝东敏、郝云理、叶修祺	北京：气象出版社
885	农村气象防灾减灾科普系列丛书：农家观天测风雨	2010 年	陶本芳	北京：气象出版社
886	农村气象防灾减灾科普系列丛书：青贮饲料调制利用与气象	2010 年	孙启忠、玉柱、徐春城等	北京：气象出版社
887	农村气象防灾减灾科普系列丛书：小麦减灾丰产与气象	2010 年	郝东敏、郝云理、叶修祺	北京：气象出版社
888	农村气象防灾减灾科普系列丛书：杨梅优质高产栽培与气象	2010 年	金志凤、求盈盈、王立宏	北京：气象出版社
889	农村气象防灾减灾科普系列丛书：药用植物栽培与气象	2010 年	李艾莲	北京：气象出版社
890	农业生产与气象	2010 年	朱振全	北京：金盾出版社
891	奇妙的自然现象丛书：春夏秋冬	2010 年	《春夏秋冬》编写组	北京：世界图书出版公司
892	奇妙的自然现象丛书：大气与天气	2010 年	《大气与天气》编写组	北京：世界图书出版公司
893	奇妙的自然现象丛书：风霜露	2010 年	《风霜露》编写组	北京：世界图书出版公司
894	奇妙的自然现象丛书：雷电颂	2010 年	《雷电颂》编写组	北京：世界图书出版公司
895	奇妙的自然现象丛书：气象知识	2010 年	《气象知识》编写组	北京：世界图书出版公司

编号	书名	出版时间	作译者	出版单位
896	奇妙的自然现象丛书：雾失楼台	2010 年	《雾失楼台》编写组	北京：世界图书出版公司
897	奇妙的自然现象丛书：雨雪霏霏	2010 年	《雨雪霏霏》编写组	北京：世界图书出版公司
898	启发孩子智慧的十万个为什么：天文 气象 地理奥秘	2010 年	袁宏宾	北京：中国戏剧出版社
899	气象谚语与历法节气趣谈	2010 年	高桂莲、施连芳	北京：中国社会出版社
900	青少年科学馆丛书：气候与节气	2010 年	本书编写组	北京：世界图书出版公司
901	森林村的小气象迷：风的秘密	2010 年	朱应珍	北京：气象出版社
902	森林村的小气象迷：冷与热的秘密	2010 年	朱应珍	北京：气象出版社
903	森林村的小气象迷：气象与生活	2010 年	朱应珍	北京：气象出版社
904	森林村的小气象迷：气象站的秘密	2010 年	朱应珍	北京：气象出版社
905	森林村的小气象迷：天空的秘密	2010 年	朱应珍	北京：气象出版社
906	森林村的小气象迷：雨的秘密	2010 年	朱应珍	北京：气象出版社
907	陕西农村气象防灾减灾知识读本	2010 年	李良序	北京：气象出版社
908	水灾应急避险	2010 年	中华人民共和国科学技术部	徐州：中国矿业大学出版社
909	突发公共事件紧急救援系列丛书：水旱灾害紧急救援手册	2010 年	国家减灾委员会办公室	北京：中国社会出版社
910	突发公共事件紧急救援系列丛书：雪灾紧急救援手册	2010 年	国家减灾委员会办公室	北京：中国社会出版社
911	新农村防雷安全实用技术手册	2010 年	李家启、李良福、覃彬全等	北京：气象出版社
912	新农村热点话题科普常识系列丛书：农村气象灾害与防御知识	2010 年	中国农村技术开发中心	北京：中国劳动社会保障出版社
913	新农村少儿百科：气象园地	2010 年	姚渝丽	长春：吉林出版集团有限责任公司
914	新农家文化生活丛书：农业气象谚语 280	2010 年	严光华、官秀珠	福州：福建科学技术出版社

编号	书名	出版时间	作译者	出版单位
915	学生安全教育普及读本：学生四季安全知识	2010 年	王誉喜、刘立超	长春：东北师范大学出版社
916	一本书读懂二十四节气知识	2010 年	王晓梅	北京：中央编译出版社
917	影视气象知识	2010 年	湖北省公众气象服务中心	武汉：湖北科学技术出版社
918	玉树地震灾区气象灾害防御和应急指南	2010 年	青海省气象局	西宁：青海人民出版社
919	中国儿童百科全书：太空气象	2010 年	《中国儿童百科全书》编辑委员会	北京：中国大百科全书出版社
920	中国文化知识读本：二十四节气	2010 年	李思默	长春：吉林文史出版社
921	竺可桢日记	2010 年	竺可桢	上海：上海科技教育出版社
922	自然灾害自救科普馆：洪涝的防范与自救	2010 年	谢宇	西安：西安地图出版社
923	自然灾害自救科普馆：龙卷风的防范与自救	2010 年	谢宇	西安：西安地图出版社
924	自然灾害自救科普馆：雪灾的防范与自救	2010 年	谢宇	西安：西安地图出版社
925	走进大自然丛书：变幻莫测的气候	2010 年	《变幻莫测的气候》编写组	北京：世界图书出版公司
926	走进大自然丛书：探索大自然的四季	2010 年	《探索大自然的四季》编写组	北京：世界图书出版公司
927	美国国家地理（少年儿童版）：风暴	2010 年	〔美〕米里亚姆·布施·戈因著，边靖译	上海：华东师范大学出版社
928	人和自然系列：喜怒无常的天气女王	2010 年	〔苏〕伊林著，王汶译	南昌：二十一世纪出版社
929	这是怎么回事：风	2010 年	〔意〕辛西亚·博奇著，〔意〕阿戈斯蒂诺·特雷尼绘，荣信文化编译	西安：未来出版社
930	这是怎么回事：打雷和闪电	2010 年	〔意〕辛西亚·博奇著，〔意〕阿戈斯蒂诺·特雷尼绘，荣信文化编译	西安：未来出版社
931	这是怎么回事：季节	2010 年	〔意〕辛西亚·博奇著，〔意〕阿戈斯蒂诺·特雷尼绘，荣信文化编译	西安：未来出版社
932	这是怎么回事：飓风与龙卷风	2010 年	〔意〕辛西亚·博奇著，〔意〕阿戈斯蒂诺·特雷尼绘，荣信文化编译	西安：未来出版社

续表

编号	书名	出版时间	作译者	出版单位
933	自然探秘系列：杀人风暴	2010 年	〔英〕阿尼塔·加纳利著，〔英〕迈克·菲利普斯（Mike Philips）绘，刘祥和译	北京：北京少年儿童出版社
934	山东省气象信息员手册	2010 年	阎丽凤	北京：气象出版社
935	孩子们最想知道什么：龙卷风是怎么旋转起来的？令人震惊的极端天气	2011 年	〔德〕Christophorus 出版集团等著，张强译	北京：中国铁道出版社
936	儿童地图册：天气	2011 年	〔德〕Ute Friesen 著，车云译	北京：中国地图出版社
937	气候骗局	2011 年	〔法〕克洛德·阿莱格尔（Claude Allègre）著，孙瑛译	北京：中国经济出版社
938	多变的天气	2011 年	〔韩〕朴镇圭著，〔韩〕吴胜敏绘，林春颖译	长春：长春出版社
939	WHAT 科学书：天气的喜怒哀乐	2011 年	〔韩〕申惠顺著，〔韩〕白明植绘，金美花译	北京：北京科学技术出版社
940	科学家讲的科学故事：科里奥利讲的大气现象的故事	2011 年	〔韩〕宋恩永著，吴荣华译	昆明：云南教育出版社
941	别笑，这就是科学：天气	2011 年	〔韩〕孙永云著，〔韩〕艾斯特图，赵东辉译	北京：电子工业出版社
942	翱翔在蓝天云海上：漫谈航空气象	2011 年	李鸿洲	北京：气象出版社
943	成长绘·"哪里来哪里去"科学美绘本：风从哪里来	2011 年	子非鱼	广州：广东教育出版社
944	传承中华传统文化经典读本：二十四节气大观	2011 年	张娜、许海杰	北京：西苑出版社
945	大众力学丛书：力学与沙尘暴	2011 年	郑晓静、王萍	北京：高等教育出版社
946	豆丁的奇幻科学之旅：出发！天气大魔法	2011 年	铁皮人美术	北京：中国轻工业出版社
947	没有冰的世界	2011 年	〔美〕亨利·波拉克（Henry Pollack）著，吴未央译	长沙：湖南科学技术出版社
948	二十四节气知识一本通	2011 年	关美红	北京：中国三峡出版社
949	关注军事气象水文空间天气系列丛书：关注暴雨·雷暴	2011 年	刘俊	北京：军事科学出版社
950	关注军事气象水文空间天气系列丛书：关注大雾	2011 年	刘俊	北京：军事科学出版社
951	关注军事气象水文空间天气系列丛书：关注风暴潮·巨浪·潮汐	2011 年	刘俊	北京：军事科学出版社

编号	书名	出版时间	作译者	出版单位
952	海洋 10 000 个为什么系列丛书：海洋气象知多少	2011 年	张媛	北京：中国时代经济出版社
953	呵护气候从点滴做起	2011 年	中国气象局国家气候中心	北京：气象出版社
954	画说雪灾安全救助常识	2011 年	文昊	乌鲁木齐：新疆美术摄影出版社，新疆电子音像出版社
955	极光故事与探索	2011 年	朱岗崑	北京：气象出版社
956	科普面对面：风雨雷电与气象学	2011 年	赵晶	西安：陕西人民美术出版社
957	科学解读人与自然系列丛书：运用气象知识防范生活风险	2011 年	石磊	长春：吉林人民出版社
958	雷电防护知识读本	2011 年	重庆市防雷中心	北京：气象出版社
959	绿色家园丛书：土地沙漠化：沙尘暴探秘	2011 年	于永玉	延吉：延边大学出版社
960	哪片云彩会下雨：气象主播宋英杰微言聊天	2011 年	宋英杰	北京：文化艺术出版社
961	农谚	2011 年	董汉文	北京：中国农业出版社
962	农业气象灾害防御知识问答	2011 年	李萍	北京：金盾出版社
963	气候变化的故事	2011 年	孙健	北京：人民邮电出版社
964	气象科普之歌	2011 年	迟珊	北京：人民日报出版社
965	气象探秘	2011 年	李红林	北京：气象出版社
966	路桥文化遗产系列丛书：气象谚语	2011 年	罗河笙	杭州：西泠印社出版社
967	青少年环境保护知识必读丛书：肆虐人类的沙尘暴	2011 年	本书编写组	北京：世界图书出版公司
968	青少年科普百科全书：云天气象——天气和气候	2011 年	博浩、梓萌	贵阳：贵州大学出版社
969	趣味科学丛书：趣味气象	2011 年	钟成	上海：上海辞书出版社
970	我们脆弱的星球丛书：大气圈——被污染的地球面纱	2011 年	〔美〕达娜·德索尼（Dana Desonie）著，羌宁译	上海：上海科技教育出版社
971	我们脆弱的星球丛书：气候——当地球不再春暖花开	2011 年	〔美〕达娜·德索尼著，谢丽、王雯译	上海：上海科技教育出版社
972	天空趣象	2011 年	金传达	北京：气象出版社
973	天气、气候与我们的生活：老西说气象 365 天	2011 年	秦春英	北京：气象出版社

续表

编号	书名	出版时间	作译者	出版单位
974	天问：谁驱使了气候变化？	2011 年	钱维宏	北京：科学出版社
975	图说二十四节气和七十二物候	2011 年	王修筑	太原：山西人民出版社
976	环境风暴：气候灾变与人类的机会	2011 年	〔美〕詹姆斯·汉森（James Hansen）著，张邱宝慧、罗海智、杨妍译	北京：人民邮电出版社
977	学生必修第一课：暴风雨雪袭来应该如何面对	2011 年	李楠	长春：吉林摄影出版社
978	幼儿最好奇的十万个为什么丛书：春天、太阳和闪电	2011 年	北京小红花图书工作室	北京：新时代出版社
979	长三角农家谚语释义	2011 年	王士均	上海：上海社会科学院出版社
980	中国文库 科技文化类：竺可桢科普创作选集	2011 年	竺可桢著	北京：中国大百科全书出版社
981	中国幼儿百科全书：天气的变化	2011 年	《中国幼儿百科全书》编委会	北京：中国大百科全书出版社
982	中华魂·百部爱国故事丛书：毕生求是 一丝不苟——著名科学家竺可桢	2011 年	夏琰	长春：吉林人民出版社
983	神奇校车：穿越飓风	2011 年	〔美〕乔安娜·柯尔文，〔美〕布鲁斯·迪根图，蒲公英童书馆译	贵阳：贵州人民出版社
984	神奇校车：穿越雷电	2011 年	〔美〕乔安娜·柯尔文，〔美〕布鲁斯·迪根图，漆仰平译	贵阳：贵州人民出版社
985	神奇校车：追踪龙卷风	2011 年	〔美〕乔安娜·柯尔文，〔美〕布鲁斯·迪根图，汪晓英译	贵阳：贵州人民出版社
986	科学图书馆：天气改变了历史	2011 年	〔美〕劳拉·李著，林文鹏、蔡和兵译	上海：上海科学技术文献出版社
987	权威探秘百科：自然探秘：热带雨林·极端天气·火山和地震	2011 年	〔美〕肯·鲁宾，〔美〕理查德·沃格特，〔英〕罗莎琳·韦德著，马宏译	昆明：晨光出版社
988	美国最新图解百科：气象与气候	2011 年	〔日〕株式会社学研教育著，〔美〕美国最新图解百科编译组译	长春：吉林文史出版社
989	院士推荐外国新科普书系：极端天气	2011 年	〔美〕凯瑟琳·辛普森（Kathleen Simpson）著，王鸣阳译	北京：天天出版社
990	混沌沿岸：天气物语	2011 年	〔美〕保罗·耶格尔（Paul Yeager），刘芸芸译	北京：科学出版社
991	农政全书	2011 年	徐光启	上海：上海古籍出版社

续表

编号	书名	出版时间	作译者	出版单位
992	危险的天气丛书：干旱	2011 年	〔英〕迈克尔·阿拉贝著，张镌译	上海：上海科学技术文献出版社
993	危险的天气丛书：洪水	2011 年	〔英〕迈克尔·阿拉贝著，李欣译	上海：上海科学技术文献出版社
994	危险的天气丛书：飓风	2011 年	〔英〕迈克尔·阿拉贝著，刘淑华译	上海：上海科学技术文献出版社
995	危险的天气丛书：龙卷风	2011 年	〔英〕迈克尔·阿拉贝著，朱晓宁译	上海：上海科学技术文献出版社
996	危险的天气丛书：气候变化	2011 年	〔英〕迈克尔·阿拉贝著，马晶译	上海：上海科学技术文献出版社
997	危险的天气丛书：雾烟雾酸雨	2011 年	〔英〕迈克尔·阿拉贝著，邓海涛译	上海：上海科学技术文献出版社
998	危险的天气丛书：雪暴	2011 年	〔英〕迈克尔·阿拉贝著，戴东新译	上海：上海科学技术文献出版社
999	口袋里的百科：气候：你需要知道的超过 3000 个基本事实	2011 年	〔英〕麦可·布莱特（Michael Bright）著，郑诗雨译	上海：复旦大学出版社
1000	气候是如何运转的	2011 年	〔英〕克里斯蒂安娜·多里翁（Christiane Dorion）著，荣信文化编译	西安：未来出版社
1001	中小学生课外环保双语科普读物：气候变化	2011 年	〔英〕海伦·奥姆（Helen Orme）著，王晶晶、姜晓莉译	北京：中国环境科学出版社
1002	新世纪儿童百科：龙卷风是怎样形成的?	2011 年	〔英〕苏珊娜·斯莱德著，卡里·皮罗绘，吴阳译	福州：福建少年儿童出版社
1003	疯狂的力：气压和水压	2011 年	〔英〕理查·斯皮尔伯利（Richard Spilsbury）著，王国文、周洁译	哈尔滨：哈尔滨工业大学出版社
1004	探索·科学百科：极端天气	2012 年	〔澳〕爱德华·克洛斯著，刘芸芸译	广州：广东教育出版社
1005	探索·科学百科：天气解秘	2012 年	〔澳〕爱德华·克洛斯著，孙亚莉译	广州：广东教育出版社
1006	天气：雨、云、阳光	2012 年	〔德〕克里斯蒂安·黑尔克、卡塔琳娜·赫普夫尔、克里斯蒂娜·奥特著，郭颖平译	北京：新世界出版社
1007	小蓝狗大发现：变化的春夏秋冬	2012 年	〔德〕苏珊娜·瑞布歇尔（Susanne Rebscher）著，〔德〕卢卡斯·施奈尔绘，李莉娜译	石家庄：河北少年儿童出版社
1008	迷你苹果科普系列丛书：气候的变化	2012 年	〔法〕贝然杰乐·杜博乐、〔法〕娃蕾西·马森·德尔莫特著，传神译	北京：中国环境科学出版社

编号	书名	出版时间	作译者	出版单位
1009	蒲公英科学绘本系列：今天是会下雨还是会下雪？	2012 年	〔韩〕崔银奎编，〔韩〕杨惠媛绘，李荣译	杭州：浙江教育出版社
1010	培养孩子阳光性格的 8 堂自然观察课 5：雨伞要远行	2012 年	〔韩〕大天牛工作室著，李晶晶译	北京：中信出版社
1011	培养孩子阳光性格的 8 堂自然观察课 6：地球怎么哭了？	2012 年	〔韩〕大天牛工作室著，〔韩〕李宣周绘，李晶晶译	北京：中信出版社
1012	天气是个善变鬼	2012 年	〔韩〕姜泰淑文，〔韩〕肖侑敏绘，陈钰译	长沙：湖南少年儿童出版社
1013	小海绵科学童话：淅淅沥沥，为什么会下雨？	2012 年	〔韩〕金英伊著，〔韩〕安孝善绘，金莲华译	延吉：延边教育出版社
1014	我发现了奥秘：世界上最最顽皮的天气书	2012 年	〔韩〕李浩先	长春：吉林出版集团有限责任公司
1015	小海绵科学童话：为什么会刮风？	2012 年	〔韩〕朴进英著，〔韩〕郑贤镇绘，金莲华译	延吉：延边教育出版社
1016	老师也偷窥的 33 个天气的故事	2012 年	〔韩〕申东翰著，〔韩〕三拍图，传神译	哈尔滨：黑龙江少年儿童出版社
1017	科学家讲的科学故事：托里拆利讲的大气压力的故事	2012 年	〔韩〕宋恩永著，吴荣华译	昆明：云南教育出版社
1018	科学家讲的科学故事：维恩讲的气候的故事	2012 年	〔韩〕宋恩永著，吴荣华译	昆明：云南教育出版社
1019	聪聪科学绘本：好天气，坏天气——多变的天气	2012 年	〔韩〕天才教育出版社编著，李炳未译	北京：电子工业出版社
1020	百变博士趣味科学全书 02——风——地球的守护者	2012 年	〔韩〕郑畅勋著，虫子男爵译	合肥：安徽教育出版社
1021	有趣的科学法庭：饥饿的云彩	2012 年	〔韩〕郑玩相著，牛林杰、王宝霞等译	北京：科学普及出版社
1022	自然科学启蒙：下雪了	2012 年	〔美〕弗兰克林·M. 布兰利（Franklyn M. Branley）著，霍利·凯勒（Holly Keller）图，余国芳译	北京：北京联合出版公司
1023	自然科学启蒙：为什么会有白天和黑夜	2012 年	〔美〕弗兰克林·M. 布兰利文著，亚瑟·多罗斯图，范晓星译	北京：北京联合出版公司
1024	自然科学启蒙：风从哪里来	2012 年	〔美〕亚瑟·多罗斯（Arthur Dorros）著，陈振威译	北京：北京联合出版公司
1025	自然科学启蒙：你四周都是空气	2012 年	〔美〕弗兰克林·M. 布兰利文，谢维玲译	北京：北京联合出版公司

编号	书名	出版时间	作译者	出版单位
1026	直击大灾难：干旱	2012 年	〔美〕朱迪·弗雷丁（Judith Fradin）、丹尼斯·弗雷丁（Dennis Fradin）著，高天羽译	北京：海豚出版社
1027	《气象知识》三十年文萃丛书：气候变化纵横谈	2012 年	《气象知识》编辑部	北京：气象出版社
1028	《气象知识》三十年文萃丛书：气象灾害面面观	2012 年	《气象知识》编辑部	北京：气象出版社
1029	《气象知识》三十年文萃丛书：晴阴冷暖总关情	2012 年	《气象知识》编辑部	北京：气象出版社
1030	《气象知识》三十年文萃丛书：万千气象多纷呈	2012 年	《气象知识》编辑部	北京：气象出版社
1031	爱国 奉献 创新系列丛书：竺可桢的故事	2012 年	林文力	呼伦贝尔：内蒙古文化出版社
1032	百姓气象灾害应急避险手册	2012 年	郭虎	北京：气象出版社
1033	包头市气象灾害防御手册	2012 年	白月波、白国平	北京：气象出版社
1034	北京市常见气象灾害防护常识	2012 年	北京市海淀区气象局	北京：气象出版社
1035	不能忘却的灾难系列丛书：天空在悲鸣	2012 年	黄寰、罗子欣	北京：北京联合出版公司
1036	常州气象灾害预警防御读本	2012 年	薛留芳	南京：东南大学出版社
1037	当代中国科普精品书系科普童话绘本馆：地面上的"云"	2012 年	程昱华	北京：电子工业出版社
1038	当代中国科普精品书系科普童话绘本馆：天上掉下的晶豆子	2012 年	程昱华	北京：电子工业出版社
1039	地理知识知道点：地球的变脸——天气与气候	2012 年	李超	芜湖：安徽师范大学出版社
1040	地球资源与保护丛书：气候资源大观	2012 年	张雷	北京：中国财政经济出版社
1041	巅峰阅读文库：触碰生存的底线——谈沙漠中的气候与动植物	2012 年	陈小和	天津：天津人民出版社
1042	儿童安全自救自护读本：暴风雨雪天气如何应对	2012 年	李卓声	长春：吉林摄影出版社
1043	二十四节气常识一本通	2012 年	张超	北京：中国纺织出版社
1044	二十四节气全知道	2012 年	季琪	北京：中国纺织出版社
1045	二十四节气知识全书	2012 年	陶红亮	北京：化学工业出版社

编号	书名	出版时间	作译者	出版单位
1046	风云岁月：传教士与徐家汇天文台	2012 年	王钱国忠	上海：上海科学普及出版社
1047	关注天灾知识丛书：关注旱灾	2012 年	杨建春	长春：东北师范大学出版社
1048	关注天灾知识丛书：关注水灾	2012 年	徐易红	长春：东北师范大学出版社
1049	关注天灾知识丛书：关注雪灾	2012 年	李志强	长春：东北师范大学出版社
1050	禾子畅游二十四节气	2012 年	杨奇斌	北京：中国水利水电出版社
1051	河北省气象信息员工作手册	2012 年	郭树军	北京：气象出版社
1052	华人十大科学家：竺可桢	2012 年	张清平	郑州：河南文艺出版社
1053	解读新农村防雷	2012 年	江苏新农村防雷工程示范区建设项目组	北京：气象出版社
1054	金色乡村出版工程：你不知道的二十四节气	2012 年	刘国阳	沈阳：辽宁人民出版社
1055	开阔青少年视野的科普书：雨和雪是怎么来的	2012 年	田小红	北京：光明日报出版社
1056	科普乐园：天公也有喜怒哀乐	2012 年	王静	郑州：郑州大学出版社
1057	科学普及读本：奥妙的风世界	2012 年	雅风斋	北京：金盾出版社
1058	科学探索小实验系列丛书：探索天气中的科学	2012 年	宫春洁、杨春辉、何欣	长春：吉林人民出版社
1059	空间天气与 2012：百个奇问妙答	2012 年	曹静、徐杰、王劲松	广州：广东科技出版社
1060	农村气象防灾减灾科普系列丛书：气象与交通事故及防御	2012 年	姚永明、姚雷、吴凯	北京：气象出版社
1061	农业气象知识与实用技术	2012 年	大理州气象局、大理州气象学会	北京：气象出版社
1062	莆田市气象防灾减灾知识读本	2012 年	莆田市气象局	福州：福建省地图出版社
1063	气象奥秘——综合知识卷	2012 年	《气象奥秘》编写组	北京：气象出版社
1064	气象改变什么	2012 年	李正平、刘保国	合肥：安徽人民出版社
1065	气象神探贝贝狗系列①：一滴水引发的火灾	2012 年	朱应珍著，陈绯旸绘图	北京：气象出版社
1066	气象神探贝贝狗系列②：雨中自动射击的手枪	2012 年	朱应珍著，陈绯旸绘图	北京：气象出版社

续表

编号	书名	出版时间	作译者	出版单位
1067	气象神探贝贝狗系列③：森林村的怪病	2012 年	朱应珍著，陈绯旸绘图	北京：气象出版社
1068	气象神探贝贝狗系列④：消失在雪地的凶器	2012 年	朱应珍著，陈绯旸绘图	北京：气象出版社
1069	气象神探贝贝狗系列⑤：河堤决口谜案	2012 年	朱应珍著，陈绯旸绘图	北京：气象出版社
1070	气象神探贝贝狗系列⑥：网银大盗	2012 年	朱应珍著，陈绯旸绘图	北京：气象出版社
1071	气象神探贝贝狗系列⑦：天外来箭	2012 年	朱应珍著，陈绯旸绘图	北京：气象出版社
1072	气象为新农村建设服务系列丛书：气象与农事（修订版）	2012 年	徐仁吉	北京：气象出版社
1073	气象谚语精选——天气预报小常识	2012 年	朱振全	北京：金盾出版社
1074	青少年科学普及丛书：天气变化早知道	2012 年	姜忠喆、李慕南	长春：北方妇女儿童出版社
1075	青少年科学素质培养丛书：天气与气候	2012 年	谢宇、李翠	石家庄：河北少年儿童出版社
1076	青少年科学探索·求知·发现丛书：气象——阴晴冷暖早知道	2012 年	秦赟	合肥：安徽科学技术出版社
1077	青少年应该知道的二十四节气	2012 年	杜跃	济南：泰山出版社
1078	泉州市天气知识和气象防灾手册	2012 年	张加春、饶灶鑫	北京：气象出版社
1079	社区气象灾害避险指南	2012 年	中国气象局	北京：气象出版社
1080	生活防雷	2012 年	刘向华、梅薇薇、袁宏军	长沙：湖南科学技术出版社
1081	世界五千年科技故事丛书：中国近代气象学的奠基人 竺可桢的故事	2012 年	展文涛	长春：吉林科学技术出版社
1082	守望家园：是人为还是自然——气候异常	2012 年	杨呈旭	长春：吉林出版集团有限责任公司
1083	探究式科普丛书：变化无穷的云	2012 年	林静	北京：中国社会出版社
1084	探究式科普丛书：变化异常的天气——天气和气候	2012 年	林静	北京：中国社会出版社
1085	探究式科普丛书：晶莹剔透的雪	2012 年	林静	北京：中国社会出版社

续表

编号	书名	出版时间	作译者	出版单位
1086	探究式科普丛书：流动的空气——风	2012 年	林静	北京：中国社会出版社
1087	探究式科普丛书：凝固的水——冰	2012 年	林静	北京：中国社会出版社
1088	探究式科普丛书：滋润大地的雨	2012 年	林静	北京：中国社会出版社
1089	探索神秘的大自然：春夏秋冬的奥秘	2012 年	王建国	芜湖：安徽师范大学出版社
1090	探索神秘的大自然：奇妙的天气	2012 年	王建国	芜湖：安徽师范大学出版社
1091	我们的地球家园：风霜露的形成	2012 年	史春伟	芜湖：安徽师范大学出版社
1092	我们的地球家园：闪电与雷	2012 年	史春伟	芜湖：安徽师范大学出版社
1093	我们的地球家园：雨与雪的形成	2012 年	史春伟	芜湖：安徽师范大学出版社
1094	我们的地球家园：自然界的大气与天气	2012 年	史春伟	芜湖：安徽师范大学出版社
1095	小朋友最喜欢问的 100 个为什么：天文气象	2012 年	青藤	北京：电子工业出版社
1096	小学气象科学普及教育读本（三年级）	2012 年	金海滨、郑海祥	北京：气象出版社
1097	小学气象科学普及教育读本（四年级）	2012 年	金海滨、郑海祥	北京：气象出版社
1098	小学气象科学普及教育读本（五年级）	2012 年	金海滨、郑海祥	北京：气象出版社
1099	小学生防灾减灾科普漫画故事丛书：虎嘟嘟魔幻大历险之大战孽龙精	2012 年	姜永育	北京：气象出版社
1100	小学生防灾减灾科普漫画故事丛书：虎嘟嘟魔幻大历险之激斗喷火魔	2012 年	姜永育	北京：气象出版社
1101	小学生防灾减灾科普漫画故事丛书：虎嘟嘟魔幻大历险之降伏疙瘩妖	2012 年	姜永育	北京：气象出版社
1102	小学生防灾减灾科普漫画故事丛书：虎嘟嘟魔幻大历险之三打独眼怪	2012 年	姜永育	北京：气象出版社
1103	小学生防灾减灾科普漫画故事丛书：虎嘟嘟魔幻大历险之深陷大雪山	2012 年	姜永育	北京：气象出版社

续表

编号	书名	出版时间	作译者	出版单位
1104	小学生防灾减灾科普漫画故事丛书：虎嘟嘟魔幻大历险之生死北极地	2012 年	姜永育	北京：气象出版社
1105	小学生防灾减灾科普漫画故事丛书：虎嘟嘟魔幻大历险之受困魔鬼城	2012 年	姜永育	北京：气象出版社
1106	小学生防灾减灾科普漫画故事丛书：虎嘟嘟魔幻大历险之误入死亡谷	2012 年	姜永育	北京：气象出版社
1107	小学生防灾减灾科普漫画故事丛书：虎嘟嘟魔幻大历险之遇险长鼻怪	2012 年	姜永育	北京：气象出版社
1108	小学生防灾减灾科普漫画故事丛书：虎嘟嘟魔幻大历险之智破幽灵阵	2012 年	姜永育	北京：气象出版社
1109	写给孩子的环保启蒙：大气的故事	2012 年	梅鹏蔚	天津：新蕾出版社
1110	新农村新农民书系：专家讲科普篇——气象	2012 年	谭东	天津：天津科学技术出版社
1111	学生自然灾害防范安全教育知识读本	2012 年	戴志强	昆明：云南大学出版社
1112	应对自然灾害卷丛书：水多水少话祸福	2012 年	吕娟	北京：科学普及出版社
1113	幼儿十万个为什么：太阳、月亮和风雨	2012 年	王国忠、郑延慧、盛如梅	成都：四川少年儿童出版社
1114	人文与社会译丛：灾异手记——人类、自然和气候变化	2012 年	〔美〕伊丽莎白·科尔伯特（Elizabeth Kolbert），何恬译	南京：译林出版社
1115	中国气象山歌	2012 年	黄运丰	北京：气象出版社
1116	中国青少年成长必读：惊悚人心的雪灾地震	2012 年	郑永安	长春：东北师范大学出版社
1117	中国青少年科普丛书：气象知识一本通	2012 年	孟祥君	北京：国防大学出版社
1118	中华传统文化经典：二十四节气	2012 年	余耀东	合肥：黄山书社
1119	中华气象谚语大观	2012 年	任国玉、曾金星、王奉安	北京：气象出版社
1120	中华气象谚语精解	2012 年	严光华、官秀珠	北京：气象出版社
1121	中小学防雷避险知识读本	2012 年	《中小学防雷避险知识读本》编写组	北京：气象出版社
1122	中小学生校园科普系列丛书：了不起的大气（初中版）	2012 年	宫淑敏	哈尔滨：黑龙江教育出版社

续表

编号	书名	出版时间	作译者	出版单位
1123	中小学生校园科普系列丛书：了不起的大气（小学版）	2012 年	宫淑敏	哈尔滨：黑龙江教育出版社
1124	卓越科学家的工作与创新方法系列研究丛书：领袖科学家——王大珩 叶笃正 刘东生	2012 年	吴彤等	北京：中国科学技术出版社
1125	自然小百科：关注风灾	2012 年	李志强	长春：东北师范大学出版社
1126	最高科技奖获得者系列丛书：站在珠峰之巅——大气物理学家叶笃正	2012 年	郑培明	南昌：江西高校出版社
1127	自然科学启蒙：看云识天气	2012 年	〔美〕安妮·罗克韦尔（Anne Rockwell）著，〔美〕弗兰妮·拉萨奇（Frané Lessac）图，陈振威译	北京：北京联合出版公司
1128	美国中小学生科学阅读系列：冰雪世界	2012 年	〔美〕美国卡洛斯出版集团编，小多（北京）文化传媒有限公司编译	南宁：广西教育出版社
1129	美国中小学生人文和科学阅读系列：担心全球变暖	2012 年	〔美〕美国卡洛斯出版集团编，小多（北京）文化传媒有限公司译	南宁：广西教育出版社
1130	宇宙的答案云知道	2012 年	〔美〕加文·普雷特－平尼（Gavin Pretor-Pinney）著，黄琳、刘玲译	海口：南海出版公司
1131	中小学生环保第 1 书·第二季：大气——地球的呼吸	2012 年	〔日〕山崎庆太编，刘建男、陈及辛译	长春：吉林文史出版社
1132	小小科学家：气候	2012 年	〔西〕诺莉亚·罗卡、〔西〕艾姆帕·那梅奈斯著，杨慧、徐静译	沈阳：辽宁少年儿童出版社
1133	自然灾难探索系列：洪水	2012 年	〔英〕路易斯·斯皮尔伯利（Louise Spilsbury）、理查德·斯皮尔伯利（Richard Spilsbury）著，唐丹妮译	乌鲁木齐：新疆青少年出版社
1134	自然灾难探索系列：飓风	2012 年	〔英〕路易斯·斯皮尔伯利、理查德·斯皮尔伯利著，唐丹妮译	乌鲁木齐：新疆青少年出版社
1135	自然灾难探索系列：龙卷风	2012 年	〔英〕路易斯·斯皮尔伯利、理查德·斯皮尔伯利著，唐丹妮译	乌鲁木齐：新疆青少年出版社
1136	神奇的宇宙：地球生命不可缺失的大气层	2012 年	张法坤	北京：现代出版社

续表

编号	书名	出版时间	作译者	出版单位
1137	青少年探索发现百科丛书：天气谜团	2013 年	〔澳〕澳大利亚威尔顿·欧文公司著，李静译	北京：中国地图出版社
1138	中国第一套儿童情景百科：天气	2013 年	〔德〕海克·赫曼著，〔德〕波尔绘，任铁虹译	武汉：湖北少年儿童出版社
1139	小小气候探索家	2013 年	〔德〕约阿希姆·莱希、〔德〕乌特·洛文贝克著，王景楠译	武汉：湖北少年儿童出版社
1140	德国青少年科普读物经典丛书：雷雨天气——阳光、风雨，还有云，气候是怎样形成的	2013 年	〔德〕赖讷·舒西斯著，葛蓁蓁译	北京：科学普及出版社
1141	给我的孩子讲述系列：给我的孩子讲气候变化	2013 年	〔法〕让-马克·扬科维奇（Jean-Marc Jancovici）著，周小珊译	重庆：重庆大学出版社
1142	"会变色的"化学书：空气——无色、无味，但万万不可缺少	2013 年	〔韩〕图书出版城佑执笔委员会著，〔韩〕图书出版城佑插画制作委员会绘，千太阳译	北京：人民邮电出版社
1143	我超喜欢的趣味科学书：世界上最闷最闷的天气书（珍藏版）	2013 年	〔韩〕崔善喜著，〔韩〕金住京绘，千太阳译	北京：中信出版社
1144	新概念科学系列：天气变啦！	2013 年	〔韩〕李美爱著，千太阳译	北京：现代教育出版社
1145	聪聪科学绘本：春夏秋冬季节与气候	2013 年	〔韩〕天才教育出版社编著，李炳未译	北京：电子工业出版社
1146	自然科学启蒙：闪电，打雷，轰隆隆	2013 年	〔美〕弗兰克林·M. 布兰利著，王玲月译	北京：北京联合出版公司
1147	自然科学启蒙：下雨了	2013 年	〔美〕弗兰克林·M. 布兰利著，蒋育茳译	北京：北京联合出版公司
1148	机敏问答：天气	2013 年	〔美〕凯文·海尔（Kevin Hile）著，赵巍主译	上海：上海科学技术文献出版社
1149	致命天气	2013 年	〔美〕海蒂·卡伦（Heidi Cullen）著，顾康毅译	南京：译林出版社
1150	儿童自然探索绘本：嘿，今天天气怎么样	2013 年	〔美〕马莎·E. H. 拉斯塔德（Martha E. H. Rustad）文，叔莫译	昆明：晨光出版社
1151	"轻松知气象"科普丛书：大气的奥秘	2013 年	金传达	北京：气象出版社
1152	"轻松知气象"科普丛书：最有趣的天气	2013 年	金传达	北京：气象出版社
1153	CCTV 探索科学文明系列：气候大爆炸：时空之旅带你探索 248 个气候秘密	2013 年	中央电视台、华风气象传媒集团、中央新影集团	北京：中国轻工业出版社

续表

编号	书名	出版时间	作译者	出版单位
1154	安全教育知识读本：应对极端天气	2013 年	赵斌	郑州：中州古籍出版社
1155	安全教育知识读本：战胜洪水灾害	2013 年	赵斌	郑州：中州古籍出版社
1156	保护我们的地球：大气与空气	2013 年	田力	北京：现代出版社
1157	北京市气象灾害预警信号与防御指南	2013 年	北京市气象局	北京：气象出版社
1158	赤峰市气象灾害防御实用技术手册	2013 年	任福江、李俊有	赤峰：内蒙古科学技术出版社
1159	达茂旗气象灾害防御指南	2013 年	林琳	北京：气象出版社
1160	当代中国科普精品书系：地球大气中的涡旋——揭秘气象灾害	2013 年	徐祥德、李泽椿、柳崇健	北京：科学普及出版社
1161	地理大千世界丛书：风云变幻	2013 年	徐强、兰常德、汪冬秀等	南昌：百花洲文艺出版社
1162	二十四节气知识	2013 年	许彦来	天津：天津科学技术出版社
1163	二十四节气知识全书	2013 年	梁全义	北京：北京联合出版公司
1164	防雷避险手册	2013 年	《防雷避险手册》编写组	北京：气象出版社
1165	风云雨雪　光风霁月——陶诗言传	2013 年	李娟娟	南京：江苏人民出版社
1166	跟着节气过日子	2013 年	周墨涵	北京：农村读物出版社
1167	工地气象灾害避险指南	2013 年	中国气象局气象宣传与科普中心	北京：气象出版社
1168	关注气候——中国气候及其文化影响	2013 年	林之光	北京：中国国际广播出版社
1169	海淀区气象信息员手册	2013 年	海淀区气象局	北京：气象出版社
1170	海淀区气象灾害防御指南	2013 年	海淀区气象局	北京：气象出版社
1171	河北省气象灾害防御办法速查手册	2013 年	河北省气象灾害防御中心	石家庄：河北美术出版社
1172	环境·气象	2013 年	王红	北京：企业管理出版社
1173	家庭书架：二十四节气全书	2013 年	《家庭书架》编委会	海口：南海出版公司
1174	看图识天气	2013 年	路桥区科学技术协会	北京：中国农业科学技术出版社
1175	科普通鉴：缤纷气候	2013 年	王建国	郑州：河南科学技术出版社

续表

编号	书名	出版时间	作译者	出版单位
1176	科普通鉴：多姿气象	2013 年	王建国	郑州：河南科学技术出版社
1177	科普图书馆：体验大气层	2013 年	杨广军	上海：上海科学普及出版社
1178	科学魅力：天气与气候	2013 年	黄勇	北京：兵器工业出版社
1179	空间和时间的综合体——宇宙：地球也需要呼吸	2013 年	姜廷午	长春：吉林摄影出版社
1180	旅游气象指南	2013 年	浙江省老科学技术工作者协会气象分会、浙江省气象局气象服务中心	北京：气象出版社
1181	美好未来丛书：地球生命的屏障——大气环境	2013 年	鲍新华、张戈、李方正	长春：吉林出版集团有限责任公司
1182	门头沟区气象灾害防御手册	2013 年	北京市门头沟区气象局	北京：气象出版社
1183	农村气象灾害避险指南	2013 年	中国气象局	北京：气象出版社
1184	气候变化：地球会改变什么？	2013 年	肖国举、张强	北京：气象出版社
1185	气象防范 24 法	2013 年	张晓鸣	上海：上海科学技术出版社
1186	青少年科普文库：学一点儿气象知识	2013 年	曾亮	北京：光明日报出版社
1187	青少年科普知识读本：你不了解的气象季候	2013 年	金帛	石家庄：河北科学技术出版社
1188	青少年科学探索第一读物：天气与气候	2013 年	晨风	兰州：甘肃科学技术出版社
1189	青少年气象科普知识漫谈：会变魔术的大气	2013 年	《气象知识》编辑部	北京：气象出版社
1190	青少年气象科普知识漫谈：可怕的水旱寒热	2013 年	《气象知识》编辑部	北京：气象出版社
1191	青少年气象科普知识漫谈：可以泄露的天机	2013 年	《气象知识》编辑部	北京：气象出版社
1192	青少年气象科普知识漫谈：恐怖的次生灾害	2013 年	《气象知识》编辑部	北京：气象出版社
1193	青少年气象科普知识漫谈：难得一见的奇观	2013 年	《气象知识》编辑部	北京：气象出版社
1194	青少年气象科普知识漫谈：难以捉摸的气候变化	2013 年	《气象知识》编辑部	北京：气象出版社
1195	青少年气象科普知识漫谈：奇奇怪怪的气候变化	2013 年	《气象知识》编辑部	北京：气象出版社

编号	书名	出版时间	作译者	出版单位
1196	青少年气象科普知识漫谈：气候——地球的塑型师	2013 年	《气象知识》编辑部	北京：气象出版社
1197	青少年气象科普知识漫谈：生活中的气象奥秘	2013 年	《气象知识》编辑部	北京：气象出版社
1198	青少年气象科普知识漫谈：吓人的风暴雷电	2013 年	《气象知识》编辑部	北京：气象出版社
1199	青少年应该知道的安全知识丛书：暴风雨雪安全知识	2013 年	伍英	昆明：云南美术出版社
1200	青少年应该知道的安全知识丛书：雷电灾害知识	2013 年	伍英	昆明：云南美术出版社
1201	青少年应该知道的安全知识丛书：水灾火灾知识	2013 年	伍英	昆明：云南美术出版社
1202	青少年应急自救知识读本：洪水防范与自救	2013 年	玮珏	石家庄：河北科学技术出版社
1203	青少年应急自救知识读本：台风防范与自救	2013 年	玮珏	石家庄：河北科学技术出版社
1204	青少年应急自救知识读本：雪灾防范与自救	2013 年	苏易	石家庄：河北科学技术出版社
1205	青少年自然地理博览：环球气象	2013 年	方国荣	合肥：安徽人民出版社
1206	青少年自然科普丛书：气象万千	2013 年	方国荣	北京：台海出版社
1207	不列颠图解科学丛书：天气和气候	2013 年	〔美〕美国不列颠百科全书公司编著，陈怡全译	北京：中国农业出版社
1208	全球气候变化知识入门	2013 年	叶谦	哈尔滨：黑龙江科学技术出版社
1209	中华文明探微：润物的歌咏——中国节气	2013 年	祝亚平	北京：北京教育出版社
1210	赛尔号雷伊大战孙悟空8：大气层	2013 年	上海淘米网络科技有限公司	长春：吉林出版集团有限责任公司
1211	十万个为什么：天文 气象 地理 奥秘	2013 年	付莹莹	北京：旅游教育出版社
1212	实干兴邦 科学家故事丛书：竺可桢的故事	2013 年	林承谟	武汉：华中科技大学出版社
1213	手绘新编自然灾害防范百科：风暴防范百科	2013 年	谢宇	西安：西安电子科技大学出版社
1214	手绘新编自然灾害防范百科：洪涝防范百科	2013 年	谢宇	西安：西安电子科技大学出版社

续表

编号	书名	出版时间	作译者	出版单位
1215	手绘新编自然灾害防范百科：雪暴防范百科	2013 年	谢宇	西安：西安电子科技大学出版社
1216	探秘 PM$_{2.5}$	2013 年	吴兑	北京：气象出版社
1217	探索 自然现象篇：闪电之谜	2013 年	穆海迪	哈尔滨：东北林业大学出版社
1218	探索科学百科丛书：天气	2013 年	哲丰	武汉：湖北科学技术出版社
1219	图画科学馆：托里拆利讲空气	2013 年	〔韩〕金江振著，〔韩〕朴智慧绘，巩春亭译	北京：华夏出版社
1220	图解灾害百科丛书：洪涝	2013 年	谢宇	石家庄：花山文艺出版社
1221	图解灾害百科丛书：雪灾	2013 年	谢宇	石家庄：花山文艺出版社
1222	图说科普百科：百变无常的天气气候	2013 年	林新杰	北京：测绘出版社
1223	图说灾难逃生自救丛书：水灾	2013 年	孙海晨	北京：人民卫生出版社
1224	玩转科学系列：超有趣的气候小实验	2013 年	籍钦光	北京：化学工业出版社
1225	雾霾与健康100问	2013 年	马文领、刘玉龙、程传苗等	上海：第二军医大学出版社
1226	小多人文科学阅读系列：如果世界没有风	2013 年	小多（北京）文化传媒公司	南宁：广西教育出版社
1227	小学生课外知识早知道：天文气象早知道	2013 年	宋天羽	杭州：浙江少年儿童出版社
1228	信仰的力量·中外名人故事：竺可桢	2013 年	陈泽华	长春：吉林教育出版社
1229	宜州历史名人丛书：连天烽火化春风——竺可桢在宜州	2013 年	温存超、罗传清	桂林：广西师范大学出版社
1230	优秀科普读物：天气的奥秘	2013 年	张艳玲	广州：新世纪出版社
1231	有趣的少儿科普书：气象与生活	2013 年	王敬东	济南：济南出版社
1232	灾害来临怎么办：冰雪灾避险自救	2013 年	张庆阳	北京：中国质检出版社，中国标准出版社
1233	灾害来临怎么办：水灾避险自救	2013 年	何晓燕、黄先龙、祈文军	北京：中国质检出版社，中国标准出版社
1234	《中国大百科全书》普及版：气象万千——探索天气的奥秘	2013 年	《中国大百科全书》普及版编委会	北京：中国大百科全书出版社

续表

编号	书名	出版时间	作译者	出版单位
1235	中国红读图时代：二十四节气	2013 年	王佳	合肥：黄山书社
1236	中国幼儿百科全书：天气的变化（中英文双语版）	2013 年	《中国幼儿百科全书》编委会	北京：中国大百科全书出版社
1237	漫话中华民俗丛书：中华二十四节气（第二版）	2013 年	王修筑	北京：气象出版社
1238	中华青少年科学文化博览丛书·气象卷：图说冰雹	2013 年	王颖、吴雅楠	长春：吉林出版集团有限责任公司
1239	中华青少年科学文化博览丛书·气象卷：图说大气与大气压力	2013 年	王颖、阚男男	长春：吉林出版集团有限责任公司
1240	中华青少年科学文化博览丛书·气象卷：图说海市蜃楼	2013 年	闻婷、赫金玲	长春：吉林出版集团有限责任公司
1241	中华青少年科学文化博览丛书·气象卷：图说洪水与干旱	2013 年	王颖、闻婷	长春：吉林出版集团有限责任公司
1242	中华青少年科学文化博览丛书·气象卷：图说雷电	2013 年	于淼、阚男男	长春：吉林出版集团有限责任公司
1243	中华青少年科学文化博览丛书·气象卷：图说台风和寒潮	2013 年	阚男男、吴雅楠	长春：吉林出版集团有限责任公司
1244	中华青少年科学文化博览丛书·气象卷：图说温度与湿度	2013 年	阚男男、于淼	长春：吉林出版集团有限责任公司
1245	中华青少年科学文化博览丛书·气象卷：图说云雾凇	2013 年	王颖、吴雅楠	长春：吉林出版集团有限责任公司
1246	中小学气象灾害避险指南	2013 年	中国气象局	北京：气象出版社
1247	中小学生不可不知的气象奇观	2013 年	李平	北京：经济科学出版社
1248	中小学自然科普丛书：风云变幻的大气	2013 年	章淹、林之光、游来光等	南京：江苏科学技术出版社
1249	竺可桢与陈寅恪：科学巨擘与史学大师的交往	2013 年	张荣明	桂林：漓江出版社
1250	小小科学家百科丛书：天气	2013 年	〔美〕世界图书出版公司著，王素译	北京：教育科学出版社
1251	自然小百科自然传奇丛书：风的传奇	2013 年	陈曦	上海：上海科学普及出版社

编号	书名	出版时间	作译者	出版单位
1252	自然小百科自然传奇丛书：雪的传奇	2013年	吴采丽、郑春颖	上海：上海科学普及出版社
1253	自然灾害防范与自救知识系列丛书：城市内涝灾害防范与自救手册	2013年	国家防汛抗旱总指挥部办公室	北京：中国水利水电出版社
1254	自然灾害防范与自救知识系列丛书：山洪灾害防范与自救手册	2013年	国家防汛抗旱总指挥部办公室	北京：中国水利水电出版社
1255	自然灾害防范与自救知识系列丛书：台风灾害防范与自救手册	2013年	国家防汛抗旱总指挥部办公室	北京：中国水利水电出版社
1256	小学生漫画大科学：天气·地球	2013年	〔日〕每日小学生新闻编辑部著，〔日〕内山大助绘，杨雅琳译	北京：中国铁道出版社
1257	云知道答案	2013年	〔日〕武田康男著，周志燕译	长沙：湖南科学技术出版社
1258	明天是什么天气？晴天？阴天？雨天？	2013年	〔日〕野坂勇作著，田秀娟译	北京：新星出版社
1259	英国权威揭秘百科：天气揭秘	2013年	〔英〕迈克尔·阿拉贝著，周冠琳、吴磊译	北京：化学工业出版社
1260	发现身边的世界：天气变化	2013年	〔英〕麦克·哥德史密斯著，王鹏、陈实译	北京：科学普及出版社
1261	世界上最酷最酷的科学书：天气——一起来呼风唤雨	2013年	〔英〕丹·格林（Dan Green）著，〔英〕西蒙·贝舍尔（Simon Basher）图，赵畅译	长沙：湖南少年儿童出版社
1262	全球变暖（第四版）	2013年	〔英〕约翰·霍顿（John Houghton）著，戴晓苏、赵宗慈等译，丁一汇译校	北京：气象出版社
1263	我是科学小博士：天气	2013年	〔英〕凯特利奥纳·克拉克著，荣信文化编译	西安：未来出版社
1264	童眼看自然系列丛书：气象	2014年	〔法〕安妮-索菲·褒曼著，〔法〕索菲·勒伯绘，文睿译	济南：山东科学技术出版社
1265	小小世界 大大的我丛书：懂天气的大路叔叔	2014年	〔韩〕张善慧著，〔韩〕金松容绘，高莹译	武汉：湖北美术出版社
1266	你好！科学·最亲切的科学原理启蒙图画书：我来播报今天的天气	2014年	〔韩〕姜敏京文，〔韩〕金顺英图，王媛媛译	武汉：长江少年儿童出版社
1267	和科学一起玩丛书：变化无常的天气	2014年	〔韩〕许韶允著，〔韩〕金缮株绘，侯英坤译	南京：江苏科学技术出版社

续表

编号	书名	出版时间	作译者	出版单位
1268	冒险去，鲁滨孙！揭开气候异常的真相	2014 年	〔韩〕张恩膳著，〔韩〕李宇逸绘，张义译	北京：东方出版社
1269	自然科学启蒙：可怕的龙卷风	2014 年	〔美〕弗兰克林·M.布兰利，朱利奥·马埃斯特罗（Giulio Maestro）图，成诚译	北京：北京联合出版公司
1270	自然科学启蒙：天气早知道	2014 年	〔美〕琳达·德威特（Lynda Dewitt）文，〔美〕卡洛琳·克罗尔（Carolyn Croll）图，王启荣译	北京：北京联合出版公司
1271	权威探秘百科·无限探索版：可怕的风暴——天气力量的惊人爆发	2014 年	〔美〕迈克·格拉夫著，李妍译	昆明：晨光出版社
1272	盖尔·吉本斯少儿百科系列：季节	2014 年	〔美〕盖尔·吉本斯（Gail Gibbons），冯军岭译	南京：译林出版社
1273	盖尔·吉本斯少儿百科系列：飓风	2014 年	〔美〕盖尔·吉本斯，李肖雅译	南京：译林出版社
1274	盖尔·吉本斯少儿百科系列：龙卷风	2014 年	〔美〕盖尔·吉本斯，李肖雅译	南京：译林出版社
1275	神奇校车：乘风飞翔	2014 年	〔美〕乔安娜·柯尔文，〔美〕布鲁斯·迪根图，施芳译	贵阳：贵州人民出版社
1276	神奇校车：经历暴风雨	2014 年	〔美〕乔安娜·柯尔文，〔美〕布鲁斯·迪根图，施芳译	贵阳：贵州人民出版社
1277	神奇校车：雪野迷踪	2014 年	〔美〕乔安娜·柯尔文，〔美〕布鲁斯·迪根图，施芳译	贵阳：贵州人民出版社
1278	自然科学启蒙：地球为什么变暖了	2014 年	〔美〕安妮·罗克韦尔文，保罗·迈泽尔（Paul Meisel）图，陈振威译	北京：北京联合出版公司
1279	北京市通州区气象信息员手册	2014 年	北京市通州区气象局	北京：气象出版社
1280	避灾自救手册：风灾	2014 年	国家减灾委员会办公室	北京：中国社会出版社
1281	避灾自救手册：水灾	2014 年	国家减灾委员会办公室	北京：中国社会出版社
1282	别让地球抛弃我们：认识可怕的气候灾害	2014 年	石磊	兰州：甘肃科学技术出版社
1283	彩图科技百科全书：全球气候变化	2014 年	《彩图科技百科全书》编辑部	上海：上海科学技术出版社
1284	超级爆笑的科学实验：多变的天气	2014 年	纸上魔方	贵阳：贵州人民出版社
1285	潮乎乎的天气书	2014 年	严寒编著，构兰英绘	北京：北京联合出版公司

续表

编号	书名	出版时间	作译者	出版单位
1286	地球科普王国系列丛书：气候与我们的环境	2014年	张先荣	武汉：武汉大学出版社
1287	二十四节气	2014年	叶华	桂林：广西师范大学出版社
1288	二十四节气知识	2014年	江楠	北京：中国华侨出版社
1289	公众环境保护与生态文明系列科普丛书：雾霾袭来，我们如何应对？	2014年	燕鲁创作工作室	北京：中国环境出版社
1290	好奇心书系 自然观察手册系列：云与大气现象	2014年	张超、王燕平、王辰	重庆：重庆大学出版社
1291	气候改变历史	2014年	〔美〕狄·约翰（Didier John）、王笑然主编，王笑然译	北京：金城出版社
1292	淮北市气象灾害防御实用技术手册	2014年	张永芹、党修伍	北京：气象出版社
1293	惠民小书屋丛书：节气	2014年	范时勇	重庆：重庆大学出版社
1294	节气·农谚·农事	2014年	吕波、路楠	北京：化学工业出版社
1295	科技探索·第一视野丛书：气候与节气漫谈	2014年	王建	北京：现代出版社
1296	科学地雷阵系列丛书：奇妙的天气军团	2014年	胡志强	北京：化学工业出版社
1297	小牛顿科学馆：可怕的霾	2014年	台湾牛顿出版公司	贵阳：贵州教育出版社
1298	流光溢彩的中华民俗文化丛书：趣味实用的节气农谚	2014年	吴雅楠	长春：吉林出版集团有限责任公司
1299	绿色地球丛书：地球上的大气	2014年	黄宇、王元媛	北京：化学工业出版社
1300	霾——我错了？	2014年	和牧声	北京：气象出版社
1301	宁夏洪涝灾害防御知识读本	2014年	宁夏回族自治区防汛抗旱指挥部办公室	银川：宁夏人民出版社
1302	农谚800句	2014年	中华农业科教基金会组	北京：中国农业出版社
1303	奇妙大自然丛书：水与天气的奥秘	2014年	青少年科普编辑室	成都：四川科学技术出版社
1304	气候变化与农业	2014年	蔡典雄、查燕	北京：中国农业科学技术出版社
1305	气象防灾减灾宝典	2014年	袁琳	北京：气象出版社
1306	气象防灾减灾科普知识丛书：中小学气象防灾减灾知识读本	2014年	王建忠	郑州：海燕出版社
1307	气象卫星与卫星气象	2014年	范天锡	北京：气象出版社

编号	书名	出版时间	作译者	出版单位
1308	气象灾害防灾减灾知识读本	2014 年	朱临洪	太原：山西科学技术出版社
1309	气象知识	2014 年	饶静	贵阳：贵州人民出版社
1310	青少年读图学科学丛书：千变万化的气象	2014 年	张德荣	合肥：安徽人民出版社
1311	青少年灾害逃生自救书：暴雨狂泻	2014 年	姜永育	南宁：广西人民出版社
1312	青少年灾害逃生自救书：巨浪滔天	2014 年	姜永育	南宁：广西人民出版社
1313	群芳吐艳 众星闪烁——《气象知识》获奖作品集（2010—2012 年）	2014 年	《气象知识》编辑部	北京：气象出版社
1314	赛尔号·我的第一套百科漫画书：天气与环境	2014 年	郭珣、尹雨玲	武汉：长江少年儿童出版社
1315	少儿科普名人名著书系：气象万千	2014 年	林之光	武汉：湖北少年儿童出版社
1316	生活中必不可少的常识系列书：不可不知的二十四节气——生活常识一本通	2014 年	九天书苑	北京：中国铁道出版社
1317	石家庄市气象信息员工作手册	2014 年	张秉祥	北京：气象出版社
1318	探索生活大奥秘丛书："性格迥异"的气候	2014 年	纸上魔方	济南：山东人民出版社
1319	青少年科学探索第一读物：天气与气候	2014 年	晨风	兰州：甘肃科学技术出版社
1320	同呼吸，共奋斗：大气污染防治知识读本	2014 年	安徽省环境保护厅	北京：中国环境出版社
1321	图解宇宙科普：变来变去的天气	2014 年	吴国峰	长春：吉林出版集团有限责任公司
1322	图解宇宙科普：穿越在异度空间	2014 年	吴国峰	长春：吉林出版集团有限责任公司
1323	图解宇宙科普：大气层怎么了	2014 年	吴国峰	长春：吉林出版集团有限责任公司
1324	图解宇宙科普：奇怪的气候科学	2014 年	吴国峰	长春：吉林出版集团有限责任公司
1325	图解宇宙科普：气象卫星直播	2014 年	吴国峰	长春：吉林出版集团有限责任公司
1326	图说灾难逃生自救丛书：风灾	2014 年	田军章	北京：人民卫生出版社
1327	图说灾难逃生自救丛书：雪灾	2014 年	周荣斌	北京：人民卫生出版社

编号	书名	出版时间	作译者	出版单位
1328	雾霾来了！清肺，防癌，少生病	2014 年	穆永涛	天津：天津科学技术出版社
1329	雾霾天气保健指南	2014 年	高占成、马艳良	北京：人民卫生出版社
1330	雾霾天气这样过：来自呼吸科医生的防护指南	2014 年	张永明	北京：东方出版社
1331	向老天爷要健康：24 节气养生大法（四季合辑）	2014 年	迷罗	杭州：浙江大学出版社
1332	小黄帽爱生活·巧避险科普丛书：怪力雷电	2014 年	左月著，蔡子君绘	东营：中国石油大学出版社
1333	小小牛顿成长馆丛书：风儿快点来	2014 年	台湾牛顿出版公司	桂林：广西师范大学出版社
1334	小学气象探究课	2014 年	周卫萍	北京：气象出版社
1335	新编气象灾害预警信号与防御指南	2014 年	《新编气象灾害预警信号与防御指南》编写组	北京：气象出版社
1336	星球保卫战丛书：对大气污染说不	2014 年	冀海波	石家庄：河北科学技术出版社
1337	星球保卫战丛书：期待沙尘暴的末日	2014 年	田勇	石家庄：河北科学技术出版社
1338	胸怀大气：陶诗言传	2014 年	陈正洪、杨桂芳	北京：中国科学技术出版社；上海：上海交通大学出版社
1339	直通科普大世界阅读丛书：奥秘世界大探索——气象日记大解密	2014 年	马金勇	合肥：安徽美术出版社
1340	直通科普大世界阅读丛书：科学天地面面观——气象卫星在线信息	2014 年	马金江	合肥：安徽美术出版社
1341	中国孩子最爱问的十万个为什么：天文气象——地理环境	2014 年	李晨森	北京：线装书局
1342	中国科普大奖图书典藏书系：气象万千	2014 年	林之光	武汉：湖北科学技术出版社
1343	中国科学院 21 世纪科普丛书：大气为什么闹脾气	2014 年	周家斌、李鸿洲	福州：福建少年儿童出版社
1344	中国少年少儿百科：天文气象	2014 年	彭杰	长春：吉林出版集团有限责任公司
1345	中华传统文化通俗读本：中国人的 24 个节气	2014 年	康威	北京：经济科学出版社
1346	中小学气象科技探究实践	2014 年	浙江省气象学会校园气象协会	北京：气象出版社
1347	自然国学丛书：人与自然的一门学问——二十四节气	2014 年	牟重行	深圳：海天出版社

续表

编号	书名	出版时间	作译者	出版单位
1348	自然探秘系列：可怕的天气	2014 年	齐浩然	北京：金盾出版社
1349	自然灾害：风灾——愤怒的天空	2014 年	黄勇	南宁：广西美术出版社
1350	自然灾害：旱灾——愤怒的自然	2014 年	黄勇	南宁：广西美术出版社
1351	自然灾害：洪灾——愤怒的江河	2014 年	黄勇	南宁：广西美术出版社
1352	自然灾害：雪灾——愤怒的雪花	2014 年	黄勇	南宁：广西美术出版社
1353	小牛顿科学馆：走，看云去	2014 年	台湾牛顿出版公司	贵阳：贵州教育出版社
1354	走进科普世界丛书：雪灾地震的可怕力量	2014 年	宋建华	武汉：武汉大学出版社
1355	野外探秘手册：气象的奥秘	2014 年	〔西〕爱德华多·班克里文，王丹译，〔西〕埃斯图迪奥·马塞尔工作室、加比·马丁图	北京：中国大百科全书出版社
1356	特殊天气：饥渴的大地——气候变化会带来更多干旱吗	2014 年	〔英〕迈克尔·阿拉贝，张镌译	上海：上海科学技术文献出版社
1357	特殊天气：空气中的烟、雾、酸——明天的空气会怎么样	2014 年	〔英〕迈克尔·阿拉贝，邓海涛译	上海：上海科学技术文献出版社
1358	特殊天气：灭顶之灾——洪水是如何运动的	2014 年	〔英〕迈克尔·阿拉贝，李欣译	上海：上海科学技术文献出版社
1359	特殊天气：气候变化的法则——气候变化有那么糟吗	2014 年	〔英〕迈克尔·阿拉贝，马晶译	上海：上海科学技术文献出版社
1360	特殊天气：天气的历史——那一年天气怎样	2014 年	〔英〕迈克尔·阿拉贝，刘红焰译	上海：上海科学技术文献出版社
1361	特殊天气：耀眼的暴风雪——气候变化会减少雪暴吗	2014 年	〔英〕迈克尔·阿拉贝，戴东新译	上海：上海科学技术文献出版社
1362	特殊天气：最猛烈的风暴——飓风是如何开始的	2014 年	〔英〕迈克尔·阿拉贝，刘淑华译	上海：上海科学技术文献出版社
1363	特殊天气：最强烈的涡旋——龙卷风里面发生了什么	2014 年	〔英〕迈克尔·阿拉贝，朱晓宁译	上海：上海科学技术文献出版社
1364	可怕的科学丛书：古怪天气	2014 年	〔英〕阿妮塔·加纳利，〔英〕迈克·菲利普斯（Mike Phillips）绘，叶盛译	南宁：接力出版社

续表

编号	书名	出版时间	作译者	出版单位
1365	启发科学问问看：雨是怎么形成的	2014 年	〔英〕苏珊·梅斯（Susan Mayes）文，〔英〕理查德·德弗雷尔、〔英〕迈克·普林格尔图，郑雪译	北京：北京联合出版公司
1366	启发科学问问看：夜晚为什么是黑的	2014 年	〔英〕索菲·泰赫塔文，〔英〕盖伊·史密斯、〔英〕约瑟夫·麦克尤恩、〔英〕布林·爱德华兹图，郑雪译	北京：北京联合出版公司
1367	DK 儿童目击者：多变的天气	2014 年	〔英〕凯伦·沃里斯著，杜倩译	北京：中国大百科全书出版社
1368	全球变迁	2014 年	倪宏坤	北京：中国盲文出版社
1369	气象百问：超级风	2014 年	中国气象局办公室等	福州：福建少年儿童出版社
1370	气象百问：缤纷气象	2015 年	中国气象局办公室等	福州：福建少年儿童出版社
1371	气象百问：有趣的气象实验室	2015 年	中国气象局办公室等	福州：福建少年儿童出版社
1372	气象百问：千变万化云和雨	2015 年	中国气象局办公室等	福州：福建少年儿童出版社
1373	气象百问：闪电与冰雹	2015 年	中国气象局办公室等	福州：福建少年儿童出版社
1374	天气	2015 年	〔德〕安格拉·魏因霍尔德著，温馨译	北京：北京科学技术出版社
1375	新概念儿童科学馆：地球村	2015 年	〔法〕弗勒鲁斯出版社编著，蒲秋影译	北京：北京科学技术出版社
1376	脑洞大开丛书：当老鼠兄弟遇见暴风雨	2015 年	〔法〕贝特丽丝·鲁埃尔、〔法〕米米·杜瓦内著，〔法〕英格丽·蒙西绘，刘畅、李焰明译	北京：中信出版社
1377	科学小博士：风从哪里来	2015 年	〔韩〕洪建国文、〔韩〕洪志成图，明天编译小组译	北京：团结出版社
1378	魔法科学苑·自然：千变万化的云——云的种类	2015 年	〔韩〕全俊著、〔韩〕尹经熙图，孙淑英译	济南：明天出版社
1379	魔法科学苑·自然：小魔女与旋风怪——风的形成	2015 年	〔韩〕任承完著，〔韩〕任经现图，孙淑英译	济南：明天出版社
1380	科学小博士：千变万化的天气	2015 年	〔韩〕许文胜文，〔韩〕李汉中图，明天编译小组译	北京：团结出版社
1381	小牛顿实验室系列丛书：呼风唤雨魔法师！气候学实验	2015 年	〔韩〕尹明蓥文，〔韩〕李鲜旼绘，千太阳译	北京：电子工业出版社
1382	致命天气	2015 年	〔美〕海蒂·卡伦（Heidi Cullen）著，顾康毅译	南京：译林出版社

编号	书名	出版时间	作译者	出版单位
1383	美国国家地理知识小百科：天气	2015 年	〔美〕凯西·弗尔冈、〔美〕蒂姆·萨马拉斯著，阳曦译	合肥：安徽少年儿童出版社
1384	难以忽视的真相	2015 年	〔美〕阿尔·戈尔著，徐彤、熊瑛、刘竞译	长沙：湖南科学技术出版社
1385	美国自然历史博物馆少儿科普：飓风来袭	2015 年	〔美〕玛丽·凯·卡尔森（Mary Kay Carson）编著，雪棣、卢伟译	北京：化学工业出版社
1386	美国自然历史博物馆少儿科普：龙卷风来袭	2015 年	〔美〕玛丽·凯·卡尔森编著，雪棣、卢伟译	北京：化学工业出版社
1387	美国自然历史博物馆少儿科普：认识天气	2015 年	〔美〕玛丽·凯·卡尔森编著，〔美〕辛西娅·肖（Cynthia Shaw）插图，雪棣、卢伟译	北京：化学工业出版社
1388	可怕的气候	2015 年	〔美〕海蒂·卡伦著，顾康毅译	南京：译林出版社
1389	极端天气	2015 年	〔美〕H. 迈克尔·莫吉尔（H. Michael Mogil）著，张立庆译	北京：人民邮电出版社
1390	美国自然历史博物馆少儿科普：追踪闪电	2015 年	〔美〕玛丽莎·斯图尔特（Melissa Stewart）编著，〔美〕辛西娅·肖插图，雪棣、卢伟译	北京：化学工业出版社
1391	气象观察图鉴：风雷云雨的真身与魅影	2015 年	〔日〕武田康男著，刘静译	北京：人民邮电出版社
1392	听爸爸讲科普丛书：天气变变变	2015 年	〔日〕村田弘子著，〔日〕手塚明美绘，尹伟译	沈阳：辽宁科学技术出版社
1393	24 节气顺时调养大全	2015 年	高文彦	南昌：江西科学技术出版社
1394	不搞笑，不科学丛书：疯狂的天气魔术师	2015 年	聂尊阳编著，构兰英绘	北京：新时代出版社
1395	不可不知的二十四节气常识	2015 年	梅子	北京：线装书局
1396	楚风荆韵话气象	2015 年	崔讲学、谭建民、王章敏等	北京：气象出版社
1397	大科学家的小故事：竺可桢	2015 年	张敏	苏州：苏州大学出版社
1398	大自然探索发现警觉避险丛书：雷雨来临时	2015 年	陈春艳	北京：气象出版社
1399	大自然探索发现警觉避险丛书：下雪的日子	2015 年	崔彩霞	北京：气象出版社
1400	对付雾霾100招	2015 年	李文青	南京：江苏科学技术出版社
1401	二十四节气：光阴的习俗与故事	2015 年	王加华	北京：光明日报出版社

编号	书名	出版时间	作译者	出版单位
1402	世界科普巨匠经典译丛：喜怒无常的天气	2015 年	〔苏〕米·伊林著，丁荣立译	上海：上海科学普及出版社
1403	共享小康生活系列读物：社会新风学文化生活——岁时节气知识文化读本	2015 年	胡元斌	奎屯：伊犁人民出版社
1404	广西壮族自治区山洪灾害知识手册	2015 年	广西壮族自治区水利科学研究院、广西壮族自治区防汛抗旱指挥部办公室	南宁：广西人民出版社
1405	贵州农谚	2015 年	黄必修、方荻	贵阳：贵州教育出版社
1406	贵州省科普丛书：自然灾害知识普及读本	2015 年	梁晓楠著，李克昌、刘春燕绘	贵阳：贵州科技出版社
1407	国家最高科学技术奖获得者书系：叶笃正的故事	2015 年	周玉冰	合肥：安徽少年儿童出版社
1408	国学典藏丛书：彩色图解二十四节气知识	2015 年	任思源	北京：北京联合出版公司
1409	孩子喜欢看的百科故事：多变的天气	2015 年	安城娜	北京：金盾出版社
1410	海南气象灾害与防御	2015 年	辛吉武	海口：海南出版社
1411	河南驻马店气象灾害及防御	2015 年	中国气象局气象宣传与科普中心、驻马店市气象局	北京：气象出版社
1412	湖南省张家界市气象防灾减灾手册	2015 年	张家界市气象局	北京：气象出版社
1413	自然灾害应急知识丛书（知识问答）：驾驭洪水"猛兽"	2015 年	中国灾害防御协会	北京：科学普及出版社
1414	江西省山洪灾害防范手册	2015 年	江西省防汛抗旱总指挥部办公室	南昌：江西美术出版社
1415	揭秘气象	2015 年	姜永育	北京：气象出版社
1416	经典科学系列：惊异的天空奇观	2015 年	齐浩然	北京：金盾出版社
1417	经典科学系列：恐怖的风暴	2015 年	齐浩然	北京：金盾出版社
1418	经典科学系列：恐怖的雷电现象	2015 年	齐浩然	北京：金盾出版社
1419	基础水情知识小学生读本：惊险的暑假——水灾来了怎么办	2015 年	水利部水情教育中心	武汉：长江出版社
1420	聚焦风云变幻 关注民生气象——《气象科普看台》系列画册（一）	2015 年	中国气象局气象宣传与科普中心、中国气象报社	北京：气象出版社

编号	书名	出版时间	作译者	出版单位
1421	看得见的科学：图说气候与环境	2015 年	〔加〕QA-International 著，田袆、窦志钢译	北京：人民邮电出版社
1422	看云识天气	2015 年	苏德斌	北京：气象出版社
1423	科学启蒙绘本：风从哪里来	2015 年	孙静编，吴飞绘	武汉：长江出版社
1424	老科学家学术成长资料采集工程丛书：竺可桢的抗战年代——竺藏照片考述	2015 年	樊洪业、李玉海	北京：中国科学技术出版社
1425	雷电人身伤害与防护	2015 年	李密	济南：山东人民出版社
1426	名家科学眼丛书：人类与灾害——大自然也任性	2015 年	罗祖德、于川江	上海：上海科学普及出版社
1427	宁强县小学气象科普读本	2015 年	张佳友	北京：气象出版社
1428	农历节气与农村节日	2015 年	陈丙合、高新宇	北京：金盾出版社
1429	气象防灾减灾科普手册	2015 年	中国气象局办公室、中国气象局气象宣传与科普中心、中国工程院环境与轻纺工程学部	北京：气象出版社
1430	气象防灾减灾科普知识丛书：农村气象防灾减灾知识读本	2015 年	王建忠	郑州：海燕出版社
1431	气象科技与社会文化发展	2015 年	王东	北京：科学出版社
1432	气象探奇	2015 年	姜永育	北京：气象出版社
1433	科学心系列丛书：品味地球大气层——自由舞者	2015 年	"科学心"系列丛书编委会	合肥：合肥工业大学出版社
1434	青少年太空探索科普丛书：空间天气与人类社会	2015 年	焦维新	北京：知识产权出版社
1435	三峡气候	2015 年	陈鲜艳、高迎新、李泽椿	北京：气象出版社
1436	陕西省气象灾害防御科普手册	2015 年	陕西省气象局、陕西省气象学会	北京：气象出版社
1437	探索神秘的天气：建立你的气象站	2015 年	胡敬超	杭州：杭州出版社
1438	调皮的风力	2015 年	豚宝宝早期教育研究中心	合肥：安徽少年儿童出版社
1439	童眼看气象	2015 年	胡春蕾、骆后平	北京：现代出版社
1440	童眼识天下：缤纷四季	2015 年	童心	北京：化学工业出版社
1441	图个明白：画说气象	2015 年	中国气象局、中国气象学会	北京：气象出版社
1442	雾霾防护手册	2015 年	李祥文	北京：电子工业出版社
1443	现代大学校长文丛：竺可桢卷	2015 年	余音	合肥：安徽教育出版社

续表

编号	书名	出版时间	作译者	出版单位
1444	现代农事与节气	2015 年	吕厚军、崔伟、吕波	北京：化学工业出版社
1445	乡村里的二十四节气：我记忆中的乡村故事	2015 年	朱殿封	北京：中国农业出版社
1446	乡镇气象灾害防御读本	2015 年	朱临洪	北京：气象出版社
1447	学科学魅力大探索：天气——喜怒无常的天气	2015 年	熊伟	汕头：汕头大学出版社
1448	远离雾霾毒害，你该怎么办？	2015 年	徐帮学	北京：化学工业出版社
1449	云南气象防灾减灾手册	2015 年	达月珍、孙绩华、黄中艳	昆明：云南人民出版社
1450	云天识玄机：周淑贞教授百年诞辰纪念文集	2015 年	华东师范大学地球科学部、地理科学学院	北京：科学出版社
1451	这就是二十四节气·春	2015 年	高春香、邵敏文，许明振、李婧绘	北京：海豚出版社
1452	这就是二十四节气·冬	2015 年	高春香、邵敏文，许明振、李婧绘	北京：海豚出版社
1453	这就是二十四节气·秋	2015 年	高春香、邵敏文，许明振、李婧绘	北京：海豚出版社
1454	这就是二十四节气·夏	2015 年	高春香、邵敏文，许明振、李婧绘	北京：海豚出版社
1455	指尖上的探索：为什么天气只能预报	2015 年	《指尖上的探索》编委会	北京：化学工业出版社
1456	中国儿童百科全书（普及版）：太空气象	2015 年	《中国大百科全书》编委会	北京：中国大百科全书出版社
1457	中国风格丛书：节气	2015 年	胡文涛	哈尔滨：哈尔滨出版社
1458	中国天气气候概况	2015 年	中国气象局气象宣传与科普中心	北京：气象出版社
1459	自然灾害的预防与自救丛书：风灾	2015 年	本书编委会	贵阳：贵州科技出版社
1460	自然灾害的预防与自救丛书：洪涝	2015 年	本书编委会	贵阳：贵州科技出版社
1461	自然灾害的预防与自救丛书：雪灾	2015 年	本书编委会	贵阳：贵州科技出版社
1462	自然灾害应急知识丛书：冰雪灾害防护	2015 年	中国灾害防御协会	北京：科学普及出版社
1463	自然灾害应急知识丛书：驾驭洪水"猛兽"	2015 年	中国灾害防御协会	北京：科学普及出版社
1464	自然灾害应急知识丛书：谨防惊雷闪电	2015 年	中国灾害防御协会	北京：科学普及出版社
1465	自然灾害与环保：风灾	2015 年	林新杰	北京：测绘出版社

续表

编号	书名	出版时间	作译者	出版单位
1466	自然灾害与环保：旱灾	2015 年	林新杰	北京：测绘出版社
1467	自然灾害与环保：洪灾	2015 年	林新杰	北京：测绘出版社
1468	自然灾害与环保：雪灾	2015 年	林新杰	北京：测绘出版社
1469	世界上最酷最酷的科学书：天气	2015 年	〔英〕丹·格林文，〔英〕西蒙·贝舍尔图，赵畅译	长沙：湖南少年儿童出版社
1470	小小探索家：疯狂的天气	2015 年	〔英〕黛博拉·凯瑟拉著，宋丽君译	成都：四川少年儿童出版社
1471	探索频道少儿大百科（精华版）：气象	2015 年	〔英〕路易斯·斯皮尔斯伯里编，〔英〕彼得·布尔等绘，郑雪译	武汉：长江少年儿童出版社
1472	青少年探索发现百科丛书：天气谜团	2016 年	〔澳〕威尔顿·欧文公司	北京：中国地图出版社
1473	大自然的礼物：关于空气和水的科学之旅	2016 年	〔法〕勒内·莫罗著，王晓东、陶震、倪明玖译	北京：科学出版社
1474	我的小问题：天气	2016 年	〔法〕帕斯卡尔·艾德兰著，〔法〕艾曼纽·里斯托绘，姚美译	北京：时代出版传媒股份有限公司、北京时代华文书局
1475	万物的秘密·自然丛书：变幻的天气	2016 年	〔法〕安妮–克莱尔·莱韦克（Anne-Claire Lévêque）、杰罗姆·佩拉著，苏迪译	北京：人民文学出版社
1476	小猪科学学校：云里落下的小猪——天气与气候变化	2016 年	〔韩〕白明西著，李树译	南昌：二十一世纪出版社集团
1477	大英儿童漫画百科：飞云号天气探险记	2016 年	〔韩〕波波讲故事著，〔韩〕崔宇彬绘，沈家佳译	长沙：湖南少年儿童出版社
1478	地理气象万万千：风是个淘气鬼	2016 年	〔韩〕金民姬文，〔韩〕姜宗珉绘，冀康译	青岛：青岛出版社
1479	地理气象万万千：水精灵的奇妙旅行	2016 年	〔韩〕伍朱英文，〔韩〕姜宗珉绘，冀康译	青岛：青岛出版社
1480	地理气象万万千：电闪雷鸣威力强	2016 年	〔韩〕伍朱英文，〔韩〕金太兰绘，冀康译	青岛：青岛出版社
1481	发现更多：天气	2016 年	〔美〕佩内洛普·阿隆、托里·高登–哈里斯著，郭毅鹏译	天津：新蕾出版社
1482	科学么么哒：探索春天——25 个了解春天的有趣方法	2016 年	〔美〕玛克辛·安德森（Maxine Anderson）著，迟庆立译	上海：上海科技教育出版社
1483	周读书系：难以忽视的真相	2016 年	〔美〕阿尔·戈尔著，熊瑛、徐彤、刘竞译	长沙：湖南科学技术出版社
1484	美国科学问答丛书：我们能掌握天气吗	2016 年	〔美〕凯文·海尔著，赵巍译	上海：上海科学技术文献出版社
1485	雪花的故事	2016 年	〔美〕马克·卡西诺（Mark Cassino）、乔恩·尼尔森（Jon Nelson）著，张博译	广州：新世纪出版社

续表

编号	书名	出版时间	作译者	出版单位
1486	一本漫画读懂气候变化	2016 年	〔美〕格雷迪·克莱恩（Grady Klein）、尤伦·鲍曼（Yoram Bauman）著，李月、周恬烨译	北京：机械工业出版社
1487	科学么么哒：探索天气——25 个了解天气的趣味活动	2016 年	〔美〕凯瑟琳·赖利（Kathleen M. Reilly）著，迟庆立译	上海：上海科技教育出版社
1488	"爱问 WHY" 美国经典儿童科学思维图画书：风可以跑多快	2016 年	〔美〕劳伦斯·F. 劳瑞（Lawrence F. Lowery）著，贝蒂·弗雷泽（B. Fraser）绘，陈蜜译	北京：电子工业出版社
1489	超级科学信息图：天气和气候	2016 年	〔美〕丽贝卡·罗厄尔著，〔美〕维妮塔·迪恩绘，张洁译	武汉：长江少年儿童出版社
1490	极端天气生存手册	2016 年	〔美〕丹尼斯·默塞尤（Dennis Mersereau）、罗伯特·F. 詹姆斯（Robert F. James）、《户外生活》编辑组（Outdoor Life）编，张立庆译	北京：人民邮电出版社
1491	科学我最棒：千奇百怪的云	2016 年	〔美〕纳迪亚·希金斯、丽娜·卡尔波著，〔美〕安德烈斯·马丁内斯·里奇绘，赵炎、惠祥明译	沈阳：辽宁少年儿童出版社
1492	南怀仁的《欧洲天文学》	2016 年	〔比〕南怀仁著，〔比〕高华士英译，余三乐中译	郑州：大象出版社
1493	图灵新知丛书：雷电之书	2016 年	〔日〕冈野大祐著，刘红曼译	北京：人民邮电出版社
1494	图解版十万个为什么：气象与气候	2016 年	〔日〕株式会社学研教育著，图解百科编译组译	北京：中华工商联合出版社
1495	图解科普知识系列：图解气象知识	2016 年	〔日〕岩秀秀明、今井明子著，魏伟、雨晴译	长沙：湖南科学技术出版社
1496	《科学美国人》精选系列：2036，气候或将灾变——环境与新源新解	2016 年	《环球科学》杂志社、外研社科学出版工作室	北京：外语教学与研究出版社
1497	爆笑科技 50 问系列：瞬息万变的气候	2016 年	〔加〕塔妮娅·劳埃德（Tania Lloyd）、〔加〕罗斯·金奈德（Ross Kinnaird）绘，查叶娟、韩笑译	杭州：浙江教育出版社
1498	北极光科幻故事丛书："雨"绿撒哈拉	2016 年	桑榆	北京：气象出版社
1499	北极光科幻故事丛书：拯救雾霾星球	2016 年	桑榆	北京：气象出版社
1500	北京天气漫话	2016 年	尹焰寅	北京：气象出版社
1501	常见农业气象灾害科普手册	2016 年	中国气象局气象宣传与科普中心、国家气象中心	北京：气象出版社
1502	大家小书丛书：天道与人文	2016 年	竺可桢	北京：北京出版社

续表

编号	书名	出版时间	作译者	出版单位
1503	当代中国科普精品书系应对自然灾害卷丛书：地球气候的演变——过去、现在和未来	2016 年	丁一汇	北京：科学普及出版社
1504	德宏州气象灾害防御科普手册	2016 年	王绍山	芒市：德宏民族出版社
1505	豆丁科学任意门：神秘天气观察	2016 年	铁皮人美术	南昌：江西美术出版社
1506	二十四节气农谚大全	2016 年	中国农业博物馆	北京：中国农业出版社
1507	二十四节气新编	2016 年	邸长鹏	北京：作家出版社
1508	二十四节气知识一本通（超值全彩珍藏版）	2016 年	任思源	北京：北京联合出版公司
1509	防灾避险丛书：暴风雪	2016 年	赵鹏飞、李吉奎	南京：南京出版社
1510	防灾避险丛书：干旱	2016 年	赵鹏飞、李吉奎	南京：南京出版社
1511	防灾避险丛书：洪涝	2016 年	赵鹏飞、李吉奎	南京：南京出版社
1512	防灾避险丛书：台风	2016 年	赵鹏飞、李吉奎	南京：南京出版社
1513	公众防汛防台抗旱知识读本：防洪涝篇	2016 年	浙江省人民政府防汛防台抗寒指挥部办公室、中国水利博物馆	北京：中国水利水电出版社
1514	公众防汛防台抗旱知识读本：防台风篇	2016 年	浙江省人民政府防汛防台抗寒指挥部办公室、中国水利博物馆	北京：中国水利水电出版社
1515	公众防汛防台抗旱知识读本：工程篇	2016 年	浙江省人民政府防汛防台抗寒指挥部办公室、中国水利博物馆	北京：中国水利水电出版社
1516	公众防汛防台抗旱知识读本：抗旱篇	2016 年	浙江省人民政府防汛防台抗寒指挥部办公室、中国水利博物馆	北京：中国水利水电出版社
1517	汉竹·健康爱家系列丛书：中国传统二十四节气	2016 年	王明强	南京：江苏凤凰科学技术出版社
1518	好奇宝宝科学试验站：瞬息万变的天气和宇宙	2016 年	张静	哈尔滨：哈尔滨工业大学出版社
1519	应对气候变化全民行动指南：呵护蓝天——大气污染防治科普宣传指南	2016 年	冷罗生	北京：气象出版社
1520	青少年灾难自救丛书：洪水逃生	2016 年	姜永育	成都：四川教育出版社
1521	节气·农事·农谚	2016 年	张长新	北京：中国农业出版社
1522	节气：中国人的光阴书	2016 年	任崇喜	郑州：河南大学出版社
1523	青少年灾难自救丛书：惊涛骇浪	2016 年	姜永育	成都：四川教育出版社

续表

编号	书名	出版时间	作译者	出版单位
1524	看图识天气	2016 年	沈利洪、钮群智、周卫兵	北京：气象出版社
1525	科学发明发现的由来丛书：从气压的发现到火箭诞生	2016 年	杜宝贵、张淑岭	北京：北京出版社
1526	气象灾害防御宝典	2016 年	中国气象学会	北京：气象出版社
1527	青少年灾难自救丛书：雷电逞凶	2016 年	姜永育	成都：四川教育出版社
1528	宁国市气象科普手册	2016 年	宁国市气象局	北京：气象出版社
1529	农村气象灾害防御漫画	2016 年	陈小雷	北京：气象出版社
1530	奇思妙想的十万个为什么：这是真的吗——好天气和坏天气	2016 年	禹晨文化	昆明：晨光出版社
1531	气候变化适应 200 问	2016 年	郑大玮、潘志华、潘学标等	北京：气象出版社
1532	气象多棱镜：气象人说气象故事	2016 年	中国气象局办公室	北京：气象出版社
1533	气象防灾减灾科普知识丛书：城镇社区气象防灾减灾知识读本	2016 年	王建忠	郑州：海燕出版社
1534	青岛校园气象防灾科普读本	2016 年	青岛市气象局、青岛市气象学会	北京：气象出版社
1535	全球变暖有秘密	2016 年	李永华	赤峰：内蒙古科学技术出版社
1536	全球气候治理的中国行动	2016 年	第一财经研究院	北京：外文出版社
1537	让天空更蓝——大气污染防治与气象灾害防御教育读本	2016 年	上海市中小学幼儿园课程改革委员会	上海：中华地图学社
1538	青少年灾难自救丛书：热浪袭人	2016 年	姜永育	成都：四川教育出版社
1539	山洪灾害防御手册	2016 年	马涛、李忠国	沈阳：辽宁科学技术出版社
1540	十万个为什么：为什么天气只能预报	2016 年	《指尖上的探索》编委会	北京：作家出版社
1541	世界真奇妙：影响气候的魔手	2016 年	倪如臣	北京：金盾出版社
1542	水娃娃无字书：冰	2016 年	四叶草	北京：中国水利水电出版社
1543	水娃娃无字书：冰雹	2016 年	四叶草	北京：中国水利水电出版社
1544	水娃娃无字书：雾	2016 年	四叶草	北京：中国水利水电出版社

续表

编号	书名	出版时间	作译者	出版单位
1545	水娃娃无字书：雪	2016 年	四叶草	北京：中国水利水电出版社
1546	水娃娃无字书：雨	2016 年	四叶草	北京：中国水利水电出版社
1547	水灾避险自救攻略	2016 年	周子云	北京：蓝天出版社
1548	快乐阅读 1+1：天空中的云彩	2016 年	王光军	郑州：郑州大学出版社
1549	中国学生脑洞大开的探索与发现：天气变幻的神奇	2016 年	韩雪	北京：北京日报出版社
1550	天气预报科学应用——宁波气象谭	2016 年	陈有利、王毅、陈从夷等	北京：气象出版社
1551	天气制造的人类历史	2016 年	张祥斌	西安：陕西人民出版社
1552	图个明白：画说气象（Ⅱ）	2016 年	中国气象报社、中国气象局气象宣传与科普中心、中国气象学会	北京：气象出版社
1553	图解二十四节气知识	2016 年	白虹	北京：北京联合出版公司
1554	科学大探索书系：天气与气候	2016 年	〔英〕莫伊拉·巴特菲尔德（Moria Butterfield）著，熊闽红、赵敏译	长沙：湖南少年儿童出版社
1555	我们的气象生涯	2016 年	周诗健、朱文琴等	北京：气象出版社
1556	"我们的天气"丛书：科学应对坏天气	2016 年	许小峰、陈峪	北京：气象出版社
1557	"我们的天气"丛书：明天是个好天吗	2016 年	王维国、时少英	北京：气象出版社
1558	"我们的天气"丛书：天气与变化的气候	2016 年	郑国光、刘波	北京：气象出版社
1559	"我们的天气"丛书：天气与我们的生活	2016 年	陆晨	北京：气象出版社
1560	"我们的天气"丛书：我们如何改变天气	2016 年	王元红	北京：气象出版社
1561	雾霾里的生存智慧——$PM_{2.5}$ 自我防护手册	2016 年	蔡向红	北京：科学技术文献出版社
1562	细说二十四节气	2016 年	金传达	北京：气象出版社
1563	细说二十四节气	2016 年	栗元周主编，叶竹青编	北京：北京燕山出版社
1564	小牛顿科普早知道：飞机上天了	2016 年	孙静	武汉：长江出版社
1565	校园防雷科普教育读本	2016 年	温州市气象局	北京：气象出版社

续表

编号	书名	出版时间	作译者	出版单位
1566	新岁时歌：古诗词中的二十四节气	2016 年	李颜垒	北京：中国纺织出版社
1567	雪灾低温避险自救攻略	2016 年	周子云	北京：蓝天出版社
1568	叶茂根深 学笃风正：纪念叶笃正先生诞辰一百周年	2016 年	本书编写组	北京：气象出版社
1569	异常天气与环境污染事件的认知与应对	2016 年	徐东群	武汉：湖北科学技术出版社
1570	印象中国·文化的脉络丛书：节气	2016 年	王佳	合肥：黄山书社
1571	应对气候变化丛书：了解变化的气候——幼儿应对气候变化行动	2016 年	董琼	北京：气象出版社
1572	应对气候变化丛书：气候与环境——高中生应对气候变化行动	2016 年	杨琳	北京：气象出版社
1573	应对气候变化丛书：适应变化的气候——小学生应对气候变化行动	2016 年	周卫萍	北京：气象出版社
1574	应对气候变化丛书：探究变化的气候——中学生应对气候变化行动	2016 年	夏青	北京：气象出版社
1575	快乐阅读 1+1：雨后的美丽彩虹	2016 年	王光军	郑州：郑州大学出版社
1576	我与自然的第一本书：云在说话	2016 年	廖文、M.Y.Y.、叶琳编著，M.Y.Y.绘	广州：华南理工大学出版社
1577	中国气象百科全书·气象服务卷	2016 年	《中国气象百科全书》总编委会	北京：气象出版社
1578	中国气象百科全书·气象观测与信息网络卷	2016 年	《中国气象百科全书》总编委会	北京：气象出版社
1579	中国气象百科全书·气象科学基础卷	2016 年	《中国气象百科全书》总编委会	北京：气象出版社
1580	中国气象百科全书·气象预报预测卷	2016 年	《中国气象百科全书》总编委会	北京：气象出版社
1581	中国气象百科全书·索引卷	2016 年	《中国气象百科全书》总编委会	北京：气象出版社
1582	中国气象百科全书·综合卷	2016 年	《中国气象百科全书》总编委会	北京：气象出版社
1583	"看里面"第六辑：揭秘天气	2016 年	〔英〕凯蒂·戴恩斯（Katie Daynes）文，〔英〕拉塞尔·泰特图，袁本阳、宁宇译	西安：未来出版社

续表

编号	书名	出版时间	作译者	出版单位
1584	身边的科学真好玩：万万少不了的极端天气	2016 年	〔英〕罗杰·卡纳万文，〔英〕马克·柏金图，高伟、李芝颖译	合肥：安徽科学技术出版社
1585	我是创想家：天气	2017 年	〔德〕安克·M. 莱茨根、〔德〕格西尼·格罗特里安编著，王倩译	贵阳：贵州人民出版社
1586	天气	2017 年	〔德〕布丽塔·泰肯特鲁普（Britta Teckentrup）著，任玲玲译	北京：光明日报出版社
1587	什么是什么：百变天气：阳光、风和暴雨	2017 年	〔德〕卡斯登·许旺克（Karsten Schwanke）著，姬健梅译	武汉：长江少年儿童出版社
1588	美国国家地理·探索世界小百科：云朵	2017 年	〔美〕玛菲·弗格森·德拉诺著，蔡中凡译	杭州：浙江少年儿童出版社
1589	迷人的温度：温度计里的人类、地球和宇宙史	2017 年	〔美〕吉诺·塞格雷著，高天羽译	上海：上海译文出版社
1590	给孩子的第一套气象启蒙书丛书：青蛙弗洛格的风云雨雪观察记——雨	2017 年	〔美〕贾尼斯·迪恩（Janice Dean）著，〔美〕拉斯·考克斯（Russ Cox）绘，中青文译	北京：中国青年出版社
1591	无夏之年——1816，一部"冰封之年的历史"	2017 年	〔美〕威廉·K. 克林格曼（William K. Klingaman）、〔美〕尼古拉斯·P. 克林格曼（Nicholas P. Klingaman）著，李矫、杨占译	北京：化学工业出版社
1592	左右系列：雪花的答案！冰冻艺术中的科学	2017 年	〔美〕肯尼思·利布莱希特（Kenneth Libbrecht）、雷切尔·温（Rachel Wing）著，王燕平、张超译	北京：电子工业出版社
1593	科学朗读者：美好的一天·天气与季节	2017 年	〔美〕麦格希尔教育出版集团	杭州：浙江教育出版社
1594	高野山的二十四节气	2017 年	〔日〕世田义美著，辛暨梅、赵三妹译	广州：花城出版社
1595	大研究系列：不正常的地球！异常气象大研究	2017 年	〔日〕三上岳彦著，王竞争译	北京：中国铁道出版社
1596	四季与天气	2017 年	〔西〕卡门·吉尔著，〔西〕卢西奥·博尼拉绘，邹菁菁译	沈阳：辽宁科学技术出版社
1597	小屁孩爱科学：千变万化的气候	2017 年	〔西〕诺莉娅·罗卡、艾姆帕·那梅奈斯著，杨慧译	沈阳：辽宁少年儿童出版社
1598	新知文库：大气——万物的起源	2017 年	〔英〕加布里埃尔·沃克著，蔡承志译	北京：生活·读书·新知三联书店
1599	闽南四句说台风——台风安全防范知识读本	2017 年	中共南安市委宣传部	福州：福建美术出版社

续表

编号	书名	出版时间	作译者	出版单位
1600	"一带一路"海外国家气候漫谈	2017 年	宋英杰	北京：气象出版社
1601	"前沿科学"系列丛书：冰与雪的秘密	2017 年	小多（北京）文化传媒公司	成都：天地出版社
1602	我的第一个问题和答案翻翻书：天空为什么会下雨？	2017 年	〔英〕凯蒂·戴恩斯著，〔英〕克里斯蒂娜·皮姆（Christine Pym）绘，梁爽译	北京：中信出版集团股份有限公司
1603	地方科技系统应对气候变化能力建设丛书：地方科技系统应对气候变化知识读本	2017 年	中国 21 世纪议程管理中心	北京：科学技术文献出版社
1604	地球放大镜丛书：气象的秘密	2017 年	章雨伦、覃兴雯	长沙：湖南科学技术出版社
1605	地球小孩的天气书：辨雾霾	2017 年	黄卫著，沈利绘	上海：上海译文出版社
1606	地球小孩的天气书：大风吹	2017 年	黄卫著，沈利绘	上海：上海译文出版社
1607	地球小孩的天气书：雷电颂	2017 年	黄卫著，沈利绘	上海：上海译文出版社
1608	地球小孩的天气书：历寒暑	2017 年	黄卫著，沈利绘	上海：上海译文出版社
1609	地球小孩的天气书：天气说	2017 年	黄卫著，沈利绘	上海：上海译文出版社
1610	地球小孩的天气书：下雨了	2017 年	黄卫著，沈利绘	上海：上海译文出版社
1611	二十四节气：中国人的自然时间观	2017 年	萧放	长沙：湖南教育出版社
1612	二十四节气童话	2017 年	乔乔绘著，Bérénice Zandonai 编译	北京：五洲传播出版社
1613	二十四节气志	2017 年	宋英杰	北京：中信出版社
1614	小牛顿科学馆：风	2017 年	台湾牛顿出版公司	南宁：接力出版社
1615	风云丝路："一带一路"沿线国家气候概况	2017 年	宋英杰	南京：江苏凤凰科学技术出版社
1616	公民应急防御指南系列丛书：警警历险记 2——山洪来了	2017 年	国家预警信息发布中心	北京：气象出版社
1617	公民应急防御指南系列丛书：警警历险记 3——暴雨倾城	2017 年	国家预警信息发布中心	北京：气象出版社

续表

编号	书名	出版时间	作译者	出版单位
1618	公民应急防御指南系列丛书：警警历险记 4——台风驾到	2017 年	国家预警信息发布中心	北京：气象出版社
1619	气象卫星与应用科普读本：观天测地话卫星	2017 年	李慧等	北京：气象出版社
1620	广东省突发气象灾害预警信号及防御指引	2017 年	广东省气象局	北京：气象出版社
1621	国家行政学院政策读本：气候变化应对与生态文明建设	2017 年	马建堂、郑国光	北京：国家行政学院出版社
1622	气象防灾减灾科普读物：河北省气象灾害防御指南	2017 年	邢开成、刘金平	石家庄：河北科学技术出版社
1623	冀望风云 平安燕赵：河北省气象灾害防御科普读本	2017 年	河北省气象灾害防御中心	北京：气象出版社
1624	聚焦低碳	2017 年	吉京杭	北京：科学技术文献出版社
1625	看图识气象科普卡：观云识天——低云	2017 年	中国气象学会	北京：气象出版社
1626	看图识气象科普卡：观云识天——高云	2017 年	中国气象学会	北京：气象出版社
1627	看图识气象科普卡：观云识天——天气现象	2017 年	中国气象学会	北京：气象出版社
1628	看图识气象科普卡：观云识天——中云	2017 年	中国气象学会	北京：气象出版社
1629	科学不再可怕系列丛书：四季如夏的危机	2017 年	燕子	哈尔滨：哈尔滨工业大学出版社
1630	神秘教室：发现天气的秘密	2017 年	知识达人	成都：成都地图出版社
1631	口袋书系列：气象故事科学探秘	2017 年	程玲、欧善国	北京：气象出版社
1632	留住雨水 利用雨洪——与雨水和谐相处，构建海绵城市	2017 年	刘延恺、黄玉璋、张书函	北京：清华大学出版社
1633	泸州市纳溪区农业与气象知识读本	2017 年	潘洪先	北京：气象出版社
1634	霾·环境·电力环保	2017 年	中国电机工程学会组编	北京：中国电力出版社
1635	民众旱涝灾害防范与自救知识读本	2017 年	浙江省人民政府防汛防台抗旱指挥部办公室、中国水利博物馆	北京：中国水利水电出版社
1636	名士·观点	2017 年	中国气象报社	北京：气象出版社

编号	书名	出版时间	作译者	出版单位
1637	内江市气象（地震）灾害防御手册	2017 年	内江市气象局	北京：气象出版社
1638	气候颠覆历史	2017 年	马德	太原：山西人民出版社
1639	气象与你生活的那些事儿	2017 年	章芳	北京：气象出版社
1640	气象与生活手册	2017 年	罗桂湘、谢海云	北京：气象出版社
1641	气象灾害防御山歌	2017 年	黄运丰、罗桂湘	北京：气象出版社
1642	三秦风华 气象万千	2017 年	薛春芳、徐丽娜	北京：气象出版社
1643	山洪灾害防御知识读本：山洪防御早知道	2017 年	国家防汛抗旱总指挥部办公室、中国水利水电科学研究院、水利部水情教育中心（中国水利报社）	北京：中国水利水电出版社
1644	山洪灾害防御知识读本：山洪来了不要怕	2017 年	国家防汛抗旱总指挥部办公室、中国水利水电科学研究院、水利部水情教育中心（中国水利报社）	北京：中国水利水电出版社
1645	山洪灾害防御知识读本：山洪来了我行动	2017 年	国家防汛抗旱总指挥部办公室、中国水利水电科学研究院、水利部水情教育中心（中国水利报社）	北京：中国水利水电出版社
1646	山洪知识早知道	2017 年	本书编委会	北京：中国水利水电出版社
1647	上海市社区教育文化素养系列教材：二十四节气民俗文化·春	2017 年	上海市学习型社会建设服务指导中心	上海：上海浦江教育出版社、上海教育音像出版社
1648	上海市社区教育文化素养系列教材：二十四节气民俗文化·冬	2017 年	上海市学习型社会建设服务指导中心	上海：上海浦江教育出版社、上海教育音像出版社
1649	上海市社区教育文化素养系列教材：二十四节气民俗文化·秋	2017 年	上海市学习型社会建设服务指导中心	上海：上海浦江教育出版社、上海教育音像出版社
1650	上海市社区教育文化素养系列教材：二十四节气民俗文化·夏	2017 年	上海市学习型社会建设服务指导中心	上海：上海浦江教育出版社、上海教育音像出版社
1651	少儿环保科普小丛书：沙尘暴	2017 年	本书编写组	北京：世界图书出版公司
1652	神奇的二十四节气	2017 年	阴岭山、鹿存玲	南京：南京出版社
1653	诗歌里的二十四节气	2017 年	任健	北京：电子工业出版社
1654	诗说二十四节气	2017 年	菩提子	北京：中国华侨出版社
1655	十大华人科学家丛书：竺可桢传	2017 年	孟宪明、张清平	郑州：河南文艺出版社

续表

编号	书名	出版时间	作译者	出版单位
1656	时间之书：余世存说二十四节气	2017 年	余世存著，老树绘	北京：中国友谊出版公司
1657	时节之美：朱爱朝给孩子讲二十四节气	2017 年	朱爱朝	天津：百花文艺出版社
1658	实用农村气象灾害防御安全知识	2017 年	中国农村技术开发中心组织编写，刘莉红主编	北京：中国劳动社会保障出版社
1659	实用谚语丛书：农业谚语	2017 年	柳长江	太原：山西经济出版社
1660	顺天应时保健康	2017 年	王慧中、王颀、李书岭	北京：气象出版社
1661	天气变变变	2017 年	袁孝维、邓子菁著，王继世绘	福州：福建科学技术出版社
1662	中小学气象知识丛书：天上的云	2017 年	王力、施丽娟	北京：气象出版社
1663	中国传统文化和习俗集萃：图解·二十四节气知识	2017 年	文熙	北京：中国华侨出版社
1664	图说灾难逃生自救科普丛书·中小学生版：水灾	2017 年	孙海晨	上海：同济大学出版社
1665	图说灾难逃生自救科普丛书·中小学生版：雾霾	2017 年	刘中民	上海：同济大学出版社
1666	图说中国传统二十四节气	2017 年	宋兆麟	北京：世界图书出版公司
1667	涂长望传（修订版）	2017 年	温克刚	北京：学苑出版社
1668	未读·文艺家丛书：廿四——南北风物里的四时节气	2017 年	青简著	北京：北京联合出版公司
1669	小牛顿新兴科技馆：极端气候来临了	2017 年	小牛顿科学教育有限公司	成都：天地出版社
1670	翠鸟博士科普信箱：天气	2017 年	〔英〕克莱尔·卢埃林（Claire Llewellyn）著，〔英〕凯特·谢泼德绘，杨书旗译	南昌：二十一世纪出版社集团
1671	叶永烈科普全集：空气的一家	2017 年	叶永烈	成都：四川人民出版社
1672	云南雷电科普知识大全	2017 年	云南省气象局、云南省气象学会	昆明：云南人民出版社
1673	再见，雾霾	2017 年	郭树彬	北京：人民卫生出版社
1674	中国大科学装置出版工程：探索空间天气的奥秘——东半球空间环境地基综合监测子午链	2017 年	王赤	杭州：浙江教育出版社

编号	书名	出版时间	作译者	出版单位
1675	中小学气象灾害防御漫画	2017年	陈小雷	北京：气象出版社
1676	竺可桢国立浙江大学年谱（1936—1949）	2017年	李杭春	杭州：浙江大学出版社
1677	走进干旱世界	2017年	张强、尹宪志、王胜等	北京：气象出版社
1678	尊贵的雪花	2017年	王燕平、张超	重庆：重庆大学出版社
1679	探索·科学专题百科绘本：天气	2017年	〔英〕威尔登·欧文（Weldon Owen）著，北京学乐行知教育科学研究院译	北京：朝华出版社
1680	小小火柴人大探险：穹顶天空	2017年	〔英〕凯瑟琳·茜伯斯（Catherine Chambers），〔英〕约翰·保罗绘，伍秋子译	福州：福建科学技术出版社
1681	STEAM 走进奇妙的科学世界：活泼的风	2017年	〔英〕伊莎贝尔·托马斯（Isabel Thomas）著，〔智〕宝琳娜·摩根绘，朱霞译	北京：新星出版社
1682	上知天文下知地理丛书：气候和水出现了	2018年	〔澳〕卡米拉·戈登著，胡江波译	武汉：长江少年儿童出版社有限公司
1683	手绘云图	2018年	〔法〕朱莉·吉扬（Julie Guillem）著，章荣译	北京：北京联合出版公司
1684	雨：一部自然与文化的历史	2018年	〔美〕辛西娅·巴内特（Cynthia Barnett）著，张妍芳译	北京：外语教学与研究出版社
1685	这是什么呀：3～6岁美国经典绘本大百科（天气系列）——春夏秋冬是什么呀	2018年	〔美〕盖尔·吉本斯（Gail Gibbons）著/绘，付晓波译	上海：文汇出版社
1686	这是什么呀：3～6岁美国经典绘本大百科（天气系列）——飓风是什么呀	2018年	〔美〕盖尔·吉本斯著/绘，付晓波译	上海：文汇出版社
1687	这是什么呀：3～6岁美国经典绘本大百科（天气系列）——龙卷风是什么呀	2018年	〔美〕盖尔·吉本斯著/绘，付晓波译	上海：文汇出版社
1688	这是什么呀：3～6岁美国经典绘本大百科（天气系列）——你说的天气是什么呀	2018年	〔美〕盖尔·吉本斯著/绘，付晓波译	上海：文汇出版社
1689	这是什么呀：3～6岁美国经典绘本大百科（天气系列）——下雪是什么呀	2018年	〔美〕盖尔·吉本斯著/绘，张亦琦译	上海：文汇出版社
1690	这是什么呀：3～6岁美国经典绘本大百科（天气系列）——下雨是什么呀	2018年	〔美〕盖尔·吉本斯著/绘，张亦琦译	上海：文汇出版社
1691	我为科学狂·身边科学探索：天气	2018年	〔美〕凯瑟琳·赖莉编著，〔美〕布赖恩·斯通绘图，叶少红译	昆明：晨光出版社

续表

编号	书名	出版时间	作译者	出版单位
1692	自然之歌：云之舞	2018 年	〔美〕托马斯·洛克（Thomas Locker）著，王芳译	南京：江苏凤凰少年儿童出版社
1693	云彩收集者手册	2018 年	〔美〕加文·普雷特-平尼著，王燕平、张超译	南京：译林出版社
1694	气候变迁地图	2018 年	〔美〕科斯汀·陶（Kirstin Dow）、〔英〕托马斯·唐宁（Thomas Downing）著，王惟芬译	新北：联经出版事业股份有限公司
1695	我的四季认知小百科	2018 年	〔英〕哈莉尔特·布兰德尔著，王可煊译	南昌：江西高校出版社
1696	去探索儿童科普绘本：天气	2018 年	〔英〕哈丽雅特·布伦德尔（Harriet Brundle）著，姜昊骞译	南昌：江西美术出版社
1697	"绿色之旅"丛书：雪儿的自然笔记	2018 年	黄雪润、王荣	上海：上海教育出版社
1698	"亲近自然"名家原创儿童丛书：藏着故事的二十四节气	2018 年	海媶	哈尔滨：黑龙江少年儿童出版社
1699	"让头发倒竖的问题"系列丛书：暴风雨和龙卷风	2018 年	〔阿根廷〕玛利亚·伊内斯·坎珀斯、安德烈斯·寇萨林斯基文，〔阿根廷〕尤金妮亚·诺巴蒂图，梁琳译	福州：福建教育出版社
1700	傍石话节气	2018 年	唐正鹏	北京：民主与建设出版社
1701	彩绘二十四节气	2018 年	付肇嘉编著，构兰英绘图	上海：上海科学普及出版社
1702	传统文化科普知识启蒙绘本：一年有四季·春	2018 年	李丰绫	北京：化学工业出版社
1703	传统文化科普知识启蒙绘本：一年有四季·冬	2018 年	李丰绫	北京：化学工业出版社
1704	传统文化科普知识启蒙绘本：一年有四季·秋	2018 年	李丰绫	北京：化学工业出版社
1705	传统文化科普知识启蒙绘本：一年有四季·夏	2018 年	李丰绫	北京：化学工业出版社
1706	传统文化中的科学：二十四节气	2018 年	周家斌、周志华	北京：科学普及出版社
1707	传统中国：二十四节气（上）	2018 年	万建中	长春：吉林科学技术出版社
1708	传统中国：二十四节气（下）	2018 年	万建中	长春：吉林科学技术出版社

续表

编号	书名	出版时间	作译者	出版单位
1709	从立春开始	2018 年	刘明军	北京：团结出版社
1710	大美时节：给孩子讲二十四节气	2018 年	黄应娥	北京：中国纺织出版社
1711	科技民生报告丛书：大气细颗粒物污染	2018 年	中国环境科学学会	北京：中国科学技术出版社
1712	二十四节气	2018 年	矫友田	济南：济南出版社
1713	二十四节气·春	2018 年	金鼎文博著，瞳绘视界绘	长春：吉林大学出版社
1714	小小鸟少儿美术：二十四节气——春	2018 年	由一	哈尔滨：黑龙江美术出版社
1715	二十四节气：春	2018 年	陈学会编，于振越绘	北京：文化艺术出版社
1716	二十四节气：冬	2018 年	金鼎文博著，瞳绘视界绘	长春：吉林大学出版社
1717	小小鸟少儿美术：二十四节气——冬	2018 年	由一	哈尔滨：黑龙江美术出版社
1718	二十四节气：冬	2018 年	陈学会编，于振越绘	北京：文化艺术出版社
1719	二十四节气：秋	2018 年	金鼎文博著，瞳绘视界绘	长春：吉林大学出版社
1720	小小鸟少儿美术：二十四节气——秋	2018 年	由一	哈尔滨：黑龙江美术出版社
1721	二十四节气：秋	2018 年	陈学会编，于振越绘	北京：文化艺术出版社
1722	二十四节气：夏	2018 年	金鼎文博著，瞳绘视界绘	长春：吉林大学出版社
1723	小小鸟少儿美术：二十四节气——夏	2018 年	由一	哈尔滨：黑龙江美术出版社
1724	二十四节气：夏	2018 年	陈学会编，于振越绘	北京：文化艺术出版社
1725	二十四节气里的诗·春	2018 年	天马座幻想著，蓝山绘	北京：电子工业出版社
1726	二十四节气里的诗·冬	2018 年	天马座幻想著，蓝山绘	北京：电子工业出版社
1727	二十四节气里的诗·秋	2018 年	天马座幻想著，蓝山绘	北京：电子工业出版社
1728	二十四节气里的诗·夏	2018 年	天马座幻想著，蓝山绘	北京：电子工业出版社
1729	二十四节气那些事	2018 年	杨楠、唐心怡、田明鑫	天津：天津科学技术出版社
1730	二十四节气全鉴	2018 年	东篱子	北京：中国纺织出版社
1731	二十四节气与《淮南子》	2018 年	陈广忠	北京：中国文史出版社
1732	风调雨顺·春	2018 年	周斌、周佳楠	上海：华东师范大学出版社
1733	风调雨顺·冬	2018 年	周斌、周佳楠	上海：华东师范大学出版社
1734	风调雨顺·秋	2018 年	周斌、周佳楠	上海：华东师范大学出版社
1735	风调雨顺·夏	2018 年	周斌、周佳楠	上海：华东师范大学出版社

续表

编号	书名	出版时间	作译者	出版单位
1736	跟着节气去赏吟·春夏秋冬	2018 年	郑磊	北京：中国文史出版社
1737	跟着太阳走一年：廿四节气与民族文化	2018 年	杨会宝	上海：上海科学普及出版社
1738	古典诗词话气象	2018 年	蒋国华	北京：气象出版社
1739	古诗词中的二十四节气：感悟冬天的严酷	2018 年	罗俊杰	北京：团结出版社
1740	古诗词中的二十四节气：聆听春天的声音	2018 年	罗俊杰	北京：团结出版社
1741	古诗词中的二十四节气：收获秋天的喜悦	2018 年	罗俊杰	北京：团结出版社
1742	古诗词中的二十四节气：寻找盛夏的果实	2018 年	罗俊杰	北京：团结出版社
1743	古诗词中气象景观赏析	2018 年	王燕、李超、房小怡	北京：气象出版社
1744	关于天气的 N 个为什么	2018 年	王振民、岳彬	重庆：重庆出版社
1745	广西气象谚语精选 100 条	2018 年	广西壮族自治区气象局、广西壮族自治区气象学会	北京：气象出版社
1746	和孩子一起认识二十四节气	2018 年	叶子兮	北京：台海出版社
1747	花开未觉岁月深：二十四节气七十二候花信风	2018 年	丁鹏勃、任彤	北京：中国画报出版社
1748	讲给孩子的二十四节气·春	2018 年	刘兴诗文，段张取艺绘	武汉：长江少年儿童出版社
1749	讲给孩子的二十四节气·冬	2018 年	刘兴诗文，段张取艺绘	武汉：长江少年儿童出版社
1750	讲给孩子的二十四节气·秋	2018 年	刘兴诗文，段张取艺绘	武汉：长江少年儿童出版社
1751	讲给孩子的二十四节气·夏	2018 年	刘兴诗文，段张取艺绘	武汉：长江少年儿童出版社
1752	揭秘二十四节气	2018 年	鸿雁文，须臾图	西安：未来出版社
1753	揭秘天气	2018 年	〔英〕英国尤斯伯恩出版公司编著，蒋红岩译	南宁：接力出版社
1754	节气的秘密	2018 年	徐林平	北京：中国文史出版社
1755	节序如流诗词韵：二十四节气与古诗词	2018 年	程先平、仁红斌	武汉：武汉出版社
1756	绿色家园：环保从我做起——警惕气候变暖	2018 年	瑾蔚	大连：大连出版社
1757	图解你最关心的气象问题	2018 年	中国气象学会	北京：气象出版社

续表

编号	书名	出版时间	作译者	出版单位
1758	雷电防护知识读本	2018 年	重庆市防雷中心	北京：气象出版社
1759	泸县气象防灾减灾知识读本	2018 年	先开华、唐林琴、徐强	北京：气象出版社
1760	漫画二十四节气	2018 年	合肥市社会科学界联合会、中共合肥市委讲师团、合肥市社会科学院编，榆木先生绘	北京：北京时代华文书局
1761	漫话二十四节气	2018 年	余勇、陈云峰、刘波	北京：气象出版社
1762	漫品二十四节气：来自农耕文明深处的原生态节气体验	2018 年	赖国清	桂林：广西师范大学出版社
1763	魅力中国：二十四节气	2018 年	石昌鸿	北京：电子工业出版社
1764	你我身边的二十四节气	2018 年	谭旭东	哈尔滨：黑龙江少年儿童出版社
1765	农业气象谚语与解析	2018 年	陶振夫	北京：气象出版社
1766	气候：历史的推手——从气候变化看历史变迁	2018 年	李威、巢清尘	北京：气象出版社
1767	气候怎么了	2018 年	钱晶晶、牛卢璐	北京：科学技术文献出版社
1768	气象灾害应急避险简明手册——暴雪	2018 年	历象	北京：气象出版社
1769	气象灾害应急避险简明手册——暴雨	2018 年	历象	北京：气象出版社
1770	气象灾害应急避险简明手册——冰雹	2018 年	历象	北京：气象出版社
1771	气象灾害应急避险简明手册——大风	2018 年	历象	北京：气象出版社
1772	气象灾害应急避险简明手册——道路结冰	2018 年	历象	北京：气象出版社
1773	气象灾害应急避险简明手册——寒潮	2018 年	历象	北京：气象出版社
1774	气象灾害应急避险简明手册——雷电	2018 年	历象	北京：气象出版社
1775	气象灾害应急避险简明手册——台风	2018 年	历象	北京：气象出版社
1776	气象知识 100 问	2018 年	陈石定、汪应琼、王晓莉	北京：气象出版社
1777	青田节气里的草木	2018 年	吴旭丽	北京：中国文史出版社
1778	清华少儿科学馆：气象如魔幻	2018 年	刘佳辉	北京：清华大学出版社
1779	山东省气象防灾减灾科普图解	2018 年	史玉光	北京：气象出版社

编号	书名	出版时间	作译者	出版单位
1780	诗情画意二十四节气·春	2018 年	付肇嘉编著，构芝英绘	北京：中国电影出版社
1781	诗情画意二十四节气·冬	2018 年	付肇嘉编著，构芝英绘	北京：中国电影出版社
1782	诗情画意二十四节气·秋	2018 年	付肇嘉编著，构芝英绘	北京：中国电影出版社
1783	诗情画意二十四节气·夏	2018 年	付肇嘉编著，构芝英绘	北京：中国电影出版社
1784	诗人笔下的二十四节气	2018 年	石耿立	哈尔滨：黑龙江少年儿童出版社
1785	探索与发现：奇妙的气候	2018 年	曾才友	上海：上海科学普及出版社
1786	少年儿童想知道的十万个为什么：天文气象	2018 年	李晨森	哈尔滨：黑龙江美术出版社
1787	十万个为什么：调皮捣蛋的天气	2018 年	崔钟雷	哈尔滨：黑龙江美术出版社
1788	图解二十四节气知识	2018 年	白虹	北京：中国华侨出版社
1789	图说二十四节气：镜头下的二十四节气	2018 年	国馆	武汉：长江文艺出版社
1790	自然科学启蒙之旅：百变天气	2018 年	〔荷〕马克·范·加盖尔东克著，张木天译	北京：中国大百科全书出版社
1791	万物漫游指南：上天	2018 年	局部气候	北京：中信出版集团股份有限公司
1792	我的第一套视觉百科：天气	2018 年	张功学	西安：未来出版社
1793	我的节气影子	2018 年	文鳐	沈阳：万卷出版公司
1794	我们的二十四节气	2018 年	老渔	北京：北京理工大学出版社
1795	"我们的天气"丛书：天气预报准不准	2018 年	周家斌、周志华、黄小玉	北京：气象出版社
1796	雾霾防护知识读本	2018 年	陕西省环境科学研究院、陕西省环境科学学会	西安：陕西人民出版社
1797	小牛顿实验王丛书：大气压力	2018 年	小牛顿科学教育有限公司	北京：化学工业出版社
1798	小牛顿实验王丛书：天气现象	2018 年	小牛顿科学教育有限公司	北京：化学工业出版社
1799	写在二十四节气里的古诗词·春	2018 年	萧寒著，文鲁工作室绘	南昌：江西教育出版社
1800	写在二十四节气里的古诗词·冬	2018 年	萧寒著，文鲁工作室绘	南昌：江西教育出版社
1801	写在二十四节气里的古诗词·秋	2018 年	萧寒著，文鲁工作室绘	南昌：江西教育出版社

续表

编号	书名	出版时间	作译者	出版单位
1802	写在二十四节气里的古诗词·夏	2018 年	萧寒著，文鲁工作室绘	南昌：江西教育出版社
1803	阳光姐姐科普小书房丛书："翻云覆雨"的天气	2018 年	伍美珍	北京：明天出版社
1804	一个节气一首诗	2018 年	章雪峰	北京：北京联合出版公司
1805	有一种文化叫节气	2018 年	王永红、张海宏	北京：中国三峡出版社
1806	遇见二十四节气：春知节气	2018 年	遇旻、朱美燕	银川：宁夏人民教育出版社
1807	遇见二十四节气：冬知节气	2018 年	遇旻、朱美燕	银川：宁夏人民教育出版社
1808	遇见二十四节气：秋知节气	2018 年	遇旻、朱美燕	银川：宁夏人民教育出版社
1809	遇见二十四节气：夏知节气	2018 年	遇旻、朱美燕	银川：宁夏人民教育出版社
1810	原来这就是二十四节气：立秋·处暑	2018 年	徐煜楠	北京：金盾出版社
1811	原来这就是二十四节气：立春·雨水	2018 年	徐煜楠	北京：金盾出版社
1812	原来这就是二十四节气：白露·秋分	2018 年	徐煜楠	北京：金盾出版社
1813	原来这就是二十四节气：芒种·夏至	2018 年	徐煜楠	北京：金盾出版社
1814	原来这就是二十四节气：小暑·大暑	2018 年	徐煜楠	北京：金盾出版社
1815	原来这就是二十四节气：惊蛰·春分	2018 年	徐煜楠	北京：金盾出版社
1816	原来这就是二十四节气：大雪·冬至	2018 年	徐煜楠	北京：金盾出版社
1817	原来这就是二十四节气：立冬·小雪	2018 年	徐煜楠	北京：金盾出版社
1818	原来这就是二十四节气：寒露·霜降	2018 年	徐煜楠	北京：金盾出版社
1819	原来这就是二十四节气：清明·谷雨	2018 年	徐煜楠	北京：金盾出版社
1820	原来这就是二十四节气：立夏·小满	2018 年	徐煜楠	北京：金盾出版社
1821	原来这就是二十四节气：小寒·大寒	2018 年	徐煜楠	北京：金盾出版社

续表

编号	书名	出版时间	作译者	出版单位
1822	云知识探秘科普丛书：观云识云	2018 年	戴云伟、成璐、李宁	北京：气象出版社
1823	浙江省公众气象灾害防御准备指南	2018 年	苗长明	北京：气象出版社
1824	中国低碳发展丛书：气候变化科学问答	2018 年	丁一汇	北京：中国环境出版社
1825	中国节气——时间编织的二十四道锦笺	2018 年	肖复兴著，林帝浣绘	广州：广东教育出版社
1826	中国人的二十四节气	2018 年	邱丙军	北京：化学工业出版社
1827	中国时光之美——诗意二十四节气	2018 年	七月娃娃	北京：气象出版社
1828	中国时间：二十四节气	2018 年	刘学刚	沈阳：沈阳出版社
1829	中国水旱灾害应对常识900 问	2018 年	水利部宣传教育中心	北京：中国水利水电出版社
1830	中华传统二十四节气知识	2018 年	宋敬东	天津：天津科学技术出版社
1831	《中小学气象知识》丛书：地球上的风	2018 年	金传达	北京：气象出版社
1832	中学生应对气候变化读本：来自联合国气候大会"中国角"的声音	2018 年	北京第二外国语学院附属中学	北京：北京出版社
1833	追星——风云气象卫星的前世今生	2018 年	曹静	北京：气象出版社